Wirtschaft/Europa/Globalisierung:

Bundesministerium für Wirtschaft und Energie:
www.bmwi.de

Bundesministerium für Gesundheit:
www.bmg.bund.de

Europäische Union:
http://europa.eu

Globalisierung:
http://e-globalisierung.org

Industrie- und Handelskammern:

Die Industrie- und Handelskammern in Nordrhein-Westfalen:
http://ihk-nrw.de

Begriffserklärungen:

Duden Schülerlexikon:
www.schuelerlexikon.de

Freies Lexikon:
www.wissen.de

Zeitungen/Zeitschriften:

Spiegel:
www.spiegel.de

Focus:
www.focus.de

Stern:
www.stern.de

Süddeutsche Zeitung:
www.sueddeutsche.de

Handelsblatt:
www.handelsblatt.de

Statistiken und Schaubilder:

Bundesamt für Statistik:
www.destatis.de

Information und Technik Nordrhein-Westfalen:
www.it.nrw.de

Hans-Böckler-Stiftung:
www.boeckler.de

Institut der deutschen Wirtschaft Köln:
www.iwkoeln.de

Suchmaschinen:
Google:
www.google.de

Yahoo:
http://de.yahoo.com

Metager:
www.metager.de

praxis

Arbeitslehre 7-10
Wirtschaft

Herausgeber
Hans Kaminski

Autoren
Anika Barth
Katrin Eggert
Hans Kaminski
Michael Koch
Ortrud Reuter-Kaminski

westermann

© 2014 Bildungshaus Schulbuchverlage
Westermann Schroedel Diesterweg Schöningh Winklers GmbH, Braunschweig
www.westermann.de

Das Werk und seine Teile sind urheberrechtlich geschützt. Jede Nutzung in anderen als den gesetzlich zugelassenen Fällen bedarf der vorherigen schriftlichen Einwilligung des Verlages.
Hinweis zu § 52a UrhG: Weder das Werk noch seine Teile dürfen ohne eine solche Einwilligung gescannt und in ein Netzwerk gestellt werden. Dies gilt auch für Intranets von Schulen und sonstigen Bildungseinrichtungen.
Auf verschiedenen Seiten dieses Buches befinden sich Verweise (Links) auf Internet-Adressen.
Haftungshinweis: Trotz sorgfältiger inhaltlicher Kontrolle wird die Haftung für die Inhalte der externen Seiten ausgeschlossen. Für den Inhalt dieser externen Seiten sind ausschließlich deren Betreiber verantwortlich. Sollten Sie bei dem angegebenen Inhalt des Anbieters dieser Seite auf kostenpflichtige, illegale oder anstößige Inhalte treffen, so bedauern wir dies ausdrücklich und bitten Sie, uns umgehend per E-Mail davon in Kenntnis zu setzen, damit beim Nachdruck der Verweis gelöscht wird.

Druck A [1] / Jahr 2014
Alle Drucke der Serie A sind im Unterricht parallel verwendbar.

Redaktion: Thorsten Schimming
Umschlaggestaltung: Janssen Kahlert Design & Kommunikation GmbH, Hannover
Innenkonzept: init. Büro für Gestaltung, Bielefeld
Satz: Typo Concept GmbH, Hannover
Druck und Bindung: westermann druck GmbH, Braunschweig

ISBN 978-3-14-**116148**-9

INHALTSVERZEICHNIS

Einführung 6

I Wirtschaften braucht Regeln 8

Nur wer die Regeln kennt, versteht das Spiel 10
Der Staat von morgens bis abends 11
Die Rolle des Staates im Wirtschaftsprozess 12
V Kleine Ursachen, große Wirkungen 14
V Selbstkontrolle oder Staatskontrolle? 15

Wo der Staat überall gefordert wird 16
Aufgaben des Staates in der Marktwirtschaft 18

Der Staat benötigt Einnahmen 20

P Praxis 22
L Lernbilanz 24

II Verschiedene Formen von Arbeit 26

Arbeit: Formen und Bedeutung 28
V Arbeitsplatzverlust und Berufswechsel 30

Beschäftigungsverhältnisse – so unterschiedliche Formen 31

Selbstständigkeit 33

V Immer weniger Existenzgründer in Deutschland 35

P Praxis 36
L Lernbilanz 38

III Aufgaben und Ziele von Unternehmen 40

Die Aufgaben von Unternehmen 42
Was ist ein Unternehmen? 42
Unternehmensarten 43
Die Bäckerei Schuster in Hagen 44

Mit Unternehmen werden Ziele verfolgt 46
Unterschiedliche Ziele von Unternehmern und Beschäftigten 46
Rollenspiel: Wie werden Konflikte ausgetragen? 47

Privatwirtschaftliche und öffentliche Unternehmen 49

V Die Struktur des Einzelhandels 50
V Kostensenkung bei der Produktion 51

Wirtschaftliches Handeln und Umweltbelastung 52
Umweltschutz in Unternehmen 53
Nachhaltiges Wirtschaften 54
Lebensmittel – zwischen Überfluss und Mangel 55

P Praxis 56
L Lernbilanz 58

INHALTSVERZEICHNIS

IV Organisation und Arbeitsbeziehungen in Unternehmen — 60

- Die betrieblichen Grundaufgaben 62
  - Beschaffung 63
  - Produktion 65
  - Absatz 67
  - Formen der Marktbeeinflussung 69
- V Preisgestaltung – Kalkulation 71

- Wie ist ein Unternehmen organisiert? 72
  - Das Unternehmen als Organisation 72
  - Aufbau- und Ablauforganisation 73

- M Fallstudie: Hier stimmt etwas nicht mit der Organisation 74

- Die Arbeitsbeziehungen in einem Unternehmen 76
  - Unternehmen – mit vielen Verträgen 76

- Mitbestimmung – die gesetzlichen Regelungen 77
  - Die Mitbestimmung im Unternehmen 77
  - Pflichten des Arbeitgebers – Rechte des Arbeitnehmers 78
  - Das Betriebsverfassungsgesetz 79
  - Der Betriebsrat 80
- V Betriebliche Jugend- und Auszubildendenvertretung 83

- M Konfliktanalyse: Ein Konflikt im Unternehmen 84

- Jugend-, Arbeits- und Kündigungsschutz 86

- M Gründung einer Schülerfirma 88

- P Praxis 94
- L Lernbilanz 96

V Berufsorientierung und Lebensplanung — 98

- Vorsorge und Lebensplanung 100
  - Alterssicherung 101
  - Private Altersvorsorge 102
  - Geldanlage: Beispiel Aktien 103

- Deine Interessen und Fähigkeiten 104
  - Mein persönlicher Berufswahlpass 105

- M Erstellung eines Kompetenzprofils 108

- Schlüsselkompetenzen 109

- Was die Berufswahl beeinflussen kann 111
  - Männerberufe – Frauenberufe? 112
  - Vereinbarkeit von Familie und Beruf 114

- Balance zwischen Beruf und Privatleben 116
  - Work-Life-Balance-Maßnahmen 117

- Die Ordnung der Berufe und der Ausbildungswege 119

- Welche Entscheidung ist die richtige? 120
  - Bedeutung einer Ausbildung 120
  - Weiter zur Schule? 121
  - Betriebliche Ausbildung 122
  - Entscheidungshilfen bei der Berufswahl 125

- M Erkundung eines BIZ 126

- M Ausbildungsplatzsuche über BERUFENET 127

- Die Bewerbung 128
  - Das Bewerbungsanschreiben 129
  - Der Lebenslauf 130
  - Die Onlinebewerbung 131
  - Der Einstellungstest 132
  - Das Vorstellungsgespräch 133

- M Rollenspiel 134

- Der Start in den Ausbildungsberuf 135

- L Lernbilanz 136

Das Betriebspraktikum — 138

Das Betriebspraktikum 140

Die Vorbereitung 141

Die Praktikumsmappe 143

Der Praktikumsbericht
im Internet 145

Checkliste vor dem Praktikum 147

Reflexion zum
Betriebspraktikum 148

VI Zukunft der Arbeit — 150

Arbeitsmarktpolitik und
demografischer Wandel 152
Angebot und Nachfrage –
die Lage auf
dem Ausbildungsmarkt 153

Berufe verändern sich 154
Beispiel Energiewirtschaft 155
Computer und Internet
verändern die Arbeitswelt 156

Lebenslanges Lernen –
Weiterbildung 159
Umsetzung der Weiterbildung 160

Mindestlohn
und Grundeinkommen 161

Herausforderung
Arbeitslosigkeit 165
Folgen der Arbeitslosigkeit 169
V Formen der Arbeitslosigkeit 170
V Arbeitslosenquote 171

P Praxis 172
L Lernbilanz 174

Methodenkompendium — 176

Die Internetrecherche 176

Wie werte ich Texte aus? 177

Ein Referat halten 178

Die Umfrage 179

Deutung einer Karikatur 180

Ein Interview führen 182

Die Darstellung von Zahlen
in Schaubildern, Diagrammen
und Grafiken 184

Glossar 186

Stichwortverzeichnis 189

Bildquellenverzeichnis 191

Einführung

Liebe Schülerinnen und Schüler,
ab Klasse 7 lernt ihr grundlegende wirtschaftliche Sachverhalte kennen, die eurer Leben jetzt und in Zukunft prägen werden. Schon jetzt seid ihr als Verbraucher/-innen und später dann auch als Arbeitnehmer/-innen oder Selbstständige sowie ganz allgemein als Wirtschaftsbürger/-innen am Wirtschaftsprozess beteiligt.

Der Kernlehrplan für das Fach Wirtschaft sieht die Behandlung von zwei großen Themenfeldern vor: „Wirtschaften in Unternehmen" und „Zukunft von Arbeit und Beruf". Die Inhalte dieser beiden Themenfelder sind in eurem Schulbuch auf mehrere Kapitel verteilt.

Kapitel 1 des Buches befasst sich mit den grundlegenden Regeln, ohne die es in der Wirtschaft nicht geht. Dabei erfahrt ihr auch etwas über die Rolle des Staates im Wirtschaftsprozess.

Das Themenfeld „Wirtschaften in Unternehmen" ist in PRAXIS in die folgenden Kapitel aufgeteilt:
2. Verschiedene Formen von Arbeit
3. Aufgaben und Ziele von Unternehmen
4. Organisation und Arbeitsbeziehungen in Unternehmen.

Das Themenfeld „Zukunft von Arbeit und Beruf" verteilt sich auf die Kapitel:
5. Berufsorientierung und Lebensplanung
6. Zukunft der Arbeit.
Auch die Darstellung des Betriebspraktikums gehört in diesen Bereich.

Aufbau der Kapitel

Jedes Kapitel beginnt mit einer Doppelseite, auf der ihr einen ersten Überblick über das Kapitel erhaltet. Auf der linken Seite seht ihr jeweils vier Bilder. Die abgebildeten Motive greifen Inhalte aus dem Kapitel auf, sodass ihr schon einmal einen ersten Eindruck gewinnen könnt. Auf der rechten Seite findet ihr nach einem kurzen Einführungstext eine Grafik, die euch durch die verschiedenen Themen des Kapitels leitet. Die weiteren Elemente, die fester Bestandteil eines jeden Kapitels sind, sollen euch im Folgenden kurz erläutert werden.

Arbeitsaufträge
Die Arbeitsaufträge stehen immer unten auf der Seite und sind durchnummeriert. Zu manchen Aufgaben befindet sich in der Randspalte eine Starthilfe ➐. Sie soll euch helfen, die Aufgabe besser zu verstehen und zu bearbeiten.

Methodenseiten

Auf extra gekennzeichneten Methodenseiten (M) findet ihr Arbeitstechniken, die euch helfen sollen, die Aufgaben zu bearbeiten. Ebenso wie ein Handwerker, der sein Arbeitswerkzeug für seine Arbeit kennen muss, um es gut einsetzen zu können, benötigt ihr auch im Wirtschaftsunterricht Werkzeuge: Arbeitstechniken. Diese vermitteln euch wichtige Methoden, die u. a. auch für die Berufsorientierung benötigt werden. So erfahrt ihr etwa, wie ihr ein Kompetenzprofil erstellt oder in einem Rollenspiel ein Bewerbungsgespräch übt. Zwei längere Methodenblöcke beschäftigen sich außerdem mit der Gründung einer Schülerfirma und dem Betriebspraktikum.

Weitere wichtige Arbeitstechniken findet ihr im Methodenkompendium am Ende des Buches ab Seite 176. Hier lernt ihr beispielweise, wie ihr ein Referat haltet, eine Umfrage macht oder eine Karikatur auswertet.

Binnendifferenzierung: Verstehen, Vertiefen und Praxis

In jedem Kapitel findet ihr eine Verstehen-Seite, die mit einem Haken (✓) gekennzeichnet ist. Sie soll euch dabei unterstützen, grundlegende Inhalte des Kapitels besser zu verstehen.

Die Vertiefen-Seiten, auf denen ihr eine Lupe (🔍) seht, sind etwas kniffliger und ihr könnt sie bearbeiten, wenn ihr ein Thema vertiefen möchtet.

Wenn ihr euch für die sich anschließenden Lernbilanzseiten noch nicht fit genug fühlt, hilft euch die Doppelseite „Praxis" (P) dabei, die Themen eines Kapitels besser zu verstehen. Hier werden die wesentlichen Kapitelinhalte noch einmal anhand von Beispielen, Texten usw. anschaulich dargestellt.

Lernbilanzseiten

Am Ende eines jeden Kapitels findet ihr zwei Lernbilanzseiten (L), auf denen vielfältige Übungsmöglichkeiten zum Inhalt des Kapitels angeboten werden.

Beispieltexte

Auf den Kapitelseiten findet ihr manchmal ein großes (B). Dieses markiert Texte, in denen alltägliche Situationen beispielhaft dargestellt werden.

Quellentexte

Ein großes (Q) steht für Quellentexte, die bereits woanders veröffentlicht wurden. Die zugehörigen Quellenangaben findet ihr immer in der Randspalte.

Viel Spaß und Erfolg mit diesem Buch!

I Wirtschaften braucht Regeln

Zwischen Unternehmen und Haushalten gibt es vielfältige Beziehungen. Damit diese Beziehungen, z. B. kaufen und verkaufen, nach sicheren Regeln ablaufen können, schafft der Staat mit Gesetzen und Verordnungen dafür die Voraussetzungen. Um diese Aufgaben erfüllen zu können, benötigt der Staat Einnahmen.

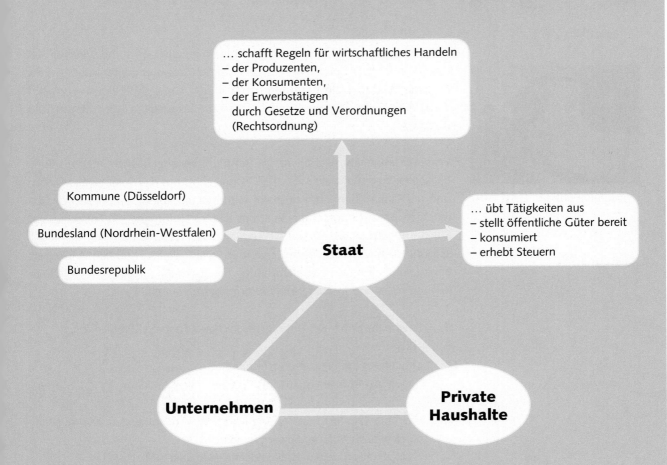

WIRTSCHAFTEN BRAUCHT REGELN

Regeln im Fußball …

… beim Eishockey …

… beim Basketball

Nur wer die Regeln kennt, versteht das Spiel

Fußballspiel endet in Auseinandersetzung – Schiedsrichter kennt Regeln nicht!

Bei einem Spiel der Kreisliga B zwischen dem TUS Neustedt und dem SV Neustedt kam es am vergangenen Samstag zu einer handfesten Auseinandersetzung. Auslöser war ein Tor, das vom Schiedsrichter nicht gegeben wurde. Ein Spieler des TUS Neustedt erzielte das Tor mit seiner linken Schulter, wogegen die Spieler des SV protestierten. Ihrer Meinung nach war das ein Handspiel. Der Schiedsrichter entschied auf Handspiel, obwohl nach den neuen Regeln des DFB der Einsatz der Schultern nun erlaubt ist. Auf Nachfrage äußerte Schiedsrichter F: „Ich kann dazu nur sagen, dass mir die Entscheidung im Nachhinein leidtut, aber ich wurde nicht über die Regeländerung informiert."

Jeder weiß eigentlich, nach welchen Regeln gespielt wird und welches Ziel das Spiel hat. Der Spieler weiß, dass er diese Regeln einhalten muss, wenn er keine Bestrafung in Kauf nehmen will oder sogar des Feldes verwiesen werden möchte. Die Regeln gelten für die Bundesliga wie auch für die Kreisklasse.

Was nun aber sehr wichtig ist: Im Rahmen der Regeln kann man als Fußballspieler so einfallsreich sein, wie es nur geht, um das Spiel zu gewinnen, und der Linksaußen kann deshalb, wenn es die Spielsituation erforderlich macht, auch auf der rechten Seite des Platzes laufen und ein Tor schießen. Solche Regeln bieten Sicherheit: Jeder Spieler weiß, wie er sich verhalten soll und dass Verstöße bestraft werden. Dies gilt auch für die Wirtschaft eines Landes. Eine Wirtschaftsordnung hat ebenfalls „Spielregeln", die man kennen muss, wenn man ihre Funktionsweise verstehen will.

1. Beschreibe das in der Einstiegsgeschichte auftretende Problem und erkläre,
   a) wer das Problem verursacht hat und
   b) wie das Problem in Zukunft vermieden werden kann.

2. Nicht nur im Sport sind Regeln notwendig, sondern auch in anderen Bereichen, wie z. B. im Straßenverkehr.
   a) Nenne weitere Bereiche, in denen es Regeln gibt.
   b) Erkläre, warum Regeln notwendig sind.

3. Lukas: „Ich schlage vor, die Regeln des Eishockeys mit den Regeln des Fußballspiels einfach zu mischen. Das Beste aus beiden." Beurteile diesen Vorschlag.

Der Staat von morgens bis abends

Die Regeln der Wirtschaftsordnung werden in jahrzehntelangen politischen Prozessen entwickelt. Darüber hinaus übernimmt der Staat viele weitere Aufgaben. Dazu schauen wir uns einmal den Tagesablauf der Schülerin Jessica Meyer an.

Museum

B **Ein Tag im Leben der Jessica Meyer**

An diesem nasskalten Novembermorgen wäre Jessica nach dem Klingeln des Weckers fast wieder eingeschlafen, hätte sie nicht das laute Rumpeln der Müllabfuhr aus dem Halbschlaf geweckt.

Sie eilt in das gut geheizte Bad, steigt unter die Dusche; der Wechsel von warmem und kaltem Wasser weckt ihre Lebensgeister. Nach einem etwas hektischen Frühstück radelt sie mit dem Fahrrad zur Schule, zunächst durch die spärlich beleuchteten Straßen ihres Wohnviertels, dann auf dem Fahrradweg entlang der taghell beleuchteten Hauptstraße. Ein Feuerwehrauto bahnt sich mit Blaulicht und Martinshorn seinen Weg durch den dichten Berufsverkehr. Vor einer Baustelle staut sich der Verkehr; hier werden die großen Rohre der Kanalisation erneuert.

Nach wenigen Minuten stellt Jessica ihr Fahrrad im Keller des Schulgebäudes ab. In der ersten Stunde hat sie Physik im großen Übungsraum, dessen Einrichtung erst vor Kurzem auf den neuesten technischen Stand gebracht worden ist. Ganz anders sieht es im Klassenraum der 7a aus; eine Jahreszahl neben der Tür verrät, dass er vor über zwanzig Jahren zum letzten Mal renoviert worden ist. Auch die Fenster scheinen schon seit Langem nicht mehr geputzt worden zu sein. Dafür sei zurzeit leider kein Geld da, berichtete auf dem letzten Elternabend der Klassenlehrer.

Straßenbahn

Feuerwehr

1. Wie ihr seht, kommt Jessica im Laufe des Tages mit vielen staatlichen Einrichtungen in Kontakt. Wie könnte der Tag weitergehen? Schreibe die Geschichte aus deiner Sicht zu Ende und benenne darin staatliche Einrichtungen, die dir schon begegnet sind.

❼ Starthilfe zu Aufgabe 1
Überlege, welche Einrichtungen du z. B. in deiner Freizeit oder bei Krankheit aufsuchst, und schaue dir auch die Bilder an.

staatliche Einrichtung	Aufgabe
Müllabfuhr	Sammlung und Entsorgung von Müll
…	…
…	…

2. Zähle die staatlichen Einrichtungen auf, die Jessica während des Tages in Anspruch genommen hat – oder denen sie begegnet ist. Benenne ihre Aufgaben.

3. Diskutiere, warum es sinnvoll ist, dass Museen und Schwimmbäder durch den Staat finanziert werden.

WIRTSCHAFTEN BRAUCHT REGELN

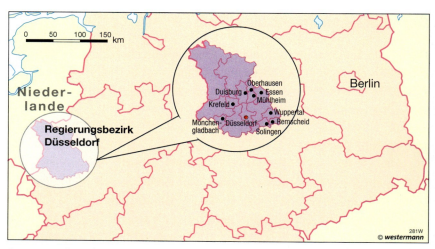

Regierungsbezirk, Landeshauptstadt, Bundeshauptstadt

Die Rolle des Staates im Wirtschaftsprozess

Viele Menschen glauben, wenn man von Staat spricht, dass damit ausschließlich die Bundesregierung in Berlin gemeint sei. Staatliche Aufgaben werden aber von vielen Stellen erledigt, und wir als Bürger kommen mit dem Staat auf verschiedenen Ebenen in Berührung. In unserer Gemeinde, bzw. der Kommune, sehen wir eine Fülle von staatlichen Einrichtungen wie z. B. das Bürgeramt, das Ordnungsamt usw.

Die Gemeinde, die Stadt und der Kreis befinden sich in einem Bundesland, in eurem Fall im Bundesland Nordrhein-Westfalen. Die Landesregierung hat ihren Sitz in Düsseldorf. Auf der Ebene des Bundeslandes werden jene Entscheidungen gefällt, über die ein Bundesland nach dem Grundgesetz der Bundesrepublik Deutschland allein entscheiden darf.

Je mehr Aufgaben der Staat zu bewältigen hat, desto komplizierter werden die Abläufe in der Verwaltung und damit für die Bürger oft auch unübersichtlicher. Oft beschweren die Bürger sich über die „undurchschaubare Bürokratie". Viele Gemeindeverwaltungen nehmen die Kritik der Bürger ernst und bemühen sich um größere „Bürgernähe".

Wenn man z. B. den Wohnort wechselt, muss man viele Dinge beachten: Man muss sich z. B. in der neuen Stadt bzw. der neuen Gemeinde anmelden, ein neues Nummernschild für das Auto beantragen oder die Müllabfuhr bestellen. Früher musste man hierzu zu verschiedenen Behörden gehen, heute kann man in vielen Gemeinden und Städten alles mit einem Besuch im Bürgerbüro erledigen.

> **INFO**
>
> **Bürokratie**
> anderes Wort für Verwaltung, häufig abwertend gebraucht

Gliederung der staatlichen Verwaltung

- **Bundesregierung** und Bundesverwaltungen (z. B. Auswärtiger Dienst, Bundeswehr) — Berlin
- **16 Landesregierungen** und Landesverwaltungen führen eigene Angelegenheiten (z. B. Schulverwaltung) und Bundesgesetze aus. — z. B. Düsseldorf
- **fünf Bezirksregierungen** Bindeglieder zwischen Landesregierung und Kreisen sowie Gemeinden — Arnsberg, Detmold, Düsseldorf, Köln, Münster
- **Verwaltungen der Gemeinden und Landkreise** führen eigene Angelegenheiten sowie Weisungen und Aufträge des Bundes und der Länder aus. — z. B. Kreis Unna, Essen, Oberbergischer Kreis

© westermann

1. Überlege, wo du oder deine Familie mit Behörden zu tun gehabt haben. Nenne Beispiele.

2. Überprüfe die Serviceangebote und Öffnungszeiten der Einrichtungen deiner Gemeinde unter dem Gesichtspunkt der „Kundenfreundlichkeit".

3. Stelle die Schritte zusammen, die für die Beantragung eines Personalausweises erforderlich sind. Erkunde dies mithilfe der Internetseite deiner Gemeinde/Stadt oder führe eine Befragung vor Ort durch.

VERSTEHEN

Kleine Ursachen, große Wirkungen

Im Alltag ist uns meist nicht bewusst, wie und wo der Staat in unserem Leben eine Rolle spielt. Deutlich wird dies häufig erst, wenn etwas nicht funktioniert. Sehen wir uns dazu ein Beispiel aus Düren an.

> **Ampelausfall**
> **58-Jährige bei Unfall verletzt**
>
> **Düren.** Während der Wartungs- und Reparaturarbeiten an einer Ampelanlage in Düren ist es am Dienstagvormittag zu einem Verkehrsunfall gekommen. Eine 58-Jährige musste mit Verletzungen ins Krankenhaus gebracht werden.
> Ein 72 Jahre alter Lkw-Fahrer aus Gangelt fuhr um 11.15 Uhr auf der Fritz-Erler-Straße in Richtung Paradiesstraße. Als er über die Kreuzung zur mehrspurigen Veldener Straße fuhr, kam es zum Zusammenprall mit dem Wagen einer 58-jährigen Autofahrerin. Die Frau aus Aldenhoven war auf der Veldener Straße in Fahrtrichtung Birkesdorf unterwegs und prallte gegen den kreuzenden Lastwagen. Dabei erlitt sie mehrere Verletzungen und musste ins Krankenhaus gebracht werden.
> [...] Durch Hinweise von Zeugen konnte die Polizei feststellen, dass die Ampelanlage zum Unfallzeitpunkt wegen laufender Arbeiten nicht in Betrieb war. Der Lkw-Fahrer hatte der Frau deshalb die Vorfahrt genommen.

Quelle: Aachener Zeitung, 10.4.2013

Wie unser Beispiel zeigt, haben schon kleine Ursachen, wie ein Ampelausfall, große Auswirkungen. Ohne den Staat, der Regeln entwickelt und durchsetzt, würden unsere alltäglichen Abläufe durcheinandergeraten. Im vorliegenden Fall stellt der Staat Verkehrsregeln auf und sorgt dafür, dass sie mithilfe der Ampeln durchgesetzt werden können. Gäbe es die Regeln nicht, würde unser Straßenverkehr innerhalb kürzester Zeit zusammenbrechen. Gleiches gilt auch für alle Wirtschaftsbereiche, für die der Staat die Regeln erlässt.

1. Beschreibt, was in Düren geschehen ist und wie es dazu kommen konnte.

2. Erläutert, welche weiteren Folgen der Ampelausfall für den Verkehr in der Stadt gehabt haben kann.

3. Stelle dir vor, du hast dir einen neuen MP3-Player gekauft. Zu Hause stellst du fest, dass er nicht funktioniert.
   a) Beschreibe, was du in einem solchen Fall tun kannst.
   b) Erläutere, welche Rolle der Staat hierbei spielt.
   c) Erörtere, welche Auswirkungen es für dich hätte, wenn der Staat keine Regeln für diesen Bereich aufgestellt hätte.

🅰 **Starthilfe zu Aufgabe 3**
Der Gesetzgeber hat Regelungen für den Abschluss eines Kaufvertrages erlassen, die für den Käufer und Verkäufer gelten. Dazu gehört auch die Gewährleistungspflicht.

Alkoholverkauf an Tankstellen

Selbstkontrolle oder Staatskontrolle?

Die Bürger fordern vom Staat, dass er das wirtschaftliche Geschehen steuern soll. Dagegen gibt es auch Stimmen, die fordern, der Staat solle weniger in das Wirtschaftsgeschehen eingreifen, weil in vielen Fällen der „Markt" das Wirtschaftsgeschehen besser regeln könne.

Alkoholverkauf an Tankstellen
Wer nach 22 Uhr kommt, bleibt trocken.

Bayerns Tankstellen verpflichten sich freiwillig, nach 22 Uhr keinen Alkohol mehr zu verkaufen – weder an Autofahrer noch an Fußgänger. Für andere Waren gibt es keine Beschränkungen.
An Bayerns Tankstellen wird in Zukunft nach 22 Uhr kein Alkohol mehr verkauft. Darauf einigten sich die Tankstellenverbände in einem Gespräch mit Sozialministerin Christine Haderthauer. Im Gegenzug dürfen alle anderen Waren auch nachts wieder verkauft werden. Christian Amberger, Landesgruppenchef des Bundesverbands freier Tankstellen, sprach von einer sinnvollen und praxisnahen Lösung: „Wir sehen eine gesellschaftliche Verantwortung, dass Tankstellen nicht als Versorgungsstation für Alkoholgelage dienen sollen." Haderthauer nannte die Selbstverpflichtung einen wichtigen Beitrag „im Kampf gegen Alkoholmissbrauch auch durch Jugendliche".

Quelle: Süddeutsche Zeitung, Maximilian Zierer, 1.10.2012

1. Erkläre, weshalb Tankstellen sich selbst verpflichten sollen, keinen Alkohol nach 22 Uhr zu verkaufen.

2. Erläutert, ob durch die Selbstverpflichtung der Tankstellen, keinen Alkohol an Jugendliche zu verkaufen, das Alkoholproblem von Jugendlichen wirksam bekämpft werden kann.

3. Diskutiert, ob die Selbstverpflichtung der Tankstellen reicht oder ob der Staat den Verkauf verbieten sollte.

WIRTSCHAFTEN BRAUCHT REGELN

Wo der Staat überall gefordert wird

Auf diesen beiden Seiten findet ihr zwei Zeitungstexte und eine Karikatur, die sich mit einigen Aufgaben des Staates im Wirtschaftsprozess eines Landes auseinandersetzen.

Mehr Geld für Bildung

Deutschland ist eines der reichsten Länder der Welt. Damit das so bleibt, muss die Regierung die Bildungschancen verbessern.
Dass Bildung in Deutschland extrem wichtig ist, liegt vor allem daran, dass es hier keine teuren Rohstoffe wie Öl oder Diamanten gibt. Stattdessen verdient die BRD ihr Geld mit Maschinen oder Autos. Für die Produktion brauchen die Firmen sehr gut ausgebildete Mitarbeiter.
Früher lag Deutschland im Bildungsbereich im weltweiten Vergleich ganz vorn. Heute aber stecken andere Länder einen viel höheren Anteil ihres Reichtums in Bildungsmaßnahmen und schaffen damit mehr Humankapital. Außerdem werden in Deutschland besonders wenig Kinder geboren. Deshalb ist es umso wichtiger, jeden Einzelnen so gut wie möglich auszubilden. [...]
Bund und Länder haben jetzt verabredet, mehr Geld für Bildungseinrichtungen auszugeben. Möglichst alle Kinder sollen den Kindergarten besuchen und schon dort gut Deutsch lernen. [...]
Auch die Studentenzahlen sollen steigen. Bei den meisten Maßnahmen müssen sich die Politiker noch einigen, wer das bezahlt.

Quelle: Gillmann, B., Handelsblatt newcomer, Ausgabe 6, November 2009

Alles für die Kleinen

[...] Seit Jahresbeginn [2010] spendiert die neue Regierung ein höheres Kindergeld. Und der Geldsegen geht weiter. Im Herbst soll das BAföG, also die finanzielle Unterstützung, die der Staat unter bestimmten Voraussetzungen zum Beispiel an Studenten oder Auszubildende zahlt, steigen. [...] Und das Bundesverfassungsgericht beschäftigt sich mit einer Anhebung der Kindersätze für Hartz-IV-Empfänger. Zu diesen Wohltaten kommen mittel- und langfristige Weichenstellungen der Politiker. [...]
Kritiker meinen jedoch, das [schwarz-gelbe] Programm klingt sehr viel besser, als es ist. Zwar schüttet der Staat jetzt den Geldsack aus. Aber weil die Regierung zugleich die Steuern senken möchte, fehlt das Geld irgendwann in der Kasse. Daher handele es sich bei den Entlastungen um Wohltaten auf Pump. Das Haushaltsdefizit, also die Schulden des Staates, explodiert in diesem und im kommenden Jahr. Ausgleichen müssen das später diejenigen, für die jetzt mehr Geld ausgegeben wird – die junge Generation.

Quelle: Rinke, A., Handelsblatt newcomer, Ausgabe 7, Januar 2010

„Habe gehört, ihr habt euren Prozess gewonnen."

1. Führt eine Gruppenarbeit zu den Zeitungsmeldungen durch:
   a) Benennt das angesprochene Problem.
   b) Beschreibt die Forderungen und Wünsche an den Staat.
   c) Nehmt Stellung zu den Forderungen und diskutiert, warum der Staat hier gefordert ist.
   d) Bestimmt in eurer Gruppe, wer eure Gruppenergebnisse auf welche Weise vorstellen soll.

2. a) Nennt das Problem, das mit der Karikatur angesprochen wird und beschreibt, welche Aufgabe der Staat in diesem Fall hat.
   b) Begründe, warum es notwendig ist, dass der Staat in einem solchen Fall eingreift.
   c) Überlege, was passieren könnte, wenn dies nicht der Fall wäre.

WIRTSCHAFTEN BRAUCHT REGELN

Aufgaben des Staates in der Marktwirtschaft

Die wesentlichen Staatsaufgaben fassen wir noch einmal zusammen:

a) Schaffung einer Rechtsordnung

Die wichtigste Aufgabe des Staates ist es, eine Rechtsordnung zu schaffen. Diese soll allen Bürgern als sichere Grundlage für alle wirtschaftlichen Aktivitäten dienen. So gelten die Rechte und Pflichten für alle Bürger, ob sie nun Konsumenten sind, Arbeitnehmer oder Unternehmer. Welche Rechte und Pflichten bestehen z. B. bei einem Kaufvertrag? Oder: Welche Rechte und Pflichten haben Unternehmen und Erwerbstätige bei einem Arbeitsvertrag?

b) Bekämpfung von Störungen im Wirtschaftsprozess

Wirtschaftliches Geschehen wird von vielen Faktoren beeinflusst. Mal geht's der Wirtschaft gut, die Konsumenten kaufen verstärkt Produkte, oder andere Länder kaufen deutsche Produkte im hohen Maße. Aber es gibt natürlich auch Zeiten, in denen es schlechter geht. Die Preise steigen sehr stark, und viele Bürger sind von Arbeitslosigkeit betroffen. Diese muss der Staat dann bekämpfen. Unternehmen fordern z. B. Steuervergünstigungen. Für die Umwelt werden schärfere Gesetze gefordert und vieles mehr, denn eine Wirtschaft, die mit vielen Ländern dieser Welt verknüpft ist, funktioniert nicht wie eine Maschine, die nur schneller oder langsamer gestellt werden muss, damit alles wieder in Ordnung ist.

Alte Kühlschränke

INFO

Hartz IV:
Arbeitslosengeld II (auch „Hartz IV" genannt) erhalten v. a. Menschen, die längere Zeit arbeitslos sind und Arbeitnehmer, deren Einkommen nicht zum Bestreiten ihres Lebensunterhalts reicht.

Regierung erwägt Gutscheine für Hartz-IV-Empfänger

Berlin – Die Bundesregierung denkt darüber nach, Langzeitarbeitslosen den Kauf von stromsparenden Kühlschränken durch eine Art Gutscheinmodell zu ermöglichen. Bundesumweltminister Peter Altmaier (CDU) wolle Hartz-IV-Empfängern einen Zuschuss beim Kauf eines neuen energieeffizienten Kühlschranks gewähren, berichtet die „Saarbrücker Zeitung". Der Zuschuss solle „signifikant hoch" sein, „sodass die Geräte tatsächlich angeschafft werden", hieß es.
Details des Programms würden jetzt ausgearbeitet, darunter auch Kriterien, welche Art von Kühlschränken bezuschusst werden soll. Das Bundesumweltministerium bestätigte den Bericht zum Teil: „Es gibt keine Abwrackprämie", sagte Altmaier, aber Vorüberlegungen, einkommensschwachen Bürgern in Einzelfällen mit einem Gutscheinmodell den Kauf energiesparender Geräte zu ermöglichen.
Altmaier sieht verstärkte Anstrengungen zum Stromsparen als Erfolgsrezept, um die steigenden Energiekosten abzufedern – kritisiert wird immer wieder, dass sich Einkommensschwache nicht neue Kühlschränke kaufen können. […]

Quelle: www.spiegel.de
→ Wirtschaft
→ Verbraucher & Service
→ Energieeffizienz
→ Arbeitslose sollen Zuschuss für sparsame Kühlschränke bekommen (23. 11. 2012)

c) Strukturpolitik

Der dritte wichtige Bereich ist die Strukturpolitik: Nicht in allen Regionen der Bundesrepublik gibt es gleichwertige Arbeits- und Lebensbedingungen. Deshalb fordern die Bürger einzelner Regionen, dass der Staat mithilft, um die Arbeits- und Lebensbedingungen für alle Menschen in der Bundesrepublik möglichst gleichwertig zu gestalten.

Ein besonderes Problem in allen Wirtschaftsregionen ist die Verbesserung der Verkehrsinfrastruktur. Damit ist gemeint, wie gut eine Region mit Straßen, Autobahnen, Eisenbahnen, Flughäfen usw. ausgestattet ist. Auf eine gute Verkehrsinfrastruktur sind wir sehr stark angewiesen: Wie kommt man schnell zur Schule, zum Arbeitsplatz, in andere Regionen des Landes? Wichtig ist die Verkehrsinfrastruktur auch für Unternehmen, für den Transport der Güter, die die Konsumenten oder die Unternehmen benötigen.

Stromtrasse

Für den Bau von Verkehrswegen sind nicht selten auch neue Flächen erforderlich. Zwar wollen alle Bürger gute und schnelle Verkehrsverbindungen in unmittelbarer Nähe zum Wohnort haben, aber diese sollen natürlich keinen Lärm und keinen Schmutz verursachen.

Bau eines Schwimmbades

Es ist eine wichtige Aufgabe des Staates, nach und nach gleichwertige Arbeits- und Lebensbedingungen für alle Bürger zu fördern, z. B. durch den Bau von Autobahnen, Schulen, Hochschulen oder durch die Förderung neuer Unternehmen. Darüber gibt es bei den Bürgern und zwischen den Parteien sehr unterschiedliche Ansichten und politischen Streit.

1. Nennt die Störungen im Wirtschaftsprozess, die in dem Artikel „Regierung erwägt Gutscheine für Hartz-IV-Empfänger" beschrieben werden.

2. Erläutere die in dem Artikel beschriebene Lösung und nimm Stellung zu dieser Lösung.

3. Der Staat hat unterschiedliche Aufgaben. Ordne folgende Fälle den im Text beschriebenen Bereichen a), b) und c) zu.
 – Nach zwei Jahren Arbeitslosigkeit bekommt Frau Pril einen Computerkurs vom Staat bezahlt, um bessere Chancen auf dem Arbeitsmarkt zu haben.
 – In der Stadt Euskirchen wird eine neue Kindertagesstätte gebaut.
 – Mario hat einen defekten MP3-Player gekauft und bekommt dafür vom Händler Ersatz.

4. Erläutere, was die beiden Bilder oben mit Strukturpolitik zu tun haben.

5. Diskutiere: Der Bau einer Autobahn hat für die Bürger einer Region Vorteile/Nachteile.

Der Staat benötigt Einnahmen

So wie die privaten Haushalte und Unternehmen hat auch der Staat Einnahmen, mit denen er die Vielzahl seiner Aufgaben zu erfüllen versucht. Die Steuern sind die wichtigste Einnahmequelle für Bund, Länder und Gemeinden.

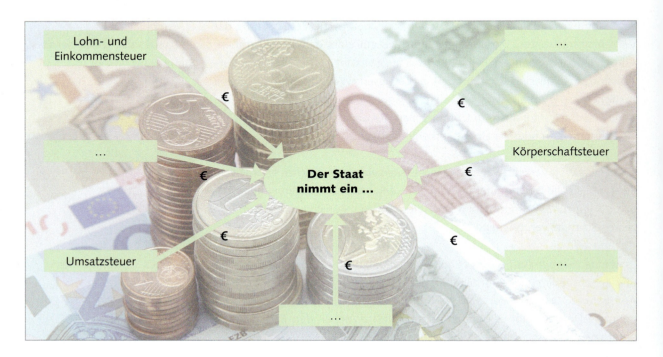

Wichtige Einnahmequellen sind:

a) Die Lohn- und Einkommensteuer
Diese Steuer zahlt jeder, der ein Einkommen bezieht, unabhängig davon, ob er ein kleines Geschäft betreibt oder in einem Unternehmen beschäftigt ist, d. h., jeder in Deutschland muss auf seine Einkünfte Steuern zahlen. Die Höhe der Steuern ist abhängig von der Höhe des Einkommens: Wer viel verdient, muss im Verhältnis mehr Steuern bezahlen als jemand, der wenig verdient. Diese Steuer wird als direkte Steuer bezeichnet, weil sie direkt vom Einkommen abgezogen und dem Staat zugeführt wird.

b) Die Umsatzsteuer
Die Umsatzsteuer ist die Steuer, die wir fast täglich unbewusst zahlen, beispielsweise beim Einkaufen. Egal ob wir uns einen Pullover, eine CD, einen Computer kaufen oder eine Busfahrt machen. Jedes Mal zahlen wir Umsatzsteuer. Im Alltag ist sie noch besser als Mehrwertsteuer bekannt. Sie wird auch als indirekte Steuer bezeichnet. Sie ist im Kaufpreis „versteckt" und wird auf dem Umweg über die Unternehmen erhoben, die sie dann an den Staat abführen.

Formulare für die Steuererklärung

Lohnzettel mit ausgewiesener Lohnsteuer

Quittung mit ausgewiesener Umsatzsteuer

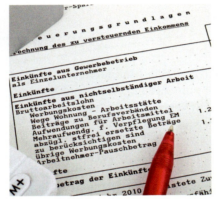
Einkommensteuerbescheid vom Finanzamt

c) Unternehmen als Steuerzahler
Selbstverständlich zahlen auch Unternehmen Steuern, z. B. Einkommensteuer. Neun von zehn Unternehmen in Deutschland sind Personenunternehmen, d. h., die Inhaber zahlen auf ihre Gewinne Einkommensteuer. Andere Unternehmen, wie GmbH und AG, müssen Körperschaftsteuer zahlen.

1. Ermittle mithilfe des Internets drei weitere Steuerarten und wer sie bezahlen muss.

2. Die Höhe der Lohnsteuer ist vom Einkommen abhängig.
   a) Erläutere, warum der Staat von jemandem, der viel Geld verdient, im Verhältnis höhere Abgaben verlangt.
   b) Diskutiere, ob dies gerecht ist.

3. Überlegt: Wenn die Unternehmen die Umsatzsteuer bzw. die Mehrwertsteuer an den Staat abführen, ist das nicht günstig für die Verbraucher – oder?

PRAXIS

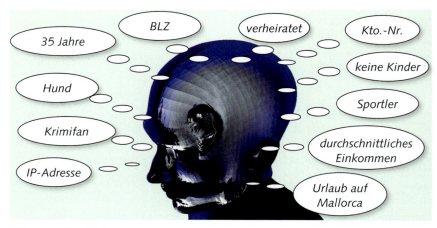

Gläserner Schädel

Der gläserne Mensch

[...] Das Einkaufen im Netz ist zum Alltag geworden. Dabei offenbaren die Kunden jedoch oft viel mehr Details über sich, als wenn sie ihr Buch im Laden kaufen. Sie hinterlegen ihre Adresse oder Bankverbindung, und die Programme der Anbieter speichern genau, wann sie was ergattert haben. Zur Absicherung der Verbraucher gibt es Datenschutzgesetze. Sie sollen zum Beispiel verhindern, dass jeder sehen kann, was ein anderer kauft oder von welchem Konto er sein Schnäppchen zahlt. Die Regelungen legen unter anderem fest, dass jeder selbst entscheidet, wem er seine persönlichen Angaben offenbart. Allerdings sind diese Vorschriften aufgrund der rasanten technischen Entwicklungen oft bereits schnell wieder überholt. Wer seine Daten freiwillig preisgibt, muss grundsätzlich damit rechnen, dass andere diese Angaben auch für eigene Zwecke verwenden. Das Interesse an Kundendaten ist groß. Es gibt mittlerweile sogar ganze Branchen, die damit Geschäfte machen. Datenhändler sammeln alle auffindbaren Angaben eines Kunden, stellen sie zu Datensätzen zusammen und verkaufen sie an Unternehmen. Diese nutzen die Informationen, um zum Beispiel gezielt Werbung zu verschicken. [...]

INFO

2013 wurde bekannt, dass der amerikanische Geheimdienst NSA und der britische Geheimdienst GCHQ massenhaft Telekommunikations- und Internet-Nutzerdaten erfasst haben. Das Problem des Datenschutzes im Internet ist hochaktuell.

Quelle: M. Kinaß, Handelsblatt newcomer, Ausgabe 7, Januar 2010

1. Beschreibe das Problem, das in dem Zeitungsartikel angesprochen wird.

2. Erläutere, wie der Staat eingreift, um das Problem zu lösen.

3. Diskutiere, ob die Maßnahmen des Staates ausreichend sind oder ob er noch weitere Regeln aufstellen sollte.

4. Sieh dir die Grafik „Gläserner Schädel" an und beschreibe, wann man im Internet diese Daten hinterlässt. Ergänze eigene Beispiele.

Kommune baut Deich aus

Berlin erhöht Mehrwertsteuer

Reform des Steuersystems lässt auf sich warten

Mehr Geld für Deutschlands Wasserstraßen

Bund stärkt Verbraucherschutz im Internet

Neue Regeln zur Arzneimittelzulassung

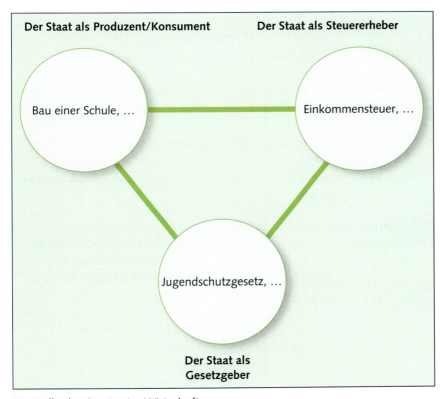

Die Rolle des Staates im Wirtschaftsprozess

5. Übertrage die untere Grafik in dein Arbeitsheft, nenne jeweils drei weitere Beispiele für die unterschiedlichen Rollen des Staates im Wirtschaftsprozess und trage sie in deine Grafik ein.

6. Ordne die Schlagzeilen den drei Feldern zu.

L LERNBILANZ

In diesem Kapitel habt ihr gelernt,
– dass für wirtschaftliches Handeln Regeln benötigt werden, die der Staat entwickeln muss.
– dass der Staat Einnahmen benötigt, um seine Aufgaben erfüllen zu können.

Mit den folgenden Aufgaben könnt ihr euer Wissen überprüfen:

1. Beschreibe drei Aufgaben des Staates.

2. Überlege, welche Aussage richtig ist:
„Der Staat wohnt in Berlin."
„Den Staat gibt es in der Kommune, auf Landesebene, auf Bundesebene."
„Der Staat denkt immer an das Wohl der Bürger."

3. Erkläre, worin der Unterschied zwischen einer „direkten" und einer „indirekten" Steuer besteht.

4. Untersuche, für welche Aufgaben der Staat seine Steuereinnahmen verwendet.

5. a) Benenne die drei großen Handlungsfelder des Staates in der Marktwirtschaft.
b) Ordne die folgenden Zeitungsüberschriften dem passenden Bereich zu und begründe deine Meinung:

Die Bundesregierung erhöht das Wohngeld für ärmere Familien

Das Parlament beschließt eine Verschärfung des Jugendschutzgesetzes

Die Landesregierung fördert die Erneuerung der Binnenhäfen

6. Nehmt Stellung zu folgenden zwei Aussagen:
„Man sollte den Staat abschaffen, der nimmt uns nur unser sauer verdientes Geld weg."
„Ohne Staat würden sich die Menschen nur den Kopf einschlagen und könnten auch nicht friedlich leben."

7. Beurteilt folgende Aussagen:
„Ich als Unternehmer kann sehr gut ohne Regeln leben, der Staat behindert mich doch nur!"
„Natürlich helfen mir gute Gesetze, um mein Unternehmen zu führen, aber manche Regeln behindern mich doch sehr."

8. Erinnert euch an Seite 15. Der Staat könnte den Alkoholverkauf an Jugendliche doch einfach verbieten und entsprechende Regelungen schaffen. Ermittelt die Gründe für dieses Verhalten des Staates und diskutiert sie.

9. Wenn ihr als Jugendliche den Alkoholverkauf an Jugendliche in Tankstellen stoppen wolltet, wie wäre eure Vorgehensweise? Entwerft einen entsprechenden Vorschlag und begründet ihn.

Solingen: 15-Jährige mit 3,0 Promille in Klinik eingeliefert

Alkohol-Exzesse: Klinikum meldet einen Negativ-Rekord. Ärzte warnen vor neuer Dimension beim Koma-Saufen

Solingen (ST). Die Alkoholexzesse von Jugendlichen reißen nicht ab: Am Dienstag wartete das Städtische Klinikum mit einem neuen Negativ-Rekord auf: Ein erst 15-jähriges Mädchen wurde am Rosenmontag in die Notaufnahme gebracht, weil es mit 3,0 Promille Alkohol im Blut kurz vor dem Vergiftungskollaps stand.

Dem Mädchen gehe es durch die intensive medizinische Betreuung inzwischen wieder besser, es könne bald aus dem Krankenhaus entlassen werden, sagte gestern Dr. Volker Soditt, Leiter der Kinder- und Jugendklinik im Städtischen Klinikum. Genaue Zahlen von betrunkenen Kindern und Jugendlichen, die über die Karnevalstage im Klinikum behandelt worden sind, konnte der Mediziner noch nicht nennen.

Auffallend viele betrunkene Jugendliche aus Hilden seien jedoch am Rosenmontag in die Notfallaufnahme gebracht worden, berichtet Dr. Soditt. Er ist Facharzt für Intensivmedizin und Facharzt für Kinder- und Jugendmedizin.

„Hier haben sich unglaubliche Szenen abgespielt, weil viele der stark unter Alkoholeinfluss stehenden Jugendlichen nicht nur gravierende Ausfallerscheinungen hatten, sondern zum Teil auch äußerst aggressiv waren und sogar randaliert haben", sagte Dr. Soditt. Dies sei eine extrem hohe Belastung für das Klinik-Personal gewesen.

Darüber hinaus brächten die jungen Alkohol-Patienten eine unangemessene Inanspruchnahme von medizinischen Leistungen. Soditt: „Dadurch sind wir hier im Klinikum an der Grenze der Aufnahmekapazität angelangt. Aber da gibt es ja auch viele andere Kinder und Jugendliche, die wirklich schwer erkrankt sind."

Quelle: Westdeutsche Zeitung, Hans-Peter Meurer (22.02.2012)

10. Diskutiert das Für und Wider des Nichtverkaufs von Alkohol an Jugendliche und lest dazu den Zeitungstext „15-Jährige mit 3,0 Promille in Klinik eingeliefert". Nehmt dabei auch Stellung zu folgenden Aussagen: „Jugendliche, die so verantwortungslos Alkohol zu sich nehmen und dann in Krankenhäusern hohe Kosten verursachen, sollten selbst bzw. die Eltern sollten für alle Kosten aufkommen."
„Ich habe doch eine Krankenversicherung, es ist doch selbstverständlich, dass diese für die entstandenen Kosten aufzukommen hat."

11. Schreibe einen Bericht zu dem gesamten Kapitel. Die einzige Grundlage für deinen Bericht ist die Grafik auf Seite 9. Dein Bericht sollte so anschaulich sein, dass auch Personen, die das Kapitel nicht kennen, z. B. deine Eltern, verstehen, was du gelernt hast.

II Verschiedene Formen von Arbeit

Der Beruf ist die wichtigste Quelle für das Einkommen. Arbeit zu haben bedeutet aber viel mehr, als Geld zu verdienen. Sie hat großen Einfluss auf unser Privatleben, unsere Persönlichkeit, unser Wohlbefinden. Neben der Erwerbsarbeit, mit der man Geld verdient, gibt es auch noch andere Formen der Arbeit, z. B. die Hausarbeit, das Ehrenamt oder Schularbeit.

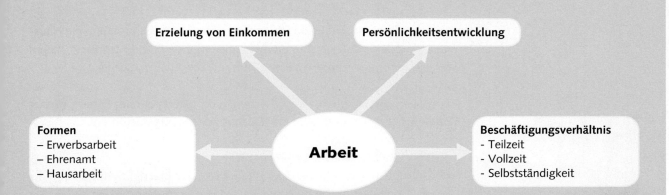

VERSCHIEDENE FORMEN VON ARBEIT

Arbeit: Formen und Bedeutung

Durch ihre Arbeit und den Beruf erhalten die Menschen das notwendige Geld für Nahrung, Kleidung, Wohnung usw. Der Beruf ist also die wichtigste Quelle für das Einkommen. Aber er ist noch mehr. Der Beruf bestimmt das Ansehen eines Menschen. Viele Menschen sind stolz auf ihren Beruf. Andere sind mit der Arbeit, die sie im Beruf ausüben, unzufrieden. Die berufliche Arbeit beeinflusst alle Lebensbereiche: das Familienleben, die Freizeit und den Freundeskreis.

Es gibt aber, neben der Erwerbsarbeit, mit der man Geld verdient, auch noch andere Formen der Arbeit. Eine andere Form ist z. B. die Hausarbeit. Dabei handelt es sich um eine wichtige Tätigkeit, die aber viel zu wenig anerkannt wird. Für die eigene Arbeit im Haushalt erhält man kein Einkommen. Sie ist für die Versorgung der Familie und für das Wohlbefinden allerdings von großer Bedeutung.

In vielen Familien sind beide Eltern berufstätig und müssen zudem die Hausarbeit organisieren. Sie sind erwerbstätig, weil sie Freude am Beruf haben oder gezwungen sind, gemeinsam für den Unterhalt zu sorgen.

Lest euch einmal durch, welche Arbeiten die Mitglieder der Familie Weber im Beruf, in der Schule oder im Haushalt regelmäßig ausführen:

Arbeitsteilung in der Familie

Karin bei den Schularbeiten

B **Tochter Karin, 14 Jahre**
„Um 7.50 Uhr beginnt jeden Tag der Unterricht. Um 14.00 Uhr bin ich wieder zu Hause. Nach dem Mittagessen döse ich erst einmal ein bisschen rum, ich lese oder höre Musik. Dann mache ich meine Hausaufgaben und hinterher treffe ich mich mit Freunden oder gehe zum Sport. Zu meinen Aufgaben im Haushalt gehören Geschirrspülmaschine ein- und ausräumen, Müll rausbringen oder auch ein bisschen Gartenarbeit. Da ich gerade für ein Notebook spare, trage ich jeden Sonntag Zeitungen aus. Für immerhin 6 Euro die Stunde."

B **Herr Weber**
„Ich bin gelernter Elektrotechniker und angestellt bei der Firma „Kluge und Kluge". Das ist ein größerer Maschinenbaubetrieb, der Maschinen und Anlagen herstellt. Zum Beispiel Melkmaschinen für die Landwirtschaft. Da ich 38,5 Stunden in dem Betrieb arbeite und täglich auch noch dreißig Kilometer zum Arbeitsplatz fahren muss, bleibt am Abend kaum Zeit für die Hausarbeit. Allerdings bin ich für das Staubsaugen und die Reparaturen zuständig. Außerdem engagiere ich mich als Schatzmeister im Schützenverein. Dadurch bleibt noch weniger Zeit für gemeinsame Wochenendaktivitäten mit der Familie. Und dann muss ich ja auch Fortbildungen machen, um im Beruf am Ball zu bleiben …"

B Frau Weber

„Seit einigen Jahren bin ich wieder berufstätig. Ich arbeite halbtags in der örtlichen Bank als Bankkauffrau. Wenn ich mittags nach Hause komme, koche ich Mittagessen für Karin und mich. Danach steht Hausarbeit auf dem Programm: Einkaufen, Waschen, Bügeln, Putzen, Aufräumen, Gartenarbeit … Da fast alle Hausarbeit an mir hängen bleibt, ist die Zeit eigentlich immer zu knapp. In meiner Freizeit bin ich noch ehrenamtlich für den Kinderschutzbund tätig."

Formen der Arbeit

Erwerbsarbeit	Hausarbeit	Ehrenamt

Für das Familienleben ist es wichtig, dass die Arbeiten im Haushalt sinnvoll und gerecht auf alle Familienmitglieder aufgeteilt werden. Wichtig ist, zu überlegen, wer was verantwortlich übernehmen kann und welche Arbeiten gemeinsam oder im Wechsel erledigt werden können. Bei der Aufgabenverteilung ist auch zu berücksichtigen, ob diese täglich anfallen oder nur einmal in der Woche oder sogar noch seltener.

1. Erläutere, warum Beruf und Arbeit so wichtig für den Menschen sind.

2. Übertrage die folgende Übersicht in dein Heft und ordne die Formen der Arbeit den Mitgliedern der Familie Weber zu. Lege dann eine Tabelle für deine eigene Familie an und beschreibe die Arbeitsteilung.

	Karin Weber	Frau Weber	Herr Weber
Hausarbeit			
Schule und Fortbildung			
Erwerbsarbeit/Beruf			
Ehrenamt			

3. Werte die Tabelle danach aus, ob die Arbeit gerecht aufgeteilt ist, und erkläre, wo es in der Familie häufig zu Konflikten kommt und wie diese gelöst werden könnten.

4. Nimm Stellung zu der Aussage: „Auch Schularbeit ist Arbeit."

VERSTEHEN

Arbeitsplatzverlust und Berufswechsel

Arbeit kann für einen Menschen vieles bedeuten. Einerseits sichert sie den Lebensunterhalt. Das ist aber längst noch nicht alles. Für viele Menschen ist ihre Arbeit außerdem ein wichtiger Teil ihrer Identität, also der Art und Weise, wie sie sich selbst sehen. Wenn sie ihre Arbeit verlieren, kann dies für sie eine persönliche Krise bedeuten, vom Wegfall des Einkommens ganz zu schweigen. Und auch wenn jemand seinen Arbeitsplatz oder Beruf freiwillig wechselt, ist dies in der Regel ein tiefer Einschnitt in seinem oder ihrem Leben.

Arbeit kann Mühe, Plackerei und Zwang sein, eintönig und menschenunwürdig erscheinen. Sie kann aber auch Freude bereiten, sie kann Anerkennung und Ansehen bringen. In der Arbeit kann der Mensch die Erfüllung seines Lebens finden, Ideen umsetzen und für sich oder andere viel Nützliches bewirken.

Wenn man keine Arbeit hat …

Es ist für den Menschen eine schlimme Erfahrung, wenn er keine Erwerbsarbeit findet oder seinen Arbeitsplatz verliert. Wenn die Suche nach einem Arbeitsplatz über lange Zeit erfolglos ist, fühlt man sich vielleicht minderwertig und nicht in der Lage, seine eigene Familie zu versorgen. Man kann sich nicht mehr viel leisten und oft wachsen deshalb die Probleme in den betroffenen Familien.

1. Notiere stichpunktartig, welche Bedeutung Arbeit und Beruf für dich persönlich haben.

2. Erklärt, was eurer Meinung nach die Identität eines Menschen maßgeblich bestimmt und welche Rolle der Erwerbsarbeit dabei zukommt.

3. Beschreibe, was Arbeitslosigkeit für den betroffenen Menschen und seine Familie bedeuten kann.

4. Stellt mögliche Vorteile eines Arbeitsplatz- oder Berufswechsels den Nachteilen gegenüber.

Beschäftigungsverhältnisse – so unterschiedliche Formen

 Gespräch am Frühstückstisch

Herr Jürgens: Du, ich muss mich beeilen, sonst komme ich zu spät in die Firma. Und gerade heute Mittag möchte ich pünktlich gehen, weil ich ein Vorstellungsgespräch in dem Buchladen in der Hauptstraße habe. Die suchen noch Mitarbeiter, die stundenweise Ware auspacken, wenn eine neue Lieferung gekommen ist.

Frau Jürgens: Aber was wird aus deinem Minijob bei der Krüger GmbH, willst du den dann aufgeben?

Herr Jürgens: Nein, die Stelle im Buchladen würde ich noch nebenbei machen. Ich bin zwar jetzt auch schon gut ausgelastet mit meiner Teilzeitstelle und dem Minijob, aber ein bisschen Zeit hätte ich ja noch. Der Buchladen sucht hauptsächlich Leute für die frühen Morgenstunden und samstags – das könnte ich mit den anderen beiden Jobs also gut kombinieren. Und du weißt, wir können das Geld gut gebrauchen. Im Januar steht die große Autoreparatur an und Phillip braucht bald ein größeres Fahrrad. Na ja, und den Urlaub im Sommer wollen wir ja auch nicht ausfallen lassen, oder?

Arbeiten bei einem Arbeitgeber, 40 Stunden die Woche und unbefristet – das ist nicht bei jedem Arbeitnehmer bzw. jeder Arbeitnehmerin so. Die Arbeitswelt verändert sich und mit ihr auch die Arten der Beschäftigungsverhältnisse. Folgende Beschäftigungsverhältnisse lassen sich unterscheiden:

Das sogenannte **Normalarbeitsverhältnis** ist durch unbefristete Vollzeitbeschäftigung gekennzeichnet. Davon zu unterscheiden ist die Berufsausbildung. Sie ist zunächst befristet. Durch die Übernahme nach der Ausbildung kann daraus ein Normalarbeitsverhältnis werden.

Als **befristete Beschäftigung** gilt, wenn die Beschäftigungszeit festgelegt ist. Beispielsweise, wenn eine Stelle einer weiblichen Angestellten für ein Jahr befristet besetzt wird, bis sie aus der Elternzeit zurückgekehrt ist. Befristete Arbeitsverträge unterliegen gesetzlichen Regelungen des Teilzeit- und Befristungsgesetzes, das befristete Arbeitsverträge nur zulässt, wenn es einen Grund für die Befristung gibt.

Dieses Gesetz legt in § 2 fest, dass ein Arbeitnehmer bzw. eine Arbeitnehmerin **teilzeitbeschäftigt** ist, wenn dessen bzw. deren regelmäßige Wochenarbeitszeit kürzer ist als die einer vergleichbaren vollzeitbeschäftigten Arbeitskraft.

VERSCHIEDENE FORMEN VON ARBEIT

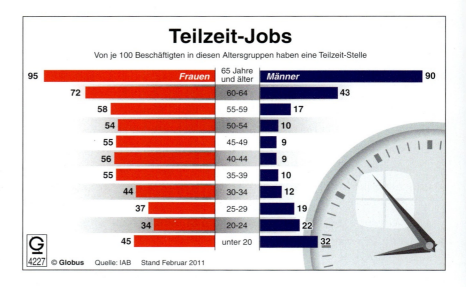

Bei der **Zeitarbeit** können z. B. Arbeitnehmer und Arbeitnehmerinnen von sogenannten Zeitarbeitsunternehmen an andere Unternehmen für eine befristete Zeit ausgeliehen werden.

Als **Leiharbeit** wird bezeichnet, wenn ein Arbeitgeber eine bei ihm beschäftigte Arbeitskraft einem anderen Arbeitgeber überlässt. Echte Leiharbeit liegt vor, wenn eine Arbeitskraft zeitweise in einen anderen Betrieb abgeordnet wird. In diesem Fall ändert sich an den Arbeitsbedingungen im Übrigen nichts, d. h., Lohn, Urlaub etc. bleiben wie gehabt.

Eine **geringfügig entlohnte Beschäftigung** („Minijob") liegt vor, wenn das Arbeitsentgelt aus dieser Beschäftigung regelmäßig im Monat 450 Euro nicht übersteigt. Seit Januar 2013 ist die Rentenversicherungspflicht für Arbeitnehmerinnen und Arbeitnehmer, die einem „Minijob" nachgehen, zur Regel geworden.

Kein Arbeitsverhältnis, aber eine Erwerbstätigkeit ist die **Selbstständigkeit**. Als Selbstständige werden Personen beschrieben, die allein oder gemeinsam Eigentümer eines Unternehmens sind.

> **INFO**
>
> **Beschäftigungsverhältnisse 2012**
> 2012 waren 32,1 Mio. Menschen abhängig beschäftigt. Ein knappes Viertel der Beschäftigten (7,9 Mio.) war in sog. atypischen Beschäftigungsverhältnissen (Teilzeit, befristete und geringfügige Beschäftigung, Zeitarbeit) tätig.

1. Betrachtet die oben abgebildete Grafik „Teilzeit-Jobs" und ermittelt Gründe für die unterschiedliche Verteilung von Teilzeitarbeit bei Männern und Frauen.

2. Diskutiert die Vor- und Nachteile der einzelnen Beschäftigungsverhältnisse für Arbeitnehmer bzw. Arbeitnehmerinnen sowie Arbeitgeberinnen und Arbeitgeber.

3. Überlegt euch Gründe dafür, dass Herr Jürgens mehreren Jobs nachgeht.

Selbstständigkeit

Selbstständig zu arbeiten, ist für viele Arbeitnehmer und Arbeitnehmerinnen eine Alternative zur Arbeitslosigkeit oder die beste Möglichkeit, eigene Ideen zu verwirklichen. Wenn man sich für eine Selbstständigkeit entscheidet, bedeutet das auch immer, sich einer Herausforderung zu stellen, die Mut und Engagement erfordert.

Q Es gibt viele Gründe, warum Menschen sich entschließen, ein Unternehmen zu gründen. […] Grundsätzlich wird zwischen zwei Gruppen von Gründermotiven unterschieden: Push-Faktoren und Pull-Faktoren.
Wird ein Unternehmen aus einer Notsituation heraus gegründet, ohne die sich der Gründer nicht für eine selbstständige Tätigkeit entschieden hätte, wird auch von „Ökonomie der Not" oder „unfreiwilliger Gründung" gesprochen. Unerwünschte Situationen sollen durch die Unternehmensgründung vermieden oder bekämpft werden. Solche Gründungsmotive werden daher auch Vermeidungsziele oder Push-Faktoren genannt. Im Gegensatz zu Gründungen aus der Not heraus werden bei freiwilligen Gründungen so genannte Pull-Faktoren unterschieden. Oft wird in diesem Zusammenhang daher auch von „Ökonomie der Selbstverwirklichung" oder von „freiwilliger Gründung" gesprochen. […]
Die Gründungsgeschichte von *Pustefix* (s. u.) ist ein Beispiel für eine Push-Gründung. Push-Faktoren, die auch bei anderen Gründungen eine Rolle spielen, sind zum Beispiel:
– Arbeitslosigkeit (bestehende oder drohende)
– Probleme am Arbeitsplatz
– finanzielle Schwierigkeiten
– ethnische Minderheiten finden keine andere Beschäftigung

Beispiel: Die Gründung eines Unternehmens aus der Not heraus
Firma: Dr. Rolf Hein & Nachfolger KG
Produkt: Pustefix

1948, kurz nach dem Zweiten Weltkrieg, herrschten in Deutschland noch immer Hunger und Not. Viele Städte waren zerstört, es gab keine Produkte, und das Geld war nichts mehr wert. Die hohe Arbeitslosigkeit zwang viele Menschen dazu, durch kreative Alternativen zu ihrem bisherigen Beruf ihr Überleben zu sichern.
So beschäftigte sich der Chemiker Dr. Rolf Hein damit, über Experimente mit Seife Waschmittel herzustellen, das er dann bei den umliegenden Bauern gegen Lebensmittel eintauschen konnte. Er entdeckte dabei eine Flüssigkeit, die in Regenbogenfarben schimmerte und aus der sich hervorragend Seifenblasen herstellen ließen. Da die meisten Kinder zu dieser Zeit nur sehr wenig Spielzeug besaßen, kam Dr. Hein auf die

VERSCHIEDENE FORMEN VON ARBEIT

Idee, diese Flüssigkeit in ein Röhrchen zu füllen, das mit einem Korken verschlossen wurde, an dem ein gebogener Draht befestigt wurde. Dies war die Geburtsstunde von *Pustefix*.

Dr. Hein hatte sich erhofft, so seine Familie ernähren zu können, und setzte das selbst hergestellte *Pustefix* zunächst als Tauschobjekt ein. Schon bald wurde *Pustefix* in die ganze Region und anschließend innerhalb ganz Deutschlands vertrieben. Inzwischen wird das Unternehmen in der dritten Generation geführt und vertreibt *Pustefix* weltweit (*www.pustefix.de*).

Bei den Pull-Faktoren ist ein höheres Einkommen nicht das Hauptmotiv von Gründern. Unabhängig von dem untersuchten Wirtschaftsbereich besteht häufiger der Wunsch nach Unabhängigkeit, Selbstverwirklichung und der Umsetzung von eigenen Ideen.

Quelle nach: Alexander Nicolai: Entrepreneurship, hrsg. v. Institut für Ökonomische Bildung, Oldenburg 2007

Eine Existenzgründung hat für den Existenzgründer oder die Existenzgründerin, aber auch für die gesamte Volkswirtschaft, Vorteile. Deshalb werden Personen, die sich in Deutschland selbstständig machen wollen, besonders vom Staat gefördert.

Gründe für Gründungsförderung

1. Durch Existenzgründungen erscheinen neue Anbieter auf den Märkten. Sie sind für den Wettbewerb wichtig. Dieser wiederum ist das zentrale Element unserer Wirtschaftsordnung. Ohne Existenzgründungen verliert der Wettbewerb an Kraft und Dynamik.
2. Gründerinnen und Gründer verwirklichen innovative Ideen. Sie sind für Fortschritt, Wachstum und Wettbewerbsfähigkeit entscheidend. Ohne Existenzgründungen erstarrt unsere Wirtschaftsstruktur.
3. Existenzgründungen schaffen in vielen Fällen nicht nur für die Gründer und Gründerinnen, sondern auch für Mitarbeiter und Mitarbeiterinnen neue Arbeitsplätze.
4. Je mehr gesunde selbstständige Existenzen eine Volkswirtschaft aufweist, umso stabiler ist das Gemeinwesen.
5. Existenzgründungen sind so etwas wie die „Frischzellenkur" für den Mittelstand. Durch sie wachsen neue Unternehmen nach und bestehende bleiben erhalten.

> **INFO**
>
> **innovativ**
> In der Wirtschaft versteht man darunter die Umsetzung einer neuartigen Lösung für ein Problem, die Einführung eines neuen (technischen) Verfahrens oder eines neuen Produkts.

Quelle zusammengestellt nach: www.existenzgruender.de
→ Mediathek
→ Publikationen
→ GründerZeiten
→ GründerZeiten Nr. 01: Existenzgründungen in Deutschland (Februar 2012), Zugriff: 31.01.2014

1. Arbeite die Push- und Pull-Faktoren heraus, die bei Dr. Hein zur Unternehmensgründung geführt haben.

2. Erläutert die Gründe dafür, dass in Deutschland Existenzgründungen gefördert werden.

3. Diskutiert die Voraussetzungen und Eigenschaften von Gründern und Gründerinnen, die einen Unternehmenserfolg wahrscheinlich machen.

❼ Starthilfe zu Aufgabe 3: Berücksichtigt bei euren Überlegungen z. B., welche besonderen Fähigkeiten und Kenntnisse eine Gründerin bzw. ein Gründer haben sollten.

Immer weniger Existenzgründer in Deutschland

Q Stagnation prägt die Entwicklung der Unternehmenszahlen: Zwar geben weniger Betriebe ihre Geschäftstätigkeiten auf, gleichzeitig gibt es jedoch stetig weniger Existenzgründungen in Deutschland. [...] Die Zahl der Existenzgründungen in Deutschland schrumpft weiter. Im ersten Halbjahr 2013 hat es 174.000 gewerbliche Gründungen gegeben und damit 4,6 Prozent weniger als im Vergleich zum Vorjahreszeitraum. Gleichzeitig sank allerdings auch die Zahl der Unternehmensschließungen. Liquidiert wurden in den sechs Monaten 180.000 Firmen (minus 3,9 Prozent). Das hat das Institut für Mittelstandsforschung (IfM) Bonn mitgeteilt.

Dennoch bleibt der Trend negativ. Die Gesamtzahl an deutschen Gründern wird unterm Strich weiter sinken. „Wir gehen davon aus, dass sich die seit dem Jahre 2005 zu beobachtende rückläufige Entwicklung bei den gewerblichen Existenzgründungen auf jeden Fall bis Jahresende 2013 fortsetzt", sagt IfM-Präsidentin Friederike Welter. Dies werde trotz weniger Betriebsschließungen insgesamt zu einem negativen Gründungssaldo führen. [...]

Noch etwas fiel den IfM-Wissenschaftlern ins Auge: Fast jeder zweite Gründer in Deutschland ist ein Zuwanderer. Der Ausländeranteil bei den Existenzgründungen von Einzelunternehmen liegt inzwischen bei 45,3 Prozent.

INFO

Stagnation
= Stillstand

Liquidation
= Auflösung

Saldo
meint hier die Differenz zwischen Gründungen und Geschäftsaufgaben.

Quelle:
www.deutsche-handwerks-zeitung.de
→ Politik + Wirtschaft
→ Konjunktur
→ Immer weniger Existenzgründer in Deutschland
(09.10.2013)

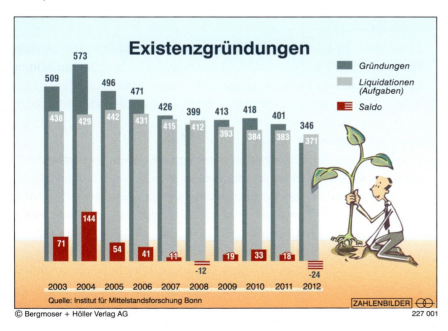

1. Beschreibe die Entwicklung der Existenzgründungen in Deutschland seit 2003.

2. Überlege, warum so viele Existenzgründer Migranten sind.

PRAXIS

B **In Katjas Familie wird nach dem Abendbrot gestritten.**
Mutter: „Wieder muss ich den Tisch alleine abräumen und ihr sitzt schon vor dem Fernseher!"
Tom: „Ich hatte so viel Stress in der Schule, ich muss mich ausruhen".
Katja: „Ich habe heute im Schwimmverein zwei Stunden lang die Kleinen betreut. Und außerdem habe ich schon den Müll runter gebracht."
Mutter: „Meine Arbeit im Laden war heute Vormittag auch anstrengend, dann habe ich Mittagessen gekocht und die Wohnung geputzt. Ich möchte mich auch einmal ausruhen."
Vater: „Lasst uns am Wochenende mal überlegen, wie wir die Arbeit im Haushalt gerecht aufteilen können …"

Was wir hier erkennen können:
– Es gibt verschiedene Arten von Arbeit: Erwerbsarbeit, Hausarbeit, Schularbeit, Ehrenamt.
– Um die anfallenden Tätigkeiten in einem Haushalt gerecht zu verteilen, ist eine Arbeitsteilung sinnvoll.

B **Katja spricht mit ihrer Freundin Lena auf dem Schulhof:**
Katja: „Was ist los? Du siehst so traurig aus."
Lena: „Mein Vater hat seine Arbeitsstelle verloren. Er ist ganz deprimiert und hat gestern Abend gesagt, dass wir dieses Jahr in den Ferien vielleicht nicht an die Nordsee fahren können, weil das Geld nicht reicht."
Katja: „Dein Vater ist Dachdecker, oder? Vielleicht findet er bald eine neue Arbeitsstelle."
Lena: „Ja, vielleicht hat die Arbeitsagentur etwas für ihn. Aber es sieht wohl grad nicht gut aus. Was soll denn jetzt werden? Meine Mutter kann uns mit ihrer Stelle im Jeansladen ja nicht alleine durchfüttern …"
Katja: „Das tut mir leid. Ich drücke deinem Vater die Daumen."

Was wir hier erkennen können:
– Der Verlust von Arbeit geht meist mit finanziellen Einbußen einher.
– Von den Begleiterscheinungen der Arbeitslosigkeit wie z. B. wenig Geld, Verzicht, aber auch Ängsten ist die ganze Familie betroffen.

B **Lenas Mutter Ursula unterhält sich mit ihrer Freundin Jutta:**
Jutta: „Du, meine Arbeit ist so öde und so anstrengend, ich halte das bald nicht mehr aus. Ich muss immer das Gleiche machen, und es ist Knochenarbeit, den ganzen Tag zu stehen."
Ursula: „Das kann ich mir vorstellen. Ich stehe im Jeansgeschäft auch den ganzen Vormittag. Aber der Job gefällt mir ganz gut, weil ich Kontakt mit Kunden habe und mir das Beraten Spaß macht."
Jutta: „Vielleicht muss ich mal versuchen, eine andere Arbeit zu finden. Aber ohne abgeschlossene Ausbildung ist es im Moment gar nicht leicht, etwas zu finden. Ich gehe nächste Woche mal zur Arbeitsagentur …"

Was wir hier erkennen können:
– Arbeit kann, je nach der Ausgestaltung des Arbeitsplatzes, als belastend oder bereichernd empfunden werden.

B **Abends auf der Terrasse hat die Mutter etwas Neues zu berichten:**

Mutter: „Habt ihr das schon gehört? Der Sebastian Meier von nebenan hat sich selbstständig gemacht. Der entwickelt irgendwelche Programme für diese neuen Tablet-PCs und Smartphones. Das läuft wohl ziemlich gut, hat seine Mutter erzählt. Er hat schon vier Angestellte und sucht gerade nach neuen Büroräumen. Und was spannend klang war, dass der sich bei Projekten wohl mit anderen kleineren Unternehmen zusammentut und so auch mit größeren Unternehmen konkurrieren kann."

Tom: „Oh Mann, ich mach mich später auch selbstständig. Dann bin ich mein eigener Herr und niemand redet mir rein."

Vater: „Mal langsam, junger Mann. Bring erst einmal die Schule erfolgreich zu Ende. Und im Übrigen ist das nicht so einfach. Um erfolgreich zu sein, muss man gerade am Anfang richtig ackern. Und auf die Idee kommt es an. Wer da auf das falsche Pferd setzt, der hat schnell Schulden."

Tom: „Ach, da fällt mir schon was ein … wirst sehen. Irgendwann habe ich 100 Mitarbeiter und du darfst dann meine Werkshallen besichtigen."

Vater: „Na, warten wir es mal ab. Aber schön wäre es natürlich, würde ja auch die Arbeitslosigkeit in der Region senken. Und meine Rente sichern."

Was wir hier erkennen können:
– Viele Menschen gründen nach ihrer Ausbildung oder ihrem Studium ein Unternehmen und machen sich selbstständig. Dazu brauchen sie eine gute Idee, aber auch genügend Startkapital und Durchhaltevermögen.
– Erfolgreiche Unternehmen entwickeln neue Güter und Dienstleistungen für den Markt, schaffen Arbeitsplätze und erhöhen die Einnahmen des Staates.

1. Fasse zusammen, welchen Arten von Arbeit die Mitglieder deiner Familie nachgehen und überlege, ob die Hausarbeit gerecht oder ungerecht aufgeteilt ist.

2. Stellt Gründe dafür zusammen, dass eine Erwerbsarbeit als angenehm oder unangenehm empfunden wird.

3. Nimm Stellung zu der Aussage: „Wichtig ist vor allem, dass die Arbeit Spaß macht."

L LERNBILANZ

Nach der Bearbeitung dieses Kapitels habt ihr gelernt, dass es verschiedene Formen von Arbeit gibt und welche Bedeutung sie für den einzelnen haben kann. Außerdem habt ihr unterschiedliche Formen von Beschäftigungsverhältnissen kennengelernt und euch mit der Selbstständigkeit auseinandergesetzt.

Mit den folgenden Aufgaben könnt ihr euer Wissen überprüfen:

1. Beschreibe, welche Bedeutung Arbeit für den Menschen hat.

2. Erkläre, warum der Verlust der Arbeit oder die Aufnahme einer neuen Arbeit meist einen tiefen Einschnitt im Leben eines Menschen bedeutet.

3. Welche Art von Arbeit machen die Personen (Erwerbsarbeit, Schule/Fortbildung, Hausarbeit, ehrenamtliche Arbeit)?
   a) Frau B. ist als Reiseverkehrskauffrau beschäftigt.
   b) Herr K. macht eine Weiterbildung zum Betriebswirt.
   c) Frau Z. ist Schatzmeisterin im örtlichen Gesangsverein.
   d) Herr M. repariert am Wochenende die Fahrräder seiner Kinder.
   e) Tanja, 6. Klasse einer Realschule, lernt für eine Mathearbeit.

4. Erklärt die Begriffe Zeitarbeit, Leiharbeit und geringfügig entlohnte Beschäftigung.

5. Wertet die Grafik aus.
   Beachtet: Zwischen den einzelnen Gruppen der „atypisch Beschäftigten" gibt es Überschneidungen, so kann z. B. jemand, der in Teilzeit arbeitet, zugleich befristet beschäftigt sein.

6. Herr P. hat einen Handwerksbetrieb gegründet. Auf die Frage, warum er sich als Fliesenleger selbstständig gemacht hat, antwortet er: „Also zuerst einmal wollte ich mein eigener Herr sein und eigene Entscheidungen treffen."
Ermittle weitere Motive für die Gründung von Unternehmen.

7. Sortiere die Gründe für die Unternehmensgründung, die dir eingefallen sind, nach Push- und Pull-Faktoren.

8. Wertet die Grafik aus.

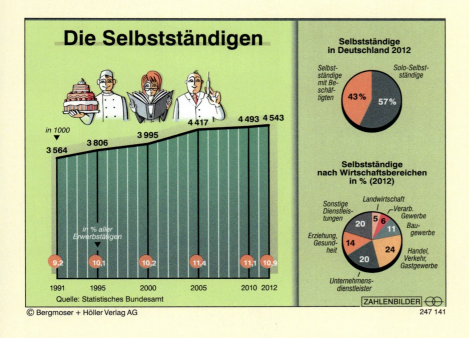

9. a) Beschreibt die Entwicklung der Zahl der Selbstständigen in Deutschland.
   b) Vergleicht die Aussage der Grafik mit der Aussage der Grafik auf Seite 35.
   c) Beurteile folgende Aussage: Existenzgründungen sind zu begrüßen, da durch sie neue Arbeitsplätze entstehen.

10. Lies die folgenden Aussagen und bewerte, welche davon richtig sind:
    a) Eine zu große Zahl von Existenzgründungen ist für die deutsche Volkswirtschaft schädlich, da sie einen hohen Verwaltungsaufwand hervorrufen.
    b) Unternehmensgründungen sorgen für mehr Konkurrenz und Wettbewerb auf den Märkten, was sinnvoll ist.
    c) Wenn Unternehmen pleitegehen, gehen auch die Arbeitsplätze verloren. Deshalb sollte in vielen Fällen lieber gleich auf die Gründung verzichtet werden.

III Aufgaben und Ziele von Unternehmen

In diesem Kapitel erfahrt ihr, welche Aufgaben ein Unternehmen hat und welche Ziele es verfolgt – wirtschaftliche, soziale, aber auch ökologische.
Ziele und Interessen von Unternehmern und Beschäftigten können dabei sehr unterschiedlich sein. Auch Dritte, die dem Unternehmen nicht angehören, können Interessen mit dem Unternehmen verbinden. Ihr lernt außerdem, dass bei wirtschaftlichem Handeln die Auswirkungen auf die Umwelt beachtet werden müssen und welche Maßnahmen Unternehmen dazu ergreifen.

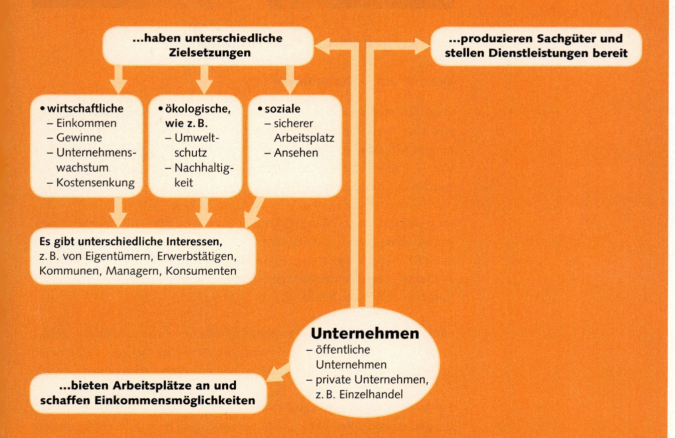

AUFGABEN UND ZIELE VON UNTERNEHMEN

Die Aufgaben von Unternehmen

Was ist ein Unternehmen?

Wenn ich ein Brötchen essen möchte, kann ich mir eins beim Bäcker kaufen, wenn ich einen Kugelschreiber brauche, kaufe ich den in einem Schreibwarengeschäft oder im Kaufhaus. Wenn meine Eltern ein neues Auto haben wollen, kaufen sie dieses in einem Autohaus, und das Autohaus kauft das Auto in der Autofabrik.

Im Unternehmen werden Produkte (z. B. Lebensmittel, Küchenmaschinen, Autos, Schrauben usw.) erstellt und Dienstleistungen (z. B. die Buchung einer Reise, Rechtsberatung, ein neuer Haarschnitt) bereitgestellt. Mit den Produkten und Dienstleistungen werden die vielfältigen Bedürfnisse der Bürger eines Landes befriedigt.

Unternehmen sind für das Wirtschaftsgeschehen eines Landes von großer Bedeutung. Für die Arbeit bekommt der Arbeitnehmer sein Einkommen und der Unternehmer selbst erzielt mit dem Unternehmen seinen Gewinn.

Für Menschen, die einen großen Teil ihrer Lebenszeit in Unternehmen verbringen, ist das Unternehmen nicht nur ein Ort, an dem sie arbeiten, sondern auch ein Ort, an dem es vielfältige soziale Beziehungen gibt. Es bestehen soziale Beziehungen zu den Arbeitskollegen, aber auch zum Arbeitgeber. Diese Beziehungen können von den Menschen als angenehm oder auch als unangenehm, belastend empfunden werden.

Unternehmensarten

Betrachten wir die zahlreichen Unternehmen in einer Region und die, die auf diesen Seiten genannt werden, dann lässt sich leicht erkennen, dass sie unterschiedliche Aufgaben haben. Einige stellen etwas her: Sie produzieren Sachgüter wie Kleidung, Nahrungsmittel, Maschinen usw. Andere Betriebe bieten Dienstleistungen an, wie z. B. Reisebüros, Friseure, Ärzte und Rechtsanwälte. Natürlich gibt es auch Produkte, die nicht unmittelbar für den menschlichen Konsum gedacht sind, sondern von anderen Unternehmen wiederum für die Produktion von Gütern benötigt werden. So gibt es beispielsweise spezielle Maschinen, die für die Produktion von Autoteilen eingesetzt werden.

in Produktionsbetrieben werden:	in Dienstleistungsbetrieben wird/werden:
Rohstoffe gewonnen, z. B. Kohle, Holz.	gehandelt, z. B. beim Verkauf von Nahrungsmitteln oder Kleidung.
Güter hergestellt, die zur weiteren Produktion notwendig sind, z. B. Maschinen, Fließbänder, Backöfen.	der Transport geregelt, z. B. durch Schulbusse, die Bahn.
Güter hergestellt, die dem Konsum dienen, z. B. Möbel, Brötchen, Kleidung.	Bankgeschäfte geregelt, z. B. die Bereitstellung von Geld, Beratung für Sparanlagen.
	Versicherungen angeboten, z. B. Lebensversicherungen, Krankenversicherungen.
	sonstige Dienste angeboten, wie z. B. Haare schneiden, Kleidung reinigen, Kinder betreuen.

1. Dienstleistungen kommen direkt dem Kunden zugute – im Bereich Tourismus gehört dazu also alles, was dem Kunden dient, einen schönen Urlaub zu verbringen. Nenne Unternehmen, die in der Touristikbranche Dienstleistungen anbieten.

AUFGABEN UND ZIELE VON UNTERNEHMEN

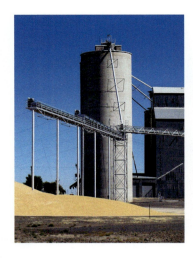
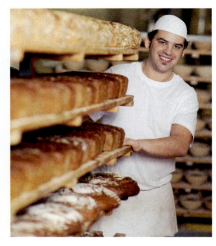

Die Bäckerei Schuster in Hagen

B **1913:** Von Peter Schuster in Hagen gegründet.

1950: Weitergabe des Unternehmens an seinen Sohn Klaus Schuster.

1957: Gründung der ersten Filiale.

2007: Von Simon Schuster übernommen.

2010: Die Bäckerei Schuster ist Familienbetrieb in der dritten Generation mit 14 Filialen und zwei Cafés in Hagen und Schwerte.
Produkte: Brot, Kleingebäck und Torten; als Besonderheit Biobackwaren.

Das Unternehmen ist eine Mischform aus Produktions- und Dienstleistungsbetrieb, da dort einerseits Backwaren hergestellt und andererseits auch verkauft werden.
In dem Unternehmen arbeiten 120 Mitarbeiter.

> **INFO**
>
> **BÄKO**
> Abkürzung für:
> Bäcker- und Konditorgenossenschaft
>
> **Genossenschaft**
> Zusammenschluss von Unternehmen zum Zweck, gemeinsam günstiger einkaufen zu können

Im Bäckerhandwerk wird einerseits produziert (Brot, Kuchen usw.), andererseits müssen diese Produkte verkauft werden. Aber es gibt darüber hinaus noch weitere Unternehmen, die an der Herstellung und dem Verkauf von Bäckereiprodukten beteiligt sind.

Regionale Bäcker und Konditoren haben sich in der BÄKO zusammengeschlossen, woraus eine Genossenschaft entstanden ist. Die BÄKO hat sich zur Aufgabe gemacht, für Bäckereien und Konditoreien den Einkauf der Rohmaterialien zu organisieren. Die BÄKO fasst die Nachfrage der einzelnen Betriebe nach Rohmaterialien zusammen und kauft für alle ein. Der Vorteil ist, dass man so größere Mengen einkaufen kann und die Preise dadurch günstiger werden.

Walzenmühle für Getreide

Das Angebot der BÄKO ist unheimlich umfangreich. Es erstreckt sich auf etwa 12.000 verschiedene Artikel. Die regionale BÄKO bietet ihren Mitgliedern neben dem Einkauf von Waren auch viele Dienstleistungen und Hilfen an. Dazu gehört z. B. die Beratung des Betriebes bei der Organisation, bei der Werbung, beim Aufstellen von Maschinen usw. Selbst ein Reparaturdienst ist an 365 Tagen im Jahr beim Ausfall eines Backofens erreichbar.

Die Produktgruppen, die von der BÄKO angeboten werden, sind die folgenden:
– verschiedene Mehlsorten,
– andere Rohstoffe, wie Zucker und Gewürze,
– Frischdienstartikel, wie Eier, Käse,
– Handels- und Süßwaren, etwa Kaffee und Tee,
– Verpackungen,
– Hilfs- und Betriebsstoffe, wie Berufsbekleidung und Heizöl,
– Maschinen und Geräte.

Viele Unternehmen einer Volkswirtschaft sind miteinander verflochten und gegenseitig voneinander abhängig. So braucht man für die Herstellung und den Verkauf eines Kleiderschrankes z. B. den Rohstoff Holz, Sägemaschinen, Lacke, Möbelfabriken, Möbelhäuser usw.

> **INFO**
>
> **Volkswirtschaft**
> Bezeichnung für alle wirtschaftlichen Prozesse in einem Land

1. Auf den Fotos sind Bereiche zu sehen, die an der Herstellung von Brot beteiligt sind. Nenne die Bereiche und überlege, welche weiteren an der Herstellung eines Brotes beteiligt sein könnten.

2. Erkläre, welchen Beitrag diese Unternehmen zur Herstellung des Brotes leisten.

3. Veranschauliche die Beziehungen der Unternehmen mithilfe einer Grafik.

AUFGABEN UND ZIELE VON UNTERNEHMEN

Mit Unternehmen werden Ziele verfolgt

Der oder die Eigentümer eines Unternehmens wollen mit dem Unternehmen ein Einkommen erzielen, mit dem sie ihre Bedürfnisse befriedigen können.

Dies gilt auch für die Beschäftigten in einem Unternehmen: Die erhaltenen Löhne und Gehälter sind die Grundlage für die Sicherung ihrer Existenz.

Für ein Unternehmen dagegen sind die Löhne und Gehälter Kosten, die bei der Produktion von Gütern entstehen.

Deshalb kann es unterschiedliche Interessen zwischen den Beschäftigten und den Eigentümern der Unternehmen geben: Die Beschäftigten wollen möglichst hohe Löhne und Gehälter, die Eigentümer des Unternehmens möglichst geringe Kosten. Daraus können Konflikte entstehen, wie dies z. B. bei den alljährlichen Tarifauseinandersetzungen zu beobachten ist. Die Gewerkschaften fordern dabei höhere Löhne und Gehälter, die Unternehmen wehren sich gegen die Erhöhung ihrer Kosten.

> **INFO**
>
> **Tarif**
> von Arbeitgebern und Gewerkschaften ausgehandelte Lohn- bzw. Gehaltshöhe

Unterschiedliche Ziele von Unternehmern und Beschäftigten

Nicht nur die Leiterinnen und Leiter von Unternehmen haben Ziele, sondern auch die Mitarbeiter und Mitarbeiterinnen. Selbst Personen, die nicht einem Unternehmen angehören, können Ziele verfolgen und Anforderungen an ein Unternehmen stellen, wie die Punkte 1 bis 5 unten zeigen. Dabei können Konflikte auftreten, wenn die unterschiedlichen Parteien versuchen, ihre Interessen durchzusetzen bzw. ihre Ziele zu erreichen.

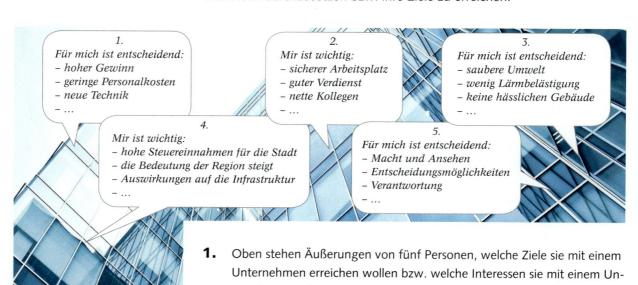

1.
Für mich ist entscheidend:
– hoher Gewinn
– geringe Personalkosten
– neue Technik
– …

2.
Mir ist wichtig:
– sicherer Arbeitsplatz
– guter Verdienst
– nette Kollegen
– …

3.
Für mich ist entscheidend:
– saubere Umwelt
– wenig Lärmbelästigung
– keine hässlichen Gebäude
– …

4.
Mir ist wichtig:
– hohe Steuereinnahmen für die Stadt
– die Bedeutung der Region steigt
– Auswirkungen auf die Infrastruktur
– …

5.
Für mich ist entscheidend:
– Macht und Ansehen
– Entscheidungsmöglichkeiten
– Verantwortung
– …

1. Oben stehen Äußerungen von fünf Personen, welche Ziele sie mit einem Unternehmen erreichen wollen bzw. welche Interessen sie mit einem Unternehmen verbinden. Ermittelt, aus welcher Sicht sie diese Äußerungen gemacht haben, z. B. aus der Sicht eines Unternehmers/einer Unternehmerin.

Rollenspiel: Wie werden Konflikte ausgetragen?

Das Rollenspiel ist eine Methode, die sich eignet, unterschiedliche Zielsetzungen von Personen oder Konflikte aufzudecken, soziale Verhaltensweisen einzuüben sowie Lösungsvorschläge zu entwickeln und zu erproben.

> **INFO**
>
> In Praxis Arbeitslehre 5/6 hast du diese Methode bereits ausführlich kennengelernt.

Verlauf des Rollenspiels
Schritt 1 Informationsphase
Schritt 2 Vorbereitungsphase
Schritt 3 Durchführung
Schritt 4 Diskussion
Schritt 5 Ergebnis
Schritt 6 Verallgemeinerung
Schritt 7 Übertragung auf andere Situationen

B In der folgenden Konfliktsituation sind unterschiedliche Personen mit ihren jeweiligen Zielsetzungen beteiligt.

Bäckermeister **Hans Rainders,** Inhaber einer großen Bäckerei, gibt auf einer Betriebsversammlung bekannt, dass er eine Filiale im neuen Einkaufszentrum der Stadt eröffnen wird:
„Ich habe das große Glück gehabt, eine Filiale in dem neuen Einkaufszentrum eröffnen zu können. Nun muss ich mich aber nach den Öffnungszeiten dort richten: täglich bis 21.00 Uhr. Dass das meinen Angestellten nicht schmeckt, ist mir klar, aber wir müssen da auch auf die Konkurrenz schauen. Außerdem sichere ich damit ja auch Arbeitsplätze."

Maria Seibert, Verkäuferin in Herrn Rainders Bäckerei, verheiratet, zwei Kinder:
„Da musste ich aber schlucken, als ich die Nachricht hörte. Zwar stehe ich nicht jeden Tag bis 21.00 Uhr in der Bäckerei, aber die paar Male reichen, um unser gesamtes Familienleben durcheinanderzubringen."

Sabine Schulz, Buchhalterin in der Bäckerei von Herrn Rainders, voll berufstätig:
„Ich kann Maria verstehen, aber da bin ich mir selbst doch die Nächste: Endlich muss ich mich nach Feierabend nicht mehr so abhetzen, um noch etwas zu essen einzukaufen. Unerwartete Überstunden machen mir jetzt auch nichts mehr aus."

Frank Klattenberg, Anwohner in der Nähe des neuen Einkaufszentrums:
„Wir haben schon eine Bürgerinitiative gegen die Öffnungszeiten des neuen Einkaufszentrums gestartet. Wir rechnen mit einer erheblichen Lärmbelastung in den Abendstunden, und das mit kleinen Kindern."

AUFGABEN UND ZIELE VON UNTERNEHMEN

- „So kann ich Arbeitsplätze sichern."
- „Ich habe die Verantwortung, dass der Laden läuft."
- „Wir müssen der Konkurrenz immer eine Nasenlänge voraus sein."

Hans Rainders

- „Ich sehe meinen Mann und meine Kinder jetzt schon kaum."
- „Der Betrieb meines Mannes hat auch Schichtarbeit angekündigt."
- „Dann muss die Kinderbetreuung zusätzlich bezahlt werden."

Maria Seibert

- „Endlich bin ich freier in meiner Zeiteinteilung."
- „Jetzt kann ich auch mal mit meinem Mann einkaufen gehen."
- „Schade, dass nicht auch sonntags geöffnet ist."

Sabine Schulz

- „Mir ist die Sicherheit meines Arbeitsplatzes wichtig, aber ich will auch ein ruhiges Zuhause."
- „Die Kinder sind jetzt schon belastet durch die Abgase."
- „Bis heute ging es doch auch ganz gut mit den Öffnungszeiten."

Frank Klattenberg

1. Spielt die auf Seite 47 stehende Diskussion der Mitarbeiter bei der Betriebsversammlung durch. Alle notwendigen Informationen zum Rollenspiel sowie mögliche Argumente, die noch ergänzt werden sollten, findet ihr auch auf Seite 47.

2. Wertet das Rollenspiel aus. Wer konnte sich mit seinen oder ihren Argumenten durchsetzen?

Privatwirtschaftliche und öffentliche Unternehmen

B Auf die Frage: „Welche Ziele versuchen Sie mit Ihrem Betrieb zu erreichen?", antworteten folgende Personen so:

Herr Rainders, Bäckermeister: „An erster Stelle steht für mich die Kundenzufriedenheit. Weiterhin versuche ich bei der Produktion das Motto ‚Aus der Region in die Region' zu verwirklichen. Wir haben kurze Transportwege durch regionale Zulieferer, und unsere weiteste Filiale liegt 10 km entfernt. Außerdem möchte ich natürlich auch Gewinn erwirtschaften, um den Betrieb langfristig zu erhalten und zu erweitern."

Frau Henke, Leiterin eines Heimatmuseums: „Unser Ziel ist es, durch anschauliche Präsentation der Ausstellungsstücke möglichst viele Einwohner mit der historischen Entwicklung unserer Stadt bekannt zu machen. Das Museum wird von der Stadt unterhalten, die Eintrittsgelder decken nur einen geringen Teil der Kosten. In der Zeitung wird viel über unsere Veranstaltungen berichtet. Als Betrieb der öffentlichen Hand dürfen wir keine Gewinne machen."

Wer von Unternehmen spricht, meint meist privatwirtschaftliche Unternehmen. Herr Rainders leitet einen solchen Betrieb: eine Bäckerei. Frau Henke leitet aber auch einen Betrieb, nämlich ein Museum. Das ist ein Betrieb der öffentlichen Hand, der im weitesten Sinne vom Staat betrieben wird.

Wie sich die beiden Arten von Unternehmen unterscheiden, hat die Museumsleiterin bereits angedeutet:
– Öffentliche Betriebe sollen zwar möglichst kostendeckend arbeiten, werden jedoch häufig aus Steuermitteln unterstützt.
– Privatwirtschaftliche Betriebe müssen Gewinne erzielen, um zu überleben.

An diesen Prinzipien richten sich auch die weiteren Ziele der Unternehmen aus: Herr Rainders will seinen Betrieb vergrößern und daneben umweltfreundlich produzieren. Frau Henke würde sich dagegen mit einer anschaulichen Präsentation der Ausstellungsstücke des Museums zufriedengeben.

Betriebe lassen sich also wie folgt einteilen:

VERTIEFEN

Die Struktur des Einzelhandels

Die meisten Unternehmen aus dem Bäckereihandwerk gehören zum Einzelhandel. Was bedeutet aber eigentlich Einzelhandel? Welche Funktion hat er, wie ist er strukturiert?

Zunächst können wir feststellen, dass der Einzelhandel in der Gesamtwirtschaft das Bindeglied zwischen der Herstellung (der Produktion) und dem Verbrauch (dem Konsum) ist.

Innerhalb der Gesamtwirtschaft können wir die Stellung des (Bäckerei-)Einzelhandels in folgender Weise darstellen: Ein kleineres Bäckereiunternehmen gehört mit seiner Backstube zum Bereich Weiterverarbeitung und mit dem Laden zum Bereich Verteilung.

Fußgängerzone mit Einzelhandelsgeschäften

Den Einzelhandel können wir in folgender Weise strukturieren: Man unterscheidet zunächst, ob die Güter regelmäßig oder unregelmäßig benötigt werden.
Zum regelmäßigen Bedarf zählen auf jeden Fall Lebensmitteleinzelhandelsgeschäfte. Zum unregelmäßigen Bedarf gehören zum Beispiel Einzelhandelsgeschäfte aus den Bereichen Mode, Elektronik/Technik, Baumarkt/Garten, Einrichtungsbedarf (u. a. Möbel).

Wie sieht beispielsweise die ideale Ausstattung einer Innenstadt (wir gehen von einer Einwohnerzahl von mehr als 100.000 Einwohnern aus) mit Einzelhandelsgeschäften aus? Hier gibt es z. B.:
– Warenhaus
– Vollsortimenter (Supermarkt/Verbrauchermarkt)
– Drogeriekaufhaus, Drogeriemärkte
– Buchkaufhaus
– Modehäuser
– Schuhkaufhaus
– Elektromarkt
– Wochenmarkt

Urerzeugung:
z. B. Landwirtschaft;
Güterbearbeitung:
z. B. Mühlen;
Weiterverarbeitung:
Bäckereibetrieb;
Verteilung:
Bäckereiladen;
Verbrauch:
private Haushalte

Bei der Untersuchung von Innenstädten können Städte mit unterschiedlichen Einwohnerzahlen unterschieden werden: Um 20.000, 50.000 bis 100.000 und größer als 100.000. Die Einzelhandelsstruktur unterscheidet sich nur unwesentlich.

1. Fasst die Merkmale des Einzelhandels zusammen. Überlegt und diskutiert, ob das im Text Genannte für eure Innenstadt auch zutrifft.

2. Bäcker werden in der beschriebenen Einzelhandelsstruktur gar nicht genannt. Überlegt, wo wir sie finden würden.

Kostensenkung bei der Produktion

Ein Ziel von Unternehmen ist es, die Kosten für die Produktion von Gütern zu senken, um beispielsweise mit günstigen Preisen am Konkurrenzkampf auf dem Markt teilzunehmen.

Es gibt mindestens zwei Möglichkeiten, die Kosten zu senken:
1. Die Technik (Maschinen und Anlagen) wird durch Menschen ersetzt. Das kann dann geschehen, wenn Menschen (Arbeitskräfte) billiger sind als Technik.
2. Die Menschen werden durch Technik ersetzt, wenn Maschinen und Anlagen billiger sind als Beschäftigte.

Bäcker prüft den Sauerteig

Am Beispiel des Bäckerhandwerks wollen wir uns diesen Sachverhalt anschauen. Wir betrachten dazu einen Ausschnitt aus dem Berufsbild des Bäckers/der Bäckerin.

> **Berufsbild des Bäckers/der Bäckerin**
> Der Bäcker stellt in erster Linie unser wichtigstes Grundnahrungsmittel – unser „tägliches Brot" – her. Aber auch Kleingebäck, Feingebäck, Dauer- und Spezialgebäck wird in der Backstube des Bäckers erzeugt. Das Backhandwerk überzeugt durch handwerkliche Qualität, Geschmack, Frische und Vielfalt der Sorten. Darüber hinaus gewinnt das Segment Snacks und kleine Gerichte immer mehr an Bedeutung.
> Wie Gebäcke im Handwerk hergestellt werden, hängt heute stark von der Betriebsgröße ab. Es gibt weiterhin kleine Betriebe mit begrenztem Maschineneinsatz und daneben die Großen mit einem ausgeklügelten Maschinenpark. Aber ganz ohne Handarbeit geht es auch dort nicht. Die Kunden verlangen Abwechslung in allen Sortimentbereichen und so ist Kreativität und Vielseitigkeit gefragt. Der Bäckerberuf bietet gute Zukunftschancen.
> Wer gerne mit anderen eng zusammenarbeitet, wird sich in diesem Beruf wohlfühlen, denn Teamarbeit wird groß geschrieben. Bei vielen Produkten greifen die Arbeitsschritte buchstäblich Hand in Hand. Der Anteil schwerer körperlicher Arbeit ist durch den Einsatz von Maschinen deutlich zurückgegangen. Ein Grund, warum immer mehr Frauen den Bäckerberuf erlernen.

Brötchenteig fällt auf das Fließband

Sortieren frisch gebackener Brote

Quelle: http://web.bbs-winsen.de/ernaehrung/bcker.html

1. In diesem Auszug aus dem Berufsbild des Bäckers wird etwas über Maschineneinsatz gesagt. Gebt mit eigenen Worten diese Aussagen wieder.

2. Schaut euch die Bilder auf dieser Seite an und beschreibt, welche Bereiche dort Vorrang haben: Menschen (Beschäftigte) oder Technik (Maschinen und Anlagen)?

AUFGABEN UND ZIELE VON UNTERNEHMEN

Wirtschaftliches Handeln und Umweltbelastung

Zweimal Nutzung des öffentlichen Gutes „Umwelt"

Wir alle haben Interesse an einer sauberen Umwelt. Alle möchten saubere Luft atmen, in sauberen Seen schwimmen usw. Gleichzeitig möchte jeder nach Möglichkeit wenig belastet werden, wenn es um den eigenen Beitrag zu einer gesunden Umwelt geht. Warum soll ausgerechnet ich mit dem Bus zur Arbeit fahren, wenn alle anderen bequem mit dem Auto fahren? Oder: Warum soll Unternehmer Meyer Luftfilter in seiner Fabrik einbauen lassen, wenn ihm dadurch zusätzliche Kosten entstehen und die Konkurrenz dies nicht tut? Obwohl Herr Meyer auch gerne saubere Luft atmet, hätte er durch die gestiegenen Kosten einen Wettbewerbsnachteil gegenüber der Konkurrenz. Hier haben wir es mit einem sogenannten **Dilemma** zu tun.

Im Zusammenspiel von wirtschaftlichem Handeln und umweltbewusstem Denken entstehen viele solcher Dilemma-Situationen. Sie entstehen dadurch, dass es sich bei der Umwelt um ein sogenanntes **öffentliches Gut** handelt. Die Umwelt „gehört" niemandem. Jeder kann sie nutzen, ohne direkt für entstehende Kosten zu zahlen. Aus dem Erholungswert eines Landschaftsschutzgebietes oder auch aus sauberer Luft können wir Nutzen ziehen, ohne dass es uns einen Cent kostet. Gleichzeitig ist es aber genauso möglich, die Luft mit Emissionen oder Gewässer mit verunreinigten Abwässern zu verschmutzen.

Durch das Beispiel von Unternehmer Meyer wird schnell klar: Die Umweltproblematik wird durch das Prinzip Freiwilligkeit allein nicht gelöst werden. Rahmenbedingungen und Spielregeln müssen auch durch politisches Handeln gesetzt werden.

Grundsätzlich sind drei verschiedene Lösungsstrategien zur Korrektur von umweltschädigendem Verhalten zu unterscheiden:

– Das Prinzip der Freiwilligkeit: Mit verschiedenen Maßnahmen, z. B Informations- und Aufklärungskampagnen, wird versucht, ein geschärftes Umweltbewusstsein zu erzeugen.
– staatliche Gebote und Verbote: z. B. das Verbot, giftige Abwässer in Flüsse oder das Meer einzuleiten. Werden diese Verbote missachtet, drohen Strafen.
– vom Staat gesetzte Anreize: Unternehmen werden Anreize geboten, sich umweltfreundlich zu verhalten, z. B. durch Steuernachlässe.

1. Überlegt euch staatliche Maßnahmen, die geeignet sind, umweltschonendes Verhalten von Betrieben und privaten Haushalten zu fördern. Ordnet eure Ideen den Kategorien Gebote/Verbote und Anreize zu.

2. „Alle sind für eine saubere Umwelt, aber jeder möchte so wenig wie möglich belastet werden!" Diskutiert den Satz und findet Beispiele aus der Sicht von Unternehmern und Verbrauchern.

INFO

Dilemma
Schwierigkeit der Wahl zwischen zwei Dingen, wenn für beide gleichwertige Gründe sprechen

Öffentliches Gut
– Niemand kann von der Nutzung ausgeschlossen werden.
– Durch die Nutzung werden weitere Personen nicht in der Nutzung eingeschränkt.

Umweltschutz in Unternehmen

Umweltschutz muss für ein Unternehmen nicht zwangsläufig Kosten verursachen. Im Gegenteil: Umweltschutz kann sich für Unternehmen richtig lohnen, wie das folgende Beispiel zeigt.

B **Eine clevere Geschäftsfrau**
Verbraucher kaufen immer häufiger Produkte umweltbewussterer Unternehmen. Diese Zeichen der Zeit hat auch Molkereibesitzerin Dinter erkannt. Schon seit Längerem versucht sie, ihre Molkerei nach ökologischen Gesichtspunkten umzustellen.

Frau Dinter hat z. B.
– Firmenwagen mit Rußpartikelfilter angeschafft,
– FCKW-freie, energiesparende Kühlräume in ihre Molkerei einbauen lassen,
– die Plastikjoghurtbecher durch kompostierbare Becher ersetzt.

Auf diese Weise spart Frau Dinter nicht nur Geld, sie schont auch die Ressourcen und steigert sogar ihren Gewinn.
Die Entscheidung von Frau Dinter zugunsten der Umweltfreundlichkeit fiel nicht nur aus rein selbstlosen Gründen. Frau Dinter ist vielmehr eine kluge Geschäftsfrau: Vonseiten des Staates wird mehr und mehr auf Umweltschutz Wert gelegt. Dies zeigt sich in steuerlichen Nachlässen. Außerdem werden immer mehr Umweltvorschriften erlassen, für deren Einhaltung Frau Dinter dank ihrer ökologischen Betriebsumstellung kaum noch Kosten aufwenden muss. So sichert sie sich auch ihre zukünftige Wettbewerbsposition.

Doch Frau Dinter möchte noch mehr: Sie will mit einem offiziellen Zeichen werben, dass sich ihr Unternehmen für die Umwelt einsetzt. Davon sollen auch die Verbraucher erfahren. Deshalb kümmert sie sich um die Teilnahme an dem sogenannten Öko-Audit.

1. Fasst die Informationen aus dem Kasten „Einsparungen durch Umweltmanagement" zusammen.

2. Veranschaulicht anhand dieser Informationen, welche Vorteile der Umweltschutz Unternehmen bieten kann.

3. Erläutert mithilfe des Beispieltextes, warum es sich für Frau Dinter lohnt, in ihrem Unternehmen umweltbewusst zu handeln.

4. Recherchiert, was genau das Öko-Audit ist und überlegt, welche Vorteile die Teilnahme für Frau Dinter haben kann.

Einsparungen durch Umweltmanagement
Bilanz eines Projektes in Nordrhein-Westfalen mit 622 teilnehmenden Betrieben

Gesamtprojekt:
Realisierte Umweltmaßnahmen: über 5.000
Investitionen: 44,2 Mio. Euro
jährliche Kosteneinsparung: 19,6 Mio. Euro

Ergebnisse pro Unternehmen:
durchschnittliche Investition: 71.000 Euro
durchschnittliche Amortisationszeit: 2,2 Jahre
durchschnittliche Kosteneinsparung: 31.512 Euro pro Jahr
durchschnittlich 130 t CO_2-Reduktion pro Jahr
durchschnittlich 322.000 kWh weniger Strom pro Jahr

Quelle: GründerZeiten Nr. 5, April 2009

INFO

Amortisation
meint, dass anfängliche Aufwendungen für ein Objekt durch entstehende Erträge allmählich gedeckt werden.

Öko-Audit
Systematische umwelttechnische und umweltrechtliche Überprüfung (auf Grundlage einer EU-Verordnung von 1993)

AUFGABEN UND ZIELE VON UNTERNEHMEN

INFO

Nachhaltiges Wirtschaften schaut nicht nur auf Wachstum und Gewinn, sondern auch auf die Folgen beim Gebrauch und bei der Entsorgung der Güter. Deshalb sollen
- weniger Rohstoffe verbraucht werden,
- nicht erneuerbare Rohstoffe durch nachwachsende ergänzt oder ersetzt werden,
- technische Verbesserungen zum geringeren Verbrauch der Rohstoffe führen,
- erneuerbare Rohstoffe nur in der Menge genutzt werden, wie sie sich in der gleichen Zeit regenerieren,
- in die Umwelt nur so viele Stoffe „entlassen" werden, wie dort aufgenommen werden können.

Eine Budnikowsky-Filiale

Nachhaltiges Wirtschaften

Viele Unternehmen haben inzwischen erkannt, dass Ökonomie und Ökologie keine Gegensätze darstellen müssen. Seit 2008 werden jährlich Unternehmen mit dem „Deutschen Nachhaltigkeitspreis" ausgezeichnet, die „vorbildlich wirtschaftlichen Erfolg mit sozialer Verantwortung und Schonung der Umwelt verbinden".

Ein Zeichen für das Umdenken in der Wirtschaft: Die Zahl der an diesem Preis teilnehmenden Unternehmen hat sich inzwischen mehr als verdoppelt. Einer der Preisträger war 2013 das Drogerie-Unternehmen „Budnikowsky", das für „Deutschlands nachhaltigste Zukunftsstrategie" ausgezeichnet wurde. Die Iwan Budnikowsky GmbH & Co. KG wurde 1912 gegründet und wird inzwischen in der dritten und vierten Generation geführt. Es ist allgemein unter dem Namen BUDNI bekannt. Aus der Begründung der Jury:

> **Q** Das Unternehmen […] hat sich ein strategisches Nachhaltigkeitsprogramm mit dem Anspruch „Unser Handeln ist sinnvoll für Mensch und Umwelt" auferlegt. BUDNI hat die Vision, bis zum Jahr 2020 sein gesamtes Sortiment auf ökologische und sozialverträgliche Produkte umzustellen. Im Lebensmittelbereich ist BUDNI bereits Marktführer bei den Bio-Lebensmitteln in Hamburg (ohne Frischware), das Sortiment in den Bereichen Naturkosmetik und FSC-zertifizierte Produkte wird sukzessive ausgebaut. Im Fokus steht hierbei die Vermittlung des Mehrwerts nachhaltiger Produkte an Kunden. […] Zudem engagiert sich BUDNI durch vielfältige Aktionen für die Förderung nachhaltigen Konsumentenverhaltens. Beispielsweise konnten bei der „Aktion Einkaufstasche" in 2011 über 600.000 Hamburger mobilisiert und über 12 Millionen Einkaufstüten eingespart werden.

INFO

FSC-zertifiziert = das Produkt (Papier/Holz) stammt aus verantwortungsvoller Waldwirtschaft
sukzessive = nach und nach
Mehrwert eines Produktes = das Produkt hat einen Nutzen über den offensichtlichen hinaus
integraler Bestandteil = sehr wichtiger Bestandteil

Quelle: http://www.deutscher-nachhaltigkeitspreis.de/1458-0-IWAN-BUDNIKOWSKY-GmbH-und-Co-KG.html

1. Arbeitet Gründe dafür heraus, dass das Unternehmen als besonders „nachhaltig" ausgezeichnet wurde.

Lebensmittel – zwischen Überfluss und Mangel

Aber nicht nur Unternehmen, auch die Konsumenten müssen ihren Beitrag zur Nachhaltigkeit leisten. So muss bei uns Verbrauchern in vielen Bereichen ein Umdenken stattfinden. Ein Beispiel:

Obst und Gemüse: vieles landet in der Tonne

Quelle: www.zugutfuerdietonne.de

> **Q** Die meisten von uns haben nicht das Gefühl, viele Lebensmittel wegzuwerfen. Doch ein Blick auf die Zahlen zeigt: Dieses Gefühl täuscht. Jedes achte Lebensmittel, das wir einkaufen, landet in der Tonne. Nach einer aktuellen Studie […] wirft jeder von uns pro Jahr durchschnittlich 82 Kilogramm Lebensmittel weg – das entspricht etwa zwei vollgepackten Einkaufswagen. Aufs ganze Land hochgerechnet ergibt das einen gewaltigen Berg von 6,7 Millionen Tonnen. Den produzieren wir, die Verbraucher. Und wir haben es auch in der Hand, diesen Berg kleiner werden zu lassen.
> Die wenigsten Lebensmittel, die im Müll landen, gehören dorthin. Wir werfen nicht in erster Linie tatsächlich Verdorbenes weg. Sondern Produkte, die uns nicht mehr gut und appetitlich genug erscheinen.
> Viele Lebensmittel werfen wir weg, weil ihr Mindesthaltbarkeitsdatum überschritten ist oder es in Kürze abläuft. Dabei sagt dieses Datum nichts darüber aus, ob ein Lebensmittel noch genießbar ist oder nicht.

Mit gutem Beispiel voran: die Organisation „Die Tafeln"

Um das gerecht zu verteilen was an der einen Stelle zu viel und an anderer zu wenig vorhanden ist, hat sich vor knapp 20 Jahren der Bundesverband Deutsche Tafel e. V. gegründet.

Die Idee dahinter ist einfach: Die Tafeln sammeln qualitativ einwandfreie Lebensmittel, die sonst im Müll landen würden. Im Einzelhandel sind das beispielsweise Produkte, deren Mindesthaltbarkeitsdatum bald abläuft, Backwaren vom Vortag, beschädigte oder eingedrückte Verpackungen oder Obst und Gemüse mit kleinen Schönheitsfehlern. In Tafel-Läden und Ausgabestellen werden die gespendeten Lebensmittel an bedürftige Menschen verteilt – kostenlos oder zu einem symbolischen Betrag. In ganz Deutschland versorgen die Tafeln so regelmäßig mehr als 1,5 Millionen bedürftige Personen mit Lebensmitteln – knapp ein Drittel davon sind übrigens Kinder und Jugendliche!

Die Zahl der Tafeln ist in den letzten Jahren stetig gestiegen. Das hört sich zunächst erfreulich an, da so mehr Bedürftigen geholfen werden kann. Doch gleichzeitig bedeutet es auch, dass die Nachfrage gestiegen ist. Das heißt: Während viele in unserem Land im Überfluss leben, gibt es immer mehr Menschen, die sich nicht aus eigenen Mitteln ernähren können.

1. Recherchiert, welche Folgen die Lebensmittelverschwendung hat.

2. Stellt zusammen, wie man Lebensmittelverschwendung vermeiden kann.

INFO

Was werfen wir weg?
Verteilung der vermeidbaren Lebensmittelabfälle nach Produktgruppen:

Gemüse und Obst: 44 %
Back- und Teigwaren: 20 %
Speisereste: 12 %
Milchprodukte: 8 %
Getränke: 7 %
Fleisch und Fisch: 6 %
Sonstiges wie Süßigkeiten: 3 %

INFO

– die erste Tafel gab es 1993 in Berlin
– bundesweit gibt es mehr als 900 Tafeln und mehr als 3.000 Tafel-Läden
– rund 50.000 ehrenamtliche Helferinnen und Helfer arbeiten bei den Tafeln

Mehr Informationen zu den Tafeln findet ihr hier: www.tafel.de

Starthilfe zu Aufgabe 1+2: Tipps findet ihr unter www.zugutfuerdietonne.de

PRAXIS

B **Beispiel A**
„Das ist Strukturwandel", sagt Bäcker Rainders. Immer mehr mittelständische Betriebe fielen großen Ketten zum Opfer. „Wenn alle ihre Schuhe im Internet bestellen, kann der Schuhladen vor Ort nicht bestehen." Für die Bäcker bedeutet das: „Der Kunde kauft da Brot, wo er auch sonst einkauft", also meist im Supermarkt. Rainders bildet trotzdem Lehrlinge aus: „Wir sind Idealisten", sagt er.

B **Beispiel B**
Nachdem Bäckermeister Rainders das Problem mit dem Umzug in das Einkaufszentrum gelöst hat, taucht ein neues Problem und damit ein neuer Konflikt auf: Rainders möchte, dass sein Personal an einer Fortbildung teilnimmt. Er sagt: „Wir müssen uns auf die neue Situation und die Anforderungen, die damit verbunden sind, vorbereiten und dafür brauchen wir Hilfe".

B **Beispiel C**
Die Fortbildung für das Personal von Bäcker Rainders soll, mit je 4 Stunden, an zwei arbeitsfreien Sonntagen durchgeführt werden. Rainders will seinen Angestellten diese Zeit nicht bezahlen. Seine Angestellten sind damit nicht einverstanden und wollen diese Zeit bezahlt haben. Sie sagen: „Wir wenden Zeit auf, damit Rainders seinen Laden weiterführen kann." Bäckermeister Rainders sagt: „Ich sorge mit der Weiterbildung dafür, dass sie ihre Arbeitsplätze sichern."

1. Lies Beispiel A und überlege, was Bäckermeister Rainders tun kann, um seine Bäckerei zu erhalten.

2. Besprecht und erschließt Anforderungen, die Bäckermeister Rainders in Beispiel B meinen könnte.

3. Beispiel C: Führt ein Rollenspiel durch und entwickelt Möglichkeiten, den Konflikt zwischen Bäckermeister Rainders und seinen Angestellten zu lösen.

4. In der folgenden Abbildung fehlt ein Kettenglied. Benenne es.

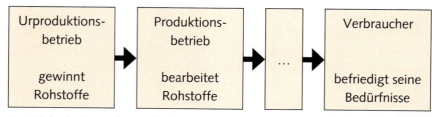

Der Bäckerladen stellt ein Glied des Weges einer Ware von ihrer Herstellung bis zum Verbraucher dar.

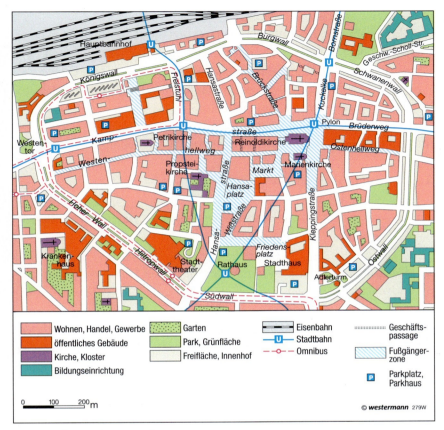

Innenstadt von Dortmund

5. Auf der Karte ist die Innenstadt von Dortmund abgebildet. Der blau-weiß gestrichelte Bereich ist die Fußgängerzone. Nenne Einzelhandelsgeschäfte, die in diesem Bereich vertreten sein könnten.

6. Nennt sieben unterschiedliche Zielsetzungen von Personen in Unternehmen und ordnet die Ziele den Personen zu. Nennt außerdem zwei Zielsetzungen, die von außen an das Unternehmen herangetragen werden.

7. Benennt die Zielsetzungen privatwirtschaftlicher Unternehmen und die Zielsetzung öffentlicher Unternehmen.

8. Manchmal stehen öffentliche und private Unternehmen im Wettbewerb. Das kann bedeuten, dass Aufgaben, die bisher durch ein öffentliches Unternehmen wahrgenommen wurden, auf ein privatwirtschaftliches Unternehmen übertragen werden. Bei der Abfallentsorgung ist dies z. B. manchmal der Fall.
   a) Finde Gründe dafür, dass privatwirtschaftliche Unternehmen Aufgaben übernehmen, die vorher von öffentlichen Unternehmen ausgeführt wurden.
   b) Überlege, warum dies manchmal wieder rückgängig gemacht wird.

L LERNBILANZ

In diesem Kapitel habt ihr gelernt, …
– welche Aufgaben ein Unternehmen hat und ihr könnt sie beschreiben.
– welche Ziele und Interessen Unternehmer und Beschäftigte haben.
– dass bei wirtschaftlichem Handeln die Auswirkungen auf die Umwelt beachtet werden müssen und welche Maßnahmen Unternehmen ergreifen können, um die Umwelt zu schonen.

Mit den folgenden Aufgaben könnt ihr euer Wissen überprüfen.

1. Wiederholt und benennt:
   a) Was ist ein Unternehmen?
   b) Was wird in Produktionsbetrieben hergestellt, was in Dienstleistungsbetrieben?

2. Erkläre die Bedeutung von Unternehmen aus der Sicht von fünf unterschiedlichen Personen.

3. Überlege: Was wird in einer Druckerei (s. Foto) produziert? Mit welchen anderen Unternehmen ist eine Druckerei verknüpft?

4. Nenne Ziele, die in einem Unternehmen in gleicher Weise sowohl vom Unternehmer oder der Unternehmerin als auch von den Beschäftigten verfolgt werden können.

5. Nimm Stellung zu folgenden Aussagen:
   a) „Mein Unternehmen ist keine Wohlfahrtseinrichtung, ich muss Gewinne machen. Wenn Produktivität und Wirtschaftlichkeit nicht stimmen, kann ich meinen Laden zumachen und davon haben meine Beschäftigten auch nichts."
   b) „Mein Arbeitgeber muss Rücksicht auf meine Familiensituation nehmen, man sagt doch, es gibt in Deutschland zu wenig Kinder, also verlange ich, dass mein Arbeitsplatz auf meine Bedürfnisse zugeschnitten wird!"

Druckerei

Steuerfahndung

6. Stelle dar, um was für einen Betrieb es sich auf dem oben stehenden Foto handelt und worin er sich von der Bäckerei unterscheidet.

7. Welche Aussagen sind richtig oder falsch? Begründe.
  a) Nur Verbote helfen nicht. Der Staat muss Anreize setzen, damit die Unternehmen umweltfreundlicher wirtschaften.
  b) Ich selber kann etwas für die Umwelt tun.
  c) Etwas für die Umwelt zu tun kann sich auch für die Unternehmen wirtschaftlich lohnen.

8. Erkläre, warum die auf den Bildern gezeigten Tätigkeiten die Umwelt belasten können und entwickle Vorschläge, diese Belastung zu verringern.

Landwirtschaft

Flughafen

Braunkohlekraftwerk

IV Organisation und Arbeitsbeziehungen in Unternehmen

In einem Unternehmen arbeiten Menschen mit unterschiedlichen Interessen zusammen. Ihre Zusammenarbeit muss organisiert werden, damit die Abläufe im Betrieb reibungslos funktionieren. Es müssen Regeln aufgestellt werden, die helfen, Konflikte zu vermeiden und zu bewältigen.
Außerdem werden die betrieblichen Grundaufgben eines Unternehmens – Beschaffung, Produktion, Absatz – genauer betrachtet. Eine Schülerfirma ist eine gute Möglichkeit, diese Aufgaben kennenzulernen.

...haben unterschiedliche Zielsetzungen

- **wirtschaftliche**
  - Einkommen
  - Gewinne
  - Unternehmenswachstum
  - Kostensenkung
- **ökologische, wie z. B.**
  - Umweltschutz
  - Nachhaltigkeit
- **soziale**
  - sicherer Arbeitsplatz
  - Ansehen

Es gibt unterschiedliche Interessen, z. B. von Eigentümern, Erwerbstätigen, Kommunen, Managern, Konsumenten

...produzieren Sachgüter und stellen Dienstleistungen bereit

- **beschaffen**
  - Maschinen
  - Gebäude
  - Werkzeuge
  - Arbeitskräfte
- **produzieren**
  - Planung der Produktion
- **setzen ab**
  - Wie ist der Markt?
  - Welche Ziele?
  - Welche Mittel?

alle Tätigkeiten sind zu organisieren
- **formal**
  regelt den betrieblichen Ablauf und Aufbau (wie, wann, wer, wo?)
- **informell**
  Beziehungen der Menschen in einem Unternehmen untereinander und deren Auswirkungen

Unternehmen
- öffentliche Unternehmen
- private Unternehmen, z. B. Einzelhandel

...bieten Arbeitsplätze an und schaffen Einkommensmöglichkeiten

- **schaffen Arbeitsbeziehungen**
  - Arbeitsrecht, Arbeitsvertrag
  - Mitbestimmung
  - Betriebsverfassungsgesetz
  - Betriebsrat
  - Jugendarbeitsschutzgesetz

ORGANISATION UND ARBEITSBEZIEHUNGEN IN UNTERNEHMEN

Die betrieblichen Grundaufgaben

Beschaffung – Produktion – Absatz in einer Bäckerei
Wenn die Bäckerei Schuster auf Dauer bestehen will, hat sie drei immer wiederkehrende Aufgaben zu erfüllen.

> **INFO**
>
> **Arbeit**
> z. B. Arbeitskräfte
>
> **Betriebsmittel**
> z. B. Maschinen, Werkzeuge, Gebäude
>
> **Werkstoffe**
> z. B. Grundstoffe (Holz, Mehl …), Hilfsstoffe (Leim, Backpulver …), Betriebsstoffe (Öl für die Maschinen, Strom …)

1. In einem Unternehmen werden Produkte und Dienstleistungen erstellt, für die es Materialien verbraucht und Arbeitskräfte, Maschinen und Werkzeuge gebraucht. Dazu muss es die drei betrieblichen Produktionsfaktoren Arbeit, Betriebsmittel und Werkstoffe beschaffen (Grundfunktion: **Beschaffung**).
2. Mithilfe der betrieblichen Produktionsfaktoren werden Produkte hergestellt (Grundfunktion: **Produktion**).
3. Die Produkte müssen verkauft bzw. abgesetzt werden, und zwar an Verbraucher oder an andere Unternehmen (Grundfunktion: **Absatz**).

Diesen Zusammenhang von Beschaffung, Produktion und Absatz werden wir auf den nachfolgenden Seiten am Beispiel der Herstellung von Backwaren genau untersuchen.

Bäckerhandwerk in Deutschland: Strukturzahlen 2005 bis 2011					
	Einheit	**2005**	**2007**	**2009**	**2011**
Betriebe[1]	Anzahl	16.741	15.781	14.993	14.170
Beschäftigte	Anzahl	274.000	283.900	292.500	292.400
davon Auszubildende	Anzahl	34.753	36.871	35.257	29.808
Gesamtumsatz[2]	Mrd. €	11,89	12,34	12,87	13,35
Ø Mitarbeiterzahl je Betrieb	Anzahl	16,4	18,0	19,5	20,6
Ø Jahresumsatz je Betrieb	1.000 €	710	782	858	942

[1] Stand: jeweils zum 31.12. (Handwerksrolle)
[2] Ohne Mehrwertsteuer

Quelle: Zentralverband des Deutschen Bäckerhandwerks e. V., Berlin, 2012

Der Brotkorb der Deutschen 2011
- Roggenbrot 5,30 %
- Weizenbrot 5,70 %
- Vollkorn-/Schwarzbrot 11,40 %
- Toastbrot 21,90 %
- Mischbrot 31,40 %
- sonstige Sorten 9,60 %
- Brote mit Körnern und Saaten 14,70 %

Quelle: http://www.baeckerhandwerk.de/baeckerhandwerk/zahlen-fakten/

> **Starthilfe zu 1:**
> Denkt auch an andere Wirtschaftsbereiche, z. B. die Automobilproduktion.

1. Lest die Worterläuterungen und zählt weitere Betriebsmittel und Werkstoffe auf.

2. Beschreibt die Statistik „Bäckerhandwerk in Deutschland" und stellt dar, welche Veränderungen sich bei der Anzahl der Betriebe und Filialen sowie den Beschäftigungs- und Ausbildungszahlen ergeben haben.

3. Die Grafik „Der Brotkorb der Deutschen" stellt den Brotverbrauch der Deutschen dar. Erkläre, welche Auswirkungen der Verbrauch auf das Angebot einer Bäckerei haben kann.

Beschaffung

B Übermorgen ist wieder Konfirmation im Ort. Das fällt dem Bäcker am späten Nachmittag plötzlich wieder ein. „Du Udo, ruf sofort bei der BÄKO an. Wenn du jetzt gleich bestellst, bekommen wir bis morgen früh die Sachen noch rechtzeitig geliefert. Sie sollen uns morgen noch zusätzlich 10 Sack Mehl, Hefe und Zutaten mitbringen. Du weißt ja: Am Wochenende ist hier bei uns im Dorf überall Konfirmation. Und das bedeutet, dass wir mindestens das Doppelte an Brötchen und Kuchen verkaufen werden. Außerdem werden wir für die privaten Familienfeiern noch mindestens vierzig Torten liefern müssen. So war das auch schon im letzten Jahr und die Vorbestellungen sind dieses Jahr nicht geringer ausgefallen. Und wer weiß, was plötzlich noch kurzfristig an Bestellungen reinkommt. Manche Leute warten ja immer bis auf den letzten Drücker …"

Das Gespräch macht deutlich: Wer seine Kundinnen und Kunden richtig bedienen will, muss dafür sorgen, dass Arbeitskräfte, Betriebsmittel und Werkstoffe in der ausreichenden Menge vorhanden sind, sodass produziert werden kann. Dabei muss auch kurzfristig auf besondere Ereignisse reagiert werden können. Die Produkte, die dazu beschafft werden müssen, muss die Bäckerei außerdem bezahlen können. Und auch ihre Beschäftigten muss die Bäckerei entlohnen.

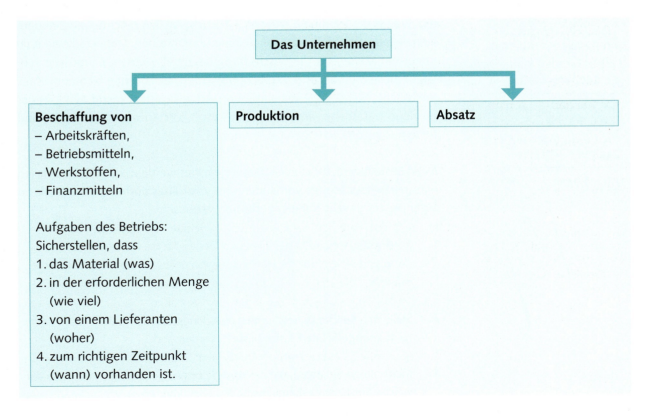

ORGANISATION UND ARBEITSBEZIEHUNGEN IN UNTERNEHMEN

Jedes Unternehmen (in diesem Falle eine Bäckerei) hat zu entscheiden,
a) welche Produkte (Torten, Brötchen, Gebäck),
b) in welcher Vielfalt (Kirschtorte, Marzipantorte, Roggenbrötchen, normale Brötchen),
c) in welcher Anzahl (60 Torten, 2.000 Brötchen usw.),
d) in welcher Qualität (sehr gute Qualität, dafür aber teuer, oder aber günstig, dafür einfache Qualität),
e) in welcher Art und Weise (Handarbeit, mit Maschinen usw.),
f) innerhalb welcher Zeiträume (in der Zeit von 4.00 bis 8.00 Uhr),
g) mit welchen Zielen (Erzielung von Gewinnen, Einnahmen für Lohnzahlungen usw.)

produziert und welche Produktionsfaktoren beschafft werden sollen.

Je nachdem, wie die Entscheidung ausfällt, muss das Unternehmen überlegen, was es dafür braucht. Wer eine Torte herstellen möchte, muss andere Dinge beschaffen als für die Herstellung von Brötchen. Dabei müssen auch immer die Kosten für die Beschaffung beachtet werden. Es müssen z. B. Angebote eingeholt und verglichen werden, bevor man sich zum Kauf entschließt. Selbst die Einstellung von Arbeitskräften kostet Geld, bevor der neue Mitarbeiter arbeiten kann: Es müssen Anzeigen geschaltet und Bewerbungsgespräche geführt werden.

Wenn bestellt wird, muss auch darauf geachtet werden, dass die Materialien in ausreichender Menge vorhanden sind. Allerdings dürfen nicht zu viele im Lager liegen, da dies hohe Lagerkosten verursacht.

> **INFO**
>
> **Lagerkosten**
> Die gelagerten Güter stellen gebundenes Kapital dar = Geld, das für die gelagerten Güter ausgegeben wurde und nicht für andere Dinge ausgegeben werden kann. Dazu gehören die Kosten für Heizung und Beleuchtung, Instandhaltungskosten, Kosten der Versicherung für Lagerbestände, ferner Lagerverwaltungskosten, im Wesentlichen Personalkosten.

1. Beschreibe, welche Materialien und Geräte für die Herstellung einer Torte und welche für die Herstellung von Brötchen eingekauft werden müssen.

2. Stelle dar, welche Auswirkungen es auf eine Bäckerei haben kann, wenn nicht genügend Werkstoffe bestellt worden sind.

3. Nicht nur zu niedrige Lagerbestände können ein Problem sein. Stelle dar, welche Folgen hohe Lagerbestände haben können.

Produktion

Nach der Beschaffung folgt für die Bäckerei die Aufgabe, die Backwaren (z. B. Brötchen, Brot, Torten und Gebäck) herzustellen.

In einer Bäckerei werden viele Maschinen und Geräte gebraucht, z. B. Backöfen, Brot- und Brötchenschneider, Kühlmöbel, Sahnemaschinen, Teigausroll- und Teigknetmaschinen.

Wenden wir uns nun dem Herstellungs- bzw. Produktionsprozess zu: Sehen wir die Brötchen beim Bäcker, dann können wir uns kaum vorstellen, wie viele Arbeitsschritte erforderlich sind, bis ein einzelnes Brötchen hergestellt ist (siehe S. 66). Der Bäcker hat seine Backstube so eingerichtet, dass die verschiedenen Arbeitsschritte nacheinander an den verschiedenen Arbeitsplätzen durchlaufen werden.

Ganz anders ist die Arbeit in einer Brotfabrik organisiert. Hier sind die einzelnen Arbeitsschritte an sogenannten Backstraßen zusammengefasst. Die Herstellung erfolgt dabei weitgehend automatisch in Form einer Fließfertigung.

> **INFO**
>
> Bei der **Fließfertigung** sind die Arbeitsplätze und Maschinen so hintereinander angeordnet, dass das Produkt von Arbeitsplatz zu Arbeitsplatz wandert und vervollständigt wird.

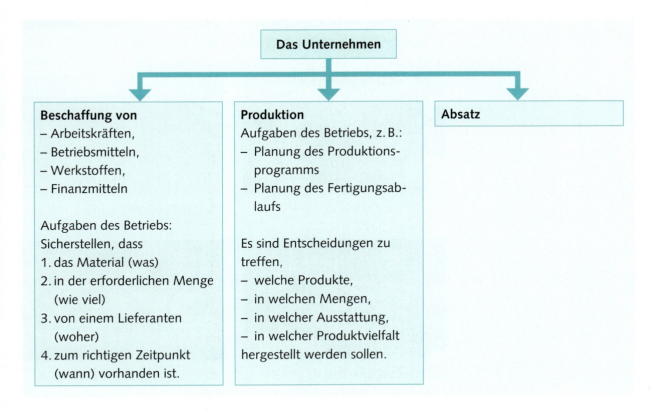

1. Diskutiert, welche Einflüsse die Fließfertigung auf die Menschen an ihrem Arbeitsplatz haben kann. Betrachtet dazu das Foto genau.

2. Überlegt, welche Produkte sich für eine Fließfertigung anbieten.

ORGANISATION UND ARBEITSBEZIEHUNGEN IN UNTERNEHMEN

Arbeitsschritte bei der Herstellung von Brötchen in einer Bäckerei

Beschaffung der Zutaten für die Herstellung der Brötchen

Der Bäcker stellt das richtige Mischverhältnis zusammen.

So sieht der Teig vor der Mischung aus.

Der Bäcker formt den Teig.

Eine Formmaschine wird gefüllt.

Maschinell geformter Teig

Brötchen vor dem Backen

Fertige Brötchen in der Bäckerei

1. Beschreibe die Arbeitsschritte bei der Herstellung von Brötchen mithilfe der acht Fotos.

2. Vergleiche die Herstellung von Brötchen in Fließfertigung auf dem Foto auf S. 65 mit der Fertigung in der Bäckerei.

Absatz

Ein Unternehmen muss für seine Produkte und Dienstleistungen Käufer finden, die damit ihre Wünsche erfüllen wollen.

Solche Käufer findet es nur, wenn
- für die Produkte und Dienstleistungen beim Verbraucher der Wunsch geweckt wird, das Produkt oder die Dienstleistung haben zu wollen oder dieser Wunsch bereits vorhanden ist;
- die Verbraucher glauben, mit den angebotenen Produkten und Dienstleistungen ihre Wünsche erfüllen zu können;
- die Verbraucher auch über das nötige Geld verfügen und außerdem dazu bereit sind, ihr Geld für die angebotenen Produkte und Dienstleistungen auszugeben.

Die folgenden drei Schritte helfen, sich näher mit den Verkaufsmöglichkeiten, d. h. dem Absatz eines Unternehmens, auseinanderzusetzen. Auch hier bleiben wir bei dem Beispiel der Bäckerei.

1. Markteinschätzung
In einem ersten Schritt versucht ein Unternehmen, seine Möglichkeiten zum Verkauf abzuschätzen. Dazu beschafft es sich Informationen über den Käufermarkt.

Wie ist das Käuferverhalten?

Welche Backwaren werden bevorzugt?

Welchen Einfluss auf das Verhalten der Käufer hat das zunehmende Gesundheitsbewusstsein in der Bevölkerung?

Auf welchen Wegen gelangen die Produkte am besten an die Käufer (z. B. Brötchendienst, Direktverkauf im Laden usw.)?

Mit welchen Konkurrenten muss das Unternehmen rechnen?

Markteinschätzung

Das Unternehmen

Beschaffung von	Produktion	Absatz
– Arbeitskräften, – Betriebsmitteln, – Werkstoffen, – Finanzmitteln Aufgaben des Betriebs: Sicherstellen, dass 1. das Material (was) 2. in der erforderlichen Menge (wie viel) 3. von einem Lieferanten (woher) 4. zum richtigen Zeitpunkt (wann) vorhanden ist.	Aufgaben des Betriebs, z. B.: – Planung des Produktionsprogramms – Planung des Fertigungsablaufs Es sind Entscheidungen zu treffen, – welche Produkte, – in welchen Mengen, – in welcher Ausstattung, – in welcher Produktvielfalt hergestellt werden sollen.	Aufgaben des Betriebs, z. B.: – Welche Lage herrscht am Markt? – Welche Ziele werden angestrebt? – Welche Mittel werden wie und wann eingesetzt? – Produktpolitik – Preispolitik – Absatzwegepolitik – Kommunikationspolitik

2. Ziele

Nachdem die Verkaufsmöglichkeiten eingeschätzt wurden, kann man sie nun in einem nächsten Schritt verbessern. Dazu muss sich der Betrieb zunächst über seine Ziele im Klaren sein, z. B.:
- Soll der Umsatz gesteigert werden?
- Sollen die Produkte bekannter gemacht werden?
- Sollen die Gewinne gesteigert werden?

3. Marktbeeinflussung

Wenn die Ziele klar sind, dann muss das Unternehmen entscheiden, mit welchen Mitteln es seinen Verkauf erhöhen will.

Es gibt im Allgemeinen vier Möglichkeiten, um seine Produkte oder Dienstleistungen an Verbraucher zu verkaufen:
a) Produktpolitik,
b) Preispolitik,
c) Absatzwegepolitik,
d) Kommunikationsmaßnahmen (Werbung und Verkaufsförderung).

> **INFO**
>
> Unter **Kommunikation** ist der Austausch von Gedanken und Ideen in Sprache, Schrift oder Bild zu verstehen.
>
> **Marketing** meint alle Maßnahmen im Bereich Absatz, die dazu dienen, Produkte und Dienstleistungen bekannt zu machen und zu verkaufen, wie z. B. Werbung, Sponsoring usw.
>
> **Sponsoring**
> Personen oder Gruppen werden mit Geld unterstützt, dafür tragen diese Werbebotschaften, z. B. Sportler.

Eine Marketingmanagerin macht sich Gedanken über den Einsatz verschiedener Marketingpolitiken.

1. Beurteile, warum es für ein Unternehmen wichtig ist, den Markt zu beobachten und seine Verkaufsmöglichkeiten einzuschätzen.

2. Sammelt Beispiele für Werbung aus Bäckereien in eurer Stadt und untersucht, welches Ziel jeweils erreicht werden soll.

Formen der Marktbeeinflussung

Produktpolitik
Als Produkt gilt alles, was auf dem Markt angeboten wird. Das können konkrete Gegenstände wie Brötchen, Torten, Schrauben, Zahnbürsten und Fahrräder sein; aber auch Dienstleistungen wie ein Reiseangebot oder ein Haarschnitt beim Friseur sind Produkte.

Hauptziel eines Unternehmens ist es, dass die Käufer die Produkte möglichst gut beurteilen und sie dann kaufen. Zur Produktpolitik gehört auch die Gestaltung des Produktes, der Produktname, die Verpackung, die Service- und Garantieleistungen eines Unternehmens.

Preispolitik
Ziel ist es, den „richtigen" Preis für das Produkt zu finden. Darunter wird verstanden, wie der Preis des Produktes oder der Dienstleistung gestaltet sein soll. Der Preis kann hoch oder niedrig sein, je nach Qualität, Herstellungskosten und Käuferschicht, die man erreichen möchte.

Absatzwegepolitik
Ein Unternehmer muss überlegen, auf welchem Weg sein Produkt am besten den Kunden erreicht, z. B. über einen Großhandel an den Einzelhandel, direkt von der Fabrik, durch den Verkauf über das Internet usw.

So setzt sich der Milchpreis zusammen

49,2 %	Einkaufspreis beim Bauern
6,5 %	Mehrwertsteuer
2,6 %	Lager, Logistik
13,4 %	Verarbeitung Molkerei
3,1 %	Grüner Punkt
11,5 %	Verpackung
2,1 %	Abholung beim Bauern
9,8 %	Handelsspanne
1,6 %	Verwaltung Molkerei

Preispolitik: Beispiel Milchpreis

Kommunikationspolitik

Wer seine Produkte verkaufen will, muss die Verbraucher von den Vorteilen seines Produktes überzeugen. Dies geschieht zwar vor allem über die Qualität und über den Preis eines Produktes, aber das Unternehmen muss seine Produkte auch bekannt machen. Dies geschieht über Werbung, Verkaufsförderung und Öffentlichkeitsarbeit.

– **Werbung:** Ziel ist es, den Verkauf neuer Produkte vorzubereiten oder den Absatz bereits bekannter Produkte zu erhöhen.
  Möglichkeiten: Anzeigen in Zeitungen, Fernsehspots, Plakate usw.

– **Verkaufsförderung:** Ziel ist es, die Verbraucher mit den Produkten in Kontakt zu bringen.
  Möglichkeiten: Proben in Zeitschriften, Werbegeschenke, Geschenkgutscheine.

– **Öffentlichkeitsarbeit:** Ziel ist es, das Unternehmen als vertrauenswürdig bekannt zu machen.
  Möglichkeiten: Spenden für wohltätige Zwecke, Unterstützung von Kulturveranstaltungen, Sponsoring von Sportlern.

1. Erläutere, welche Mittel des Marketings auf den Bildern dargestellt sind.

2. Betrachtet die Abbildung „Eine Marketingmanagerin …" auf S. 68 und untersucht, welche Überlegung zu welcher Marketingpolitik gehört.

3. Findet zu Verkaufsförderung und Öffentlichkeitsarbeit je ein Beispiel und stellt dar, welche Wirkung das Kommunikationsmittel auf euch hat.

Preisgestaltung – Kalkulation

Welchen Preis kann oder will ich für meine Produkte von meinen Kunden bekommen? Das ist für jedes Unternehmen und natürlich auch für jedes Einzelhandelsunternehmen eine wichtige Frage.

Bei der Preisgestaltung sind die Kosten ein entscheidender Faktor. Preise für Güter und Dienstleistungen werden durch **Kalkulation** festgelegt. Ein weiterer Faktor für die Preisgestaltung ist, welche Preise andere Unternehmen für die Güter und Dienstleistungen festgelegt haben. Das Unternehmen muss also feststellen, ob die Güter und Dienstleistungen zu dem gewünschten Preis überhaupt auf dem Markt abgesetzt werden können.

Die Preise der anderen Unternehmen, der sogenannten Mitbewerber, werden genau beobachtet. Auf einem Wochenmarkt ist dies einfach. Preise können schnell angepasst werden. Auf anderen Märkten beobachten Experten die Preisgestaltung: Sie lesen Kataloge und Prospekte, besuchen Messen oder holen unter einer Deckadresse Angebote ein.

Preise haben unter Konkurrenten also Signalcharakter für die eigene Preisgestaltung.
Die Verbraucher betrachten die Preise vor dem Hintergrund ihres Einkommens, der Preise der anderen Güter und wie dringend sie kaufen wollen.

INFO

Kalkulation
= Berechnung

So sieht eine vereinfachte Warenpreiskalkulation im Einzelhandel, beispielsweise im Supermarkt, aus:

Einzelkosten	Gruppenkosten
Einkaufspreis der Ware + Bezugskosten (z. B. Transportkosten)	
	= Einstandspreis
Einstandspreis + Handlungskosten (Betriebskosten = Raumkosten, Lagerkosten, Mitarbeiterlöhne und -gehälter, Werbung, Verwaltung, Steuern)	
	= Selbstkosten
Selbstkosten + Gewinn	
	= Verkaufspreis
Wie z. B. die Kosten der Mitarbeiter für eine einzelne Ware berechnet werden, wird hier nicht näher betrachtet.	

1. Arbeite aus dem Text die Faktoren heraus, die bei der Preisbildung eine Rolle spielen.

2. Ein normales Brötchen kostet bei Bäcker Rainders 30 Cent. Überlegt, was dazu führen könnte, dass er den Preis anhebt oder senkt.

ORGANISATION UND ARBEITSBEZIEHUNGEN IN UNTERNEHMEN

Im Schulsekretariat

Wie ist ein Unternehmen organisiert?

Das Unternehmen als Organisation

In der Bundesrepublik Deutschland gibt es mehrere Millionen Unternehmen ganz unterschiedlicher Art und Größe, die mit ihren Produkten und Dienstleistungen untereinander im Wettbewerb stehen, und zwar nicht nur in Deutschland, sondern auch mit anderen Ländern. Sie müssen Entscheidungen über ihre Produkte und über die Organisation in ihrem Unternehmen treffen und die Arbeit so organisieren, dass alles reibungslos läuft. Was zur Beschaffung, Produktion und zum Absatz gehört, habt ihr bereits am Beispiel einer Bäckerei erfahren.

Schlechte Organisation kann viel Geld kosten. Ohne eine gute Organisation der betrieblichen Abläufe würde in jedem Unternehmen schnell ein Chaos ausbrechen und keiner wüsste, was eigentlich zu tun ist.

Deshalb muss überall dort, wo viele Menschen zusammenarbeiten, die Arbeit organisiert werden, damit ein Unternehmen die drei betrieblichen Grundaufgaben Beschaffung – Produktion – Absatz auch erfüllen kann. So muss festgelegt werden, wer was tut, womit und wann etwas getan werden soll. Dazu werden häufig **Organigramme** benutzt, die die Zusammenhänge zwischen Abteilungen oder Mitarbeitern aufzeigen.

INFO

Mit **Organigrammen** bilden Unternehmen die Organisation ihres Aufbaus oder Ablaufs ab. Mit Kästchen, Pfeilen und Linien werden Zusammenhänge aufgezeigt. Die Verbindungen stehen dabei meist für:
– Wer ist für welche Aufgaben und welche Mitarbeiter/-innen verantwortlich?
– Wer ist wessen Vorgesetzte/r oder Untergebene/r?
– Wer kann Weisungen geben?
Ein Organigramm bildet also wichtige Spielregeln der Organisation für alle sichtbar und im schnellen Überblick ab.

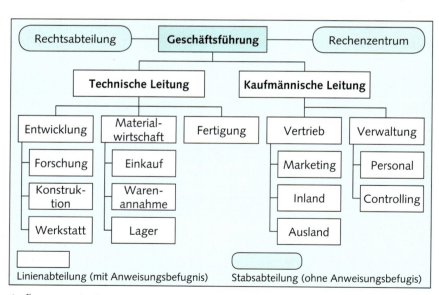

Aufbauorganisation

1. Überlegt, welche Aufgaben in einer Schule erfüllt werden müssen.

2. Erklärt, welche Folgen es haben kann, wenn die Mitarbeiter und Mitarbeiterinnen einer Schule nicht wissen, wer was zu tun hat.

Aufbau- und Ablauforganisation

Es wird zwischen der **Aufbau- und Ablauforganisation** eines Unternehmens unterschieden.

Mit der **Aufbauorganisation** wird geregelt, wer wo und mit welchen Mitteln etwas tun soll. Sie regelt die Zuordnung von Aufgaben an Mitarbeiter und Mitarbeiterinnen. Aufgabenbereiche werden beschrieben und voneinander abgegrenzt, sodass alle wissen, was sie tun sollen und was nicht. Es wird außerdem festgelegt, wer für bestimmte Aufgaben die Verantwortung trägt und Anweisungen erteilen darf.

Bei der **Ablauforganisation** werden die betrieblichen Arbeitsabläufe geregelt, nämlich wie, wann und warum bestimmte Aufgaben erledigt werden müssen.

Zum besseren Verständnis: Die Aufbauorganisation kann man mit der Anlage eines Straßennetzes vergleichen. Die Ablauforganisation entspricht der Regelung des Verkehrs in diesem Straßennetz. So wie diese beiden einen reibungslosen Ablauf des Straßenverkehrs sicherstellen, so müssen die betrieblichen Aufgaben ebenfalls geregelt und aufeinander abgestimmt werden.

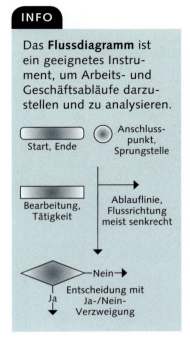

INFO

Das **Flussdiagramm** ist ein geeignetes Instrument, um Arbeits- und Geschäftsabläufe darzustellen und zu analysieren.

Ein Telefongespräch führen wir meist, ohne uns die einzelnen Schritte zu überlegen. Tatsächlich besteht diese Aufgabe aus einer ganzen Reihe von Tätigkeiten und Entscheidungen. In unserem einfachen Beispiel gibt es die folgenden Tätigkeiten und Abfragen:

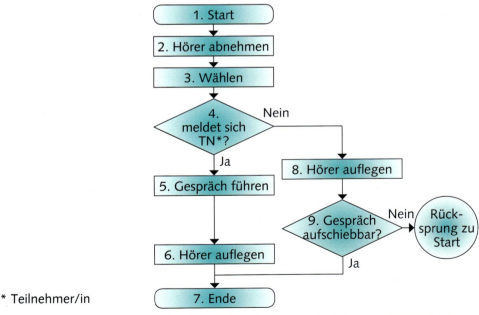

* Teilnehmer/in

1. Ermittelt, wer an der Aufbauorganisation eurer Schule beteiligt ist, und zeichnet eine Grafik.

METHODE

Fallstudie:
Hier stimmt etwas nicht mit der Organisation

Erklärung
Die Fallstudie ist eine Methode, die helfen soll, sich mit einem Fall aus dem Wirtschaftsalltag oder der Lebensumwelt auseinanderzusetzen. Dabei gilt es, einen Fall genau zu betrachten, sich erforderliche Informationen zu beschaffen, sie zu bewerten und Lösungsmöglichkeiten zu suchen. Aus den Lösungsmöglichkeiten muss man sich für eine entscheiden und diese in einer Pro- und Kontradiskussion verteidigen.
Und man muss schließlich seine Lösung mit der tatsächlich getroffenen Lösung vergleichen.

Idealtypischer Ablauf einer Fallstudie
Es lassen sich sechs verschiedene Phasen einer Fallstudie unterscheiden.

Fallanalyse

1. Der Fall: Was ist passiert?
Welcher Sachverhalt ist gegeben?

2. Welche Informationen benötigen wir?
Die zur Verfügung stehenden Informationen müssen untersucht und bewertet werden; weitere Informationen sind eventuell durch Erkundungen vor Ort, die Befragung von Personen, das Bearbeiten von schriftlichen Quellen oder durch Internetrecherchen zu beschaffen und zu bewerten.

Informationsbeschaffung

3. Welche Lösungen sind denkbar?
Überlegt euch, welche Möglichkeiten es geben könnte, damit die Probleme in Zukunft nicht wieder auftreten können. Es muss nach unterschiedlichen Lösungsmöglichkeiten gesucht werden.

Lösungsmöglichkeiten

4. Wir treffen eine Entscheidung
Jetzt müssen die Vor- und Nachteile, aber auch die Konsequenzen einer Lösung gegeneinander abgewogen und bewertet werden. Zielsetzung dabei ist es, eine Entscheidung zu treffen.

5. Wir diskutieren und verteidigen unsere Entscheidung
Die Entscheidung, die in einer Gruppe getroffen worden ist, wird zur Diskussion gestellt. Die Gruppen versuchen, ihre Entscheidung gegen die Argumente anderer Gruppen zu verteidigen.

Entscheidung

6. Wir vergleichen unsere Entscheidung mit der tatsächlich getroffenen Entscheidung
Wenn wir einen Fall bearbeitet haben, der in der Realität vorgekommen ist, vergleichen wir unsere Entscheidung mit der tatsächlich getroffenen Entscheidung. Wo liegen Unterschiede, wo Gemeinsamkeiten?

Der Fall: Frau Gerlach eröffnet ein Fotofachgeschäft mit Studio

B Frau Gerlach, Fotografin, hat durch ein Erbe 60 000 Euro zur Verfügung. Ihr Traum war es schon immer, ein Fotogeschäft mit Studio zu betreiben. Wegen ihrer zwei Kinder, die nun aus dem Haus sind, hat sie ihren Beruf bisher nur als Hobby ausgeführt und ist dadurch aber immer auf dem neuesten technischen Stand geblieben. Sie hat in einer günstigen Geschäftslage einen kleinen Laden mit Studio gemietet. Sie hat auch zwei Angestellte übernommen, eine Verkäuferin und eine Auszubildende. Die beiden waren froh, ihre Arbeitsplätze behalten zu können, haben aber noch Schwierigkeiten, sich an den Leitungsstil ihrer neuen Chefin zu gewöhnen. Folgende Situation ereignete sich in den ersten Wochen nach der Geschäftseröffnung:

1. Die Verkäuferin Frau Arnold schickt mehrmals kaufwillige Kunden weg, da von einer nachgefragten digitalen Spiegelreflexkamera der neuen Generation noch keine im Lager vorhanden sind.

2. Da Frau Arnold diesen Mangel schnell beheben will und sie es gewohnt war, immer selbstständig zu entscheiden, ruft sie bei dem ihr bekannten Lieferanten an und bestellt fünf der Kameras.

3. Über diese mit ihr nicht abgestimmte Aktion ist Frau Gerlach ziemlich verärgert, zumal ihrer Meinung nach die Kameras da sein müssten. Sie findet den Liefereingang im Computer bestätigt und sucht deshalb im Lagerraum, wo sie vier der Kameras im Regal findet. Sie muss dazu allerdings lange suchen, da die Auszubildende das Lager auf Anweisung von Frau Arnold umsortiert hat.

4. Eine Kundin spricht mit der Auszubildenden Frau Schubert einen Termin für ein Familienfoto ab. Die Kundin möchte von der Chefin selbst fotografiert werden. Frau Schubert nimmt den Termin für Montagnachmittag um 15.00 Uhr an. Am Montag erscheint die Familie pünktlich. Frau Gerlach ist aber bei einem Außentermin. Die Kundin lässt sich nach einer lautstarken Diskussion mit der Auszubildenden auf ein von ihr gemachtes Foto ein, droht aber damit, es eventuell nicht abzunehmen. Umstehende Kunden sind peinlich berührt.

Diskussion

Vergleich

1. Benennt die in diesem Beispiel aufgetretenen Probleme in der bisherigen Aufbauorganisation.

2. Entwickelt ein Modell zur Aufbauorganisation des Geschäftes. Beschreibt dazu die Aufgaben der einzelnen Mitarbeiterinnen.

3. Erläutert, wie die in dem Fallbeispiel aufgetretenen Probleme durch eine veränderte Organisation verhindert werden können.

Die Arbeitsbeziehungen in einem Unternehmen

Unternehmen – mit vielen Verträgen

Mit dem Begriff „Arbeitsbeziehungen" sind die Beziehungen zwischen Arbeitgebern und Arbeitnehmern bzw. Arbeitnehmerinnen gemeint. In Unternehmen, in denen Menschen miteinander arbeiten, sind Regelungen erforderlich, um mögliche Konflikte lösen zu können. Viele dieser Regelungen sind im Arbeitsrecht enthalten (Arbeitsschutz, Tarifrecht, Mitbestimmungs- und Betriebsverfassungsrecht).

Man braucht einen Arbeitsvertrag, den beide Seiten miteinander schließen. Wie der Vertrag gestaltet und damit die Beziehung zwischen dem Arbeitnehmer bzw. der Arbeitnehmerin und dem Arbeitgeber geregelt ist, wird durch Gesetze und Regelungen festgelegt:

1. **Jugendarbeitsschutzgesetz** (z. B. Verbot der Nachtarbeit für Jugendliche),
2. **Tarifverträge** (z. B. hinsichtlich der Arbeitszeitregelungen),
3. **Regelungen, die direkt zwischen den vertragschließenden Parteien getroffen werden** (z. B. Urlaubsregelungen).

Auszubildende arbeitet an einem Werkstück.

```
              Arbeitsvertrag für Arbeitnehmer/-innen
                          (unbefristet)
Zwischen der Firma
als Arbeitgeberin

und Herrn/Frau
geb. am
wohnhaft in
als Arbeitnehmer/in

wird folgender Vertrag geschlossen:

§ 1   Anstellung und Probezeit              § 10  Kündigung und Vertragsbeendigung
§ 2   Allgemeine Pflichten                  § 11  Vertragsstrafe
§ 3   Arbeitszeit und Entgeltzahlung        § 12  Rückgabe von Arbeitsmaterial
§ 4   Mehrarbeit / Überstunden              § 13  Personalfragebogen
§ 5   Sonderzahlungen                       § 14  Betriebsordnung
§ 6   Urlaub                                § 15  Minderjährige
§ 7   Arbeitsverhinderung, Krankheit und Kur § 16 Datenschutz
§ 8   Abtretung von Schadensersatzansprüchen § 17 Vertragsänderungen / Nebenabreden / Teilungültigkeit
§ 9   Abstellen von Fahrzeugen              § 18  Ausschlussfrist
                                            § 19  Sonstige Vereinbarung
Ort, Datum

_____                _____
Unterschrift der Arbeitgeberin              Unterschrift des Arbeitnehmers/der Arbeitnehmerin
```

Die Inhalte eines Arbeitsvertrages

> **INFO**
>
> www.gesetze-im-internet.de/bundesrecht/jarbschg/gesamt.pdf
>
> Hier findet ihr alle Bestimmungen des **Jugendarbeitsschutzgesetzes**.

1. Schaut im Internet nach der Bedeutung der folgenden Begriffe des Arbeitsrechts und erläutert, was mit ihnen geregelt wird: Arbeitsschutz, Tarifrecht, Mitbestimmungs- und Betriebsverfassungsrecht.

2. Untersucht drei der Paragrafen aus dem Arbeitsvertrag und ermittelt durch Befragung von Beschäftigten, was sich dahinter verbirgt.

3. Begründet, warum der § 16 zum Datenschutz gerade in der heutigen Zeit wichtiger Bestandteil eines Arbeitsvertrages ist.

Mitbestimmung – die gesetzlichen Regelungen

Es wird zwischen **betrieblicher Mitbestimmung** und der **Mitbestimmung auf der Ebene der Unternehmensleitung** unterschieden. In den Gesetzen zur Mitbestimmung sind zwei Möglichkeiten für die Arbeitnehmer und Arbeitnehmerinnen geschaffen, bei Entscheidungen im Betrieb mitzuwirken.
- Die Unternehmensverfassung regelt die Mitbestimmung der Arbeitnehmer und Arbeitnehmerinnen in den Aufsichtsräten.
- Die Betriebsverfassung regelt die Mitbestimmung bzw. Mitwirkung der Arbeitnehmer und Arbeitnehmerinnen durch die Betriebsräte.

> **INFO**
> Der **Aufsichtsrat** kontrolliert in Aktiengesellschaften die Unternehmensleitung.

Die Mitbestimmung im Unternehmen

Der Kern der Mitbestimmung auf der Ebene der Unternehmensleitung ist die Mitbestimmung im Aufsichtsrat. In großen Unternehmen, die über eine Unternehmensleitung aus Hauptversammlung, Vorstand und Aufsichtsrat verfügen, haben die Arbeitnehmer und Arbeitnehmerinnen dadurch, dass sie Sitz und Stimme im Aufsichtsrat haben, ein Mitbestimmungsrecht auch bei unternehmerischen Entscheidungen, z. B. über Produktions- und Investitionsprogramme, Preise, Vergrößerung des Unternehmens usw.

Zu den Aufgaben des Aufsichtsrats zählen weiter die Wahl und die Kontrolle des Vorstandes, der für die Geschäftsführung des Unternehmens verantwortlich ist. Wesentliche Gesetze zur Mitbestimmung auf Unternehmensebene sind:

- das **Montanmitbestimmungsgesetz** von 1951 für Montanunternehmen (AG und GmbH) mit mehr als 1 000 Beschäftigten.
- das **Mitbestimmungsgesetz** von 1976 für Kapitalgesellschaften der gewerblichen Wirtschaft, des Handels und des Dienstleistungssektors mit mehr als 2 000 Beschäftigten.
- das **Drittelbeteiligungsgesetz** von 2004 für Unternehmen mit mehr als 500 und bis zu 2000 Beschäftigten in der Rechtsform einer AG, KGaA, GmbH, eines VVaG und für Genossenschaften.

> **INFO**
> **Montanunternehmen**
> Unter diesem Begriff werden Unternehmen zusammengefasst, die dem Bergbau oder der Eisen und Stahl erzeugenden Industrie angehören.

Diese Gesetze wurden in den letzten Jahrzehnten immer weiterentwickelt, um sie den aktuellen gesellschaftlichen Situationen anzupassen.

1. Ermittelt mithilfe des Internets, was eine GmbH, eine Aktien- und eine Kommanditgesellschaft ist.
2. Untersucht bei Betrieben in eurer Region, welche Form der Mitbestimmung bei ihnen existiert.
3. Diskutiert mit eurem Sitznachbarn die Karikatur in der Randspalte.

> **INFO**
> **Rechtsformen von Unternehmen**
> **AG** = Aktiengesellschaft
> **GmbH** = Gesellschaft mit beschränkter Haftung
> **KGaA** = Kommanditgesellschaft auf Aktien
> **VVaG** = Versicherungsverein auf Gegenseitigkeit

ORGANISATION UND ARBEITSBEZIEHUNGEN IN UNTERNEHMEN

Pflichten des Arbeitgebers – Rechte des Arbeitnehmers

B Bernd Krämer ist eigentlich ein netter Kollege, aber er sieht immer alles schwarz und seine Fantasie geht mit ihm durch:
„Also, was ich da gehört habe, schlimm, schlimm …
– Kemper und Voss können in zwei Monaten gleich zu Hause bleiben. Dann kommen die neuen Maschinen und daran sind beide nicht ausgebildet.
– Kuhlmann will in seine Personalakte schauen. Lässt sich der Chef doch nicht gefallen!
– Hagen hat gemotzt, weil ihm keiner seine Lohnabrechnung erklärt.
– Außerdem hatte Hagen schon an seinem ersten Arbeitstag Krach geschlagen, weil ihn niemand gewarnt hatte, dass das Sicherheitssystem an der Formpresse kaputt war. War auch gefährlich, hätte er aber selbst überprüfen müssen."
„Bernd", mischt sich Betriebsratsmitglied Hans Löb ein, „halt lieber die Klappe, du redest dummes Zeug!" Hans Löb kennt sich aus und weist die Behauptungen seines Kollegen aus gutem Grund zurück: Nach dem Betriebsverfassungsgesetz (§ 81 bis 86a BetrVG) hat jeder Arbeitgeber gewisse Pflichten. Danach
– müsste der Vorgesetzte mit Kemper und Voss z. B. eine innerbetriebliche Weiterbildung erörtern,
– hat Hagen das Recht, dass ihm seine Gehaltsabrechnung erklärt wird,
– hätte Hagen zuerst über Unfallgefahren belehrt werden müssen.
Diese Rechte stehen den Arbeitnehmern und Arbeitnehmerinnen nach dem Betriebsverfassungsgesetz zu.

Die Beispiele zeigen, dass für Arbeitnehmer und Arbeitnehmerinnen in einem Unternehmen rechtliche Regelungen zu ihrem Schutz geschaffen worden sind. Die Rechte und Pflichten von beiden Seiten sind im Betriebsverfassungsgesetz (BetrVG) geregelt. Jeder, der in einem Betrieb tätig ist, sollte daher die wichtigsten Bestimmungen dieses Gesetzes kennen, um bei auftretenden Problemen richtig handeln zu können.

INFO

http://bundesrecht.juris.de/betrvg/index.html

Hier findet ihr alle Bestimmungen des **Betriebsverfassungsgesetzes**.

1. Ermittelt mithilfe des Internets, ob Herr Kuhlmann Einblick in seine Personalakte nehmen darf.

Auf der Betriebsversammlung

> **INFO**
>
> Das **Betriebsverfassungsgesetz** gilt für private Unternehmen. Für öffentliche Unternehmen ist die betriebliche Mitbestimmung durch das Personalvertretungsgesetz geregelt. Dort wird kein Betriebsrat, sondern ein Personalrat gewählt.

Das Betriebsverfassungsgesetz

Das Betriebsverfassungsgesetz (BetrVG) ist sozusagen das Grundgesetz für Betriebe. Es regelt die Rechte und Pflichten der Arbeitgeber und Beschäftigten, wobei die Beschäftigten durch die von ihnen gewählten Mitglieder im Betriebsrat (siehe S. 80) an betrieblichen Entscheidungen beteiligt sind. Mit dem Gesetz soll die Idee der Partnerschaft von Belegschaft und Betriebsleitung verwirklicht werden. Das heißt, die Zusammenarbeit soll vertrauensvoll zum Wohl der Beschäftigten und des Betriebes (§ 2 BetrVG) partnerschaftlich sein, Streitfragen innerhalb des Betriebes sind grundsätzlich friedlich zu lösen, betriebliche Arbeitskämpfe sind verboten.

Bei der betrieblichen Mitbestimmung, die durch das Betriebsverfassungsgesetz geregelt ist, werden vier Bereiche/Ebenen unterschieden:

1. Mitwirkungs- und Beschwerderechte der Arbeitnehmer und Arbeitnehmerinnen (§§ 81 ff. BetrVG),
2. Mitwirkung als Informations-, Anhörungs- und Beratungsrecht (z.B. § 105, § 102 BetrVG),
3. Mitbestimmung als Zustimmungsverweigerungs- oder Widerspruchsrecht (z.B. § 99 BetrVG),
4. Mitbestimmung als gleichberechtigte Mitentscheidung (§ 87 BetrVG).

Die Rechte des Betriebsrats/Personalrats sind von größerem Gewicht als die Rechte des Einzelnen und der Einzelnen.

Informationsrecht

Beratungsrecht

Widerspruchsrecht

Mitentscheidungsrecht

Ebenen der Mitbestimmungsrechte des Betriebsrates

1. Ermittelt jeweils ein Beispiel für das Mitentscheidungsrecht und für das Widerspruchsrecht. Nutzt dazu die Internetadresse von S. 78.

2. Erläutert das Plakat in der Randspalte.

Der Betriebsrat

Der Betriebsrat wird nur von den wahlberechtigten Betriebsangehörigen gewählt. Die Mitglieder des Betriebsrates sind Vertreter der Belegschaft. Dabei gelten folgende Bestimmungen:

– Im Betrieb müssen mindestens fünf wahlberechtigte Arbeitnehmer und Arbeitnehmerinnen beschäftigt sein. Die Größe des Betriebsrates richtet sich nach der Anzahl der wahlberechtigten Beschäftigten. Je größer ein Betrieb ist, desto mehr Mitglieder hat der Betriebsrat.
– Wahlberechtigt sind alle Arbeitnehmerinnen und Arbeitnehmer über 18 Jahre. Wählbar sind alle Wahlberechtigten, die mindestens sechs Monate im Betrieb beschäftigt sind.
– Damit die Betriebsangehörigen über die Arbeit des Betriebsrates informiert werden können, muss der Betriebsrat in regelmäßigen Abständen Betriebsversammlungen durchführen.

Zu den allgemeinen Aufgaben des Betriebsrates gehört es,
– die zugunsten der Arbeitnehmerinnen und Arbeitnehmer geltenden Gesetze und Verträge zu überwachen,
– Anregungen von Beschäftigten und der Jugendvertretung entgegenzunehmen und über sie mit dem Arbeitgeber zu verhandeln,
– die Eingliederung Schwerbehinderter zu fördern,
– die Wahl einer Jugendvertretung durchzuführen,
– die Beschäftigung älterer Personen im Betrieb zu fördern,
– die Eingliederung ausländischer Arbeitnehmer/-innen zu fördern,
– Unfall- und Gesundheitsgefahren zu bekämpfen,
– Maßnahmen des Arbeits- und Gesundheitsschutzes durchzuführen.

INFO

Einige weitere Informationsrechte des Betriebsrates gibt es
– zu Angelegenheiten der Personalplanung, § 92 Abs. 1,
– zur wirtschaftlichen Lage des Unternehmens (Wirtschaftsausschuss), § 106,
– zum Arbeits- und Umweltschutz, § 89.

1. Benennt mithilfe der Grafik, wie viele Betriebsratsmitglieder ein Betrieb mit 75, 750 und 7 500 wahlberechtigten Beschäftigten hat.

Eine Hauptaufgabe des Betriebsrates ist es, die im Betriebsverfassungsgesetz festgelegten Rechte der Arbeitnehmer und Arbeitnehmerinnen gegenüber der Unternehmensleitung wahrzunehmen. Diese Rechte beziehen sich auf soziale, personelle und wirtschaftliche Angelegenheiten.

Dabei unterscheidet man zwischen **Mitwirkungs-** und **Mitbestimmungsrechten**. Bei den Mitwirkungsrechten bleibt die Entscheidungsgewalt bei der Unternehmensleitung, bei den Mitbestimmungsrechten hat der Betriebsrat ein Recht auf Mitentscheidung.
Die Mitwirkungsrechte des Betriebsrates sind je nachdem, worum es geht, abgestuft.

- **Informationsrecht:** Auf der untersten Stufe der Mitwirkung hat der Arbeitgeber seine Pflicht erfüllt, wenn er dem Betriebsrat anhand von Unterlagen seine Pläne mitteilt.
  Beispiel: Neubesetzung einer leitenden Stelle. Bei der Firma Klein sind der Personalchef und der Prokurist in den Ruhestand gegangen. Neuer Personalchef soll sein bisheriger Stellvertreter Dr. Neumann werden.
  (BetrVG § 105 Leitende Angestellte)

> **INFO**
> Der **Prokurist** ist ein Mitarbeiter des Unternehmens, der über eine umfangreiche geschäftliche Vertretungsmacht und über besondere rechtliche Befugnisse verfügt.

- **Anhörungsrecht:** Der Arbeitgeber teilt dem Betriebsrat seine Pläne mit und fordert ihn zu einer Stellungnahme binnen einer bestimmten Frist auf.
  Beispiel: Kündigung eines Mitarbeiters. Bei der Speditionsfirma Gust wird dem Fernfahrer Henze gekündigt, weil ihm wegen Trunkenheit am Steuer die Fahrerlaubnis entzogen wurde (außerordentliche Kündigung).
  (BetrVG § 102 Mitbestimmung bei Kündigung)

- **Beratung:** Hierbei erörtern/beraten Arbeitgeber und Betriebsrat eine Angelegenheit in einem gemeinsamen Gespräch.
  Beispiel: Werksschließung. Die Kleiderfabrik Schulten, 230 Beschäftigte, plant die Näherei zu schließen und die Näharbeiten an eine Firma im Ausland zu vergeben.
  (BetrVG § 111 Betriebsänderungen)

Die Mitbestimmung des Betriebsrates ist die stärkste Form der betrieblichen Mitgestaltung. Arbeitnehmer/-innen und Arbeitgeber können Entscheidungen nur gemeinsam treffen. Kommt es zu keiner Einigung, kann die geplante Angelegenheit eben nicht durchgeführt werden. Nun besteht noch die Möglichkeit, die Einigungsstelle einzuschalten. Der Spruch der Einigungsstelle ist dann verbindlich.

> **INFO**
> **Einigungsstelle**
> Sie wird im Bedarfsfall eingerichtet und besteht aus Beisitzern, die zu gleichen Teilen von Arbeitgeber und Betriebsrat bestimmt werden.

1. Ermittelt Gründe dafür, dass die Mitwirkungsrechte des Betriebsrats abgestuft sind.

2. Diskutiert Vor- und Nachteile der Mitwirkungsrechte des Betriebsrats.

ORGANISATION UND ARBEITSBEZIEHUNGEN IN UNTERNEHMEN

Eine Betriebsratssitzung

Fälle, in denen der Betriebsrat zustimmen muss
In diesen Fällen darf der Arbeitgeber eine Maßnahme zwar nur mit Zustimmung des Betriebsrates durchführen, der Betriebsrat hat aber kein Recht, einen eigenen Vorschlag durchzusetzen.
Beispiel: Neueinstellung. Bei der Firma Krull, 140 Beschäftigte, soll ein Betriebselektriker eingestellt werden.
(BetrVG § 99 Mitbestimmung bei personellen Einzelmaßnahmen)

Der Betriebsrat kann bei personellen Einzelmaßnahmen die Zustimmung verweigern, wenn dabei z. B.
– gegen ein Gesetz, gegen eine Bestimmung in einem Tarifvertrag usw. verstoßen würde,
– im Unternehmen Beschäftigte oder der/die betroffene Arbeitnehmer/in durch die personelle Maßnahme benachteiligt werden,
– die durch Tatsachen begründete Besorgnis besteht, dass der Bewerber oder die Bewerberin, die für die personelle Maßnahme in Aussicht genommen wurde, den Betriebsfrieden durch gesetzwidriges Verhalten stören würde.

Zu den „personellen Einzelmaßnahmen" des § 99 gehört nicht die Kündigung. Sie ist in § 102 gesondert geregelt, wobei zwischen ordentlicher (z. B. Kündigung wegen fehlender Aufträge) und außerordentlicher Kündigung (unser Beispiel des Fahrers Henze auf S. 81) unterschieden wird.
Einige Arbeitnehmergruppen sind vor Kündigungen in besonderer Weise geschützt:
– Auszubildende,
– werdende Mütter,
– Schwerbehinderte,
– Betriebsratsmitglieder und
– Jugend- und Auszubildendenvertreter/-innen.
So soll verhindert werden, dass z. B. besonders engagierten und kritischen Mitarbeiterinnen und Mitarbeitern ohne Weiteres gekündigt werden kann.

Fälle, in denen der Betriebsrat mitbestimmt
Hierbei sind die Rechte von Arbeitgebern und Betriebsrat gleichberechtigt. Konnte beim Zustimmungsrecht der Betriebsrat nur „Ja" oder „Nein" sagen, so kann er nunmehr eigene Vorschläge, Anträge usw. einbringen, d. h., er kann selbst die Initiative ergreifen (Initiativrecht).
Beispiel: Firma Franke will die gleitende Arbeitszeit einführen.
(BetrVG § 87 Mitbestimmungsrechte)

1. Führt eine Expertenbefragung durch und ermittelt, wie sich die Arbeit eines Betriebsrates in einem Betrieb aus eurer Region gestaltet.

2. Erarbeitet durch die Befragung Beispiele für die einzelnen Ebenen der Mitbestimmung.

Betriebliche Jugend- und Auszubildendenvertretung

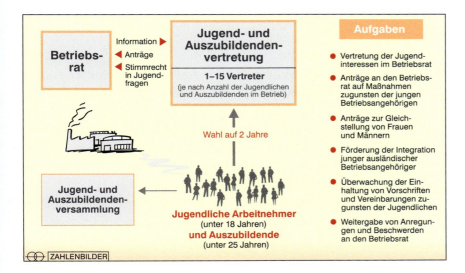

Jugendliche werden durch besondere Regelungen geschützt. Um den Betriebsrat zu wählen, muss man nach dem Betriebsverfassungsgesetz über 18 Jahre alt sein. Jugendliche unter 18 sind aber nicht von der Mitbestimmung ausgeschlossen, denn in allen Betrieben mit mindestens fünf Jugendlichen unter 18 Jahren bzw. Auszubildenden unter 25 Jahren können Jugendvertretungen gewählt werden. Wählbar sind alle Arbeitnehmer und Arbeitnehmerinnen des Unternehmens, die ebenfalls noch nicht 25 Jahre alt sind. Mitglieder des Betriebsrats können dabei nicht gewählt werden.

Eine Jugendvertreterin berichtet über die Arbeit:

B „Ich heiße Svenja Brand, bin 18 und wurde vor einem Jahr zur Jugendvertreterin gewählt. Als ich anfing, gab es einmal Ärger mit einem Ausbilder: Er hat seine Azubis ständig mit irgendwelchen ausbildungsfremden Arbeiten beschäftigt und nahm es auch mit der Arbeitszeit nicht genau. Beschwerte sich einer, dann sagte er immer nur: ‚Bei uns war das auch so.' Die Leute kamen zu uns und verlangten, wir sollten zur Betriebsleitung gehen. Das geht natürlich nicht. Da wir an den Betriebsratssitzungen teilnehmen, haben wir das da vorgebracht. Der Betriebsrat hat dann mit der Firmenleitung gesprochen. Die muss wohl mit dem Ausbilder gesprochen haben, denn seit der Zeit ist alles o.k."

1. Erarbeitet Fragen zu den Aufgaben der Jugendvertretung.

2. Ladet ein Mitglied einer Jugendvertretung ein und führt eine Expertenbefragung zu typischen Problemen der Jugendvertretung durch.

3. Begründet, warum es sinnvoll ist, dass Jugendliche in einem Betrieb eine eigene Vertretung haben.

Wir gründen eine JAV

Voraussetzung:

- Mindestens fünf wahlberechtigte Jugendliche oder Azubis im Betrieb
- Wahlberechtigt: Alle Jugendlichen bis zum 18. und alle Azubis bis zum 25. Lebensjahr
- Wählbar: Alle im Betrieb Beschäftigten bis 25 Jahre
- Betriebs-/Personalrat bestellt JAV-Wahlvorstand
- Wahlvorstand hat Kündigungsschutz
- Männer und Frauen müssen anteilig vertreten sein
- Arbeitgeber darf Wahl nicht behindern

Quelle:
http://jugend.verdi.de/community/service/ver.di_school/unterrichtsthemen/ue_2_7/data/UE_2_7_folien.pdf;
Zugriff: 14.11.2012

Konfliktanalyse:
Ein Konflikt im Unternehmen

Der Konfliktfall:

Unter den Auszubildenden der Autowerkstatt Meyer GmbH herrscht schlechte Stimmung. Da die Auftragslage in den vergangenen Monaten sehr gut war, haben einige der Auszubildenden regelmäßig mehr Stunden gearbeitet als in ihren Ausbildungsverträgen festgelegt ist. Nach Beginn der Sommerferien pendelt sich die Arbeitszeit zwar wieder auf das übliche Maß ein, aber der Ausgleich der Überstunden in Form von Freizeit steht noch aus.

Mit der Personalleiterin Frau Schmitt gibt es die Vereinbarung, dass die geleisteten Überstunden erfasst und in Urlaubstage umgerechnet werden. Diese sollen die Auszubildenden dann kurzfristig nehmen können.

Da für die nächste Woche eine Schönwetterperiode angekündigt ist, will der Auszubildende Timo Kunze seinen wohlverdienten Sonderurlaub dann auch gleich nehmen. Er reicht einen Urlaubsantrag ein.

Die Überraschung ist groß: Frau Schmitt lehnt den Antrag ab. Die Begründung lautet, dass der Urlaub im Moment nicht genommen werden kann, da aufgrund der Ferienzeit die Belegschaft in der Werkstatt sowieso unterbesetzt ist. Kurzfristige Urlaubsanträge können deshalb nicht berücksichtigt werden. Timo ist sauer, dass die vereinbarte Regelung nicht eingehalten wird. Die anderen Auszubildenden möchten ebenfalls Urlaub nehmen und wissen nicht, wie sie sich verhalten sollen. Ihren Ärger einfach „runterschlucken" wollen sie nicht, zugleich sind sie aber auch unsicher, ob eine Auseinandersetzung mit Frau Schmitt den gewünschten Erfolg haben würde.

Überall, wo Menschen zusammenleben oder zusammenarbeiten, können Konflikte entstehen, ob zu Hause, in der Schule oder bei der Arbeit. „Konflikt" bedeutet dabei erst einmal, dass unterschiedliche Personen oder Gruppen unterschiedliche Interessen haben und diese sich auf den ersten Blick nicht miteinander vereinbaren lassen. So möchte Timo kurzfristig Urlaub nehmen, um das schöne Sommerwetter zu genießen, Frau Schmitt möchte, dass der Betriebsablauf sichergestellt ist und in der Werkstatt ausreichend Mitarbeiter anwesend sind, um einen guten Kundenservice zu gewährleisten.

Da Frau Schmitt als Personalleiterin „am längeren Hebel sitzt", kann sie mit ihrer Entscheidung, den Urlaubsantrag abzulehnen, ihre Interessen ohne Weiteres durchsetzen. Als Ergebnis sind allerdings sowohl Timo als auch die anderen Auszubildenden nicht gut auf sie zu sprechen und überlegen schon, ob sie beim nächsten Engpass wieder bereit wären, Mehrarbeit zu leisten. Wie kann dieser Konflikt also gelöst werden?

Analyse

Bedürfnisse formulieren

B **Lösungssuche und Lösung:**
Timo entscheidet sich, zusammen mit der Jugendvertreterin Svenja auf Frau Schmitt zuzugehen und ein klärendes Gespräch zu suchen.
Da Frau Schmitt über den „Flurfunk" bereits mitbekommen hat, dass Timos abgelehnter Urlaubsantrag Unmut bei den Auszubildenden verursacht, hat sie sofort Zeit für Timo und Svenja. Gemeinsam erläutern die beiden die Sicht der Auszubildenden und zeigen sich enttäuscht, dass die vereinbarte Urlaubsregelung nicht eingehalten werden soll. Frau Schmitt erläutert ihnen ihre Entscheidung und wirbt für Verständnis: Trotz der Sommerferien ist der Auftragsbestand unerwartet gut. Der Betrieb kann es sich nicht erlauben, den Kunden lange Wartezeiten zuzumuten.
Sie diskutieren das Problem und überlegen, wie sie eine Lösung finden können. Nach verschiedenen Vorschlägen von beiden Seiten schließen sie einen Kompromiss: Timo nimmt statt der gewünschten fünf Tage zwei Tage Urlaub. Unter der Voraussetzung, dass immer mindestens zwei Auszubildende im Betrieb anwesend sind, können auch die anderen Auszubildenden jeweils kurzfristig zwei Tage Urlaub nehmen.
Für die Zukunft vereinbaren sie, dass im Fall von Mehrarbeit die gewünschte Urlaubszeit von vornherein geplant wird. Ob der Urlaub dann genehmigt wird, wird aber im Einzelfall entschieden – das Geschäft geht in diesem Fall vor.
Timo ist zwar einerseits mit dieser Lösung nicht vollends glücklich, andererseits versteht er die Argumente von Frau Schmitt. Er teilt den gefundenen Kompromiss den anderen Auszubildenden mit, die sich angesichts zweier bevorstehender sonniger Urlaubstage freuen.

Zur Konfliktbewältigung werden in der Regel folgende Phasen der Problemlösung durchlaufen:

1. Problem erkennen und analysieren: Welche Probleme gibt es?
Zunächst wird gemeinsam überlegt, wodurch der Konflikt entstanden ist. Dabei kommen beide Seiten zu Wort, ohne dass ihre Aussagen gleich von der anderen Seite kommentiert oder beurteilt werden.

2. Bedürfnisse erkennen: Welche Interessen und Ziele gibt es?
Anschließend formulieren die Beteiligten ihre konkreten Wünsche.

3. Sammeln von Lösungsmöglichkeiten: Welche Lösungsmöglichkeiten bestehen?
Gemeinsam wird überlegt, welche Lösungsmöglichkeiten es geben kann. Diese werden zunächst nicht bewertet.

4. Diskussion der Lösungsmöglichkeiten: Welche Argumente sprechen für/gegen die Lösungsmöglichkeiten?
Jeder einzelne Lösungsvorschlag wird auf seine Umsetzungsmöglichkeit geprüft und das Für und Wider diskutiert.

5. Konfliktlösung: Welche Entscheidung wird getroffen?
Die Beteiligten einigen sich auf eine von allen akzeptierte Lösung. Diese muss klar formuliert und bindend für alle sein.

Lösungsmöglichkeiten

INFO

Die Diskussion ist die schwierigste Phase bei der Konfliktbewältigung: Will man eine von allen Seiten getragene Lösung finden, müssen alle kompromissbereit sein.

Diskussion

Lösung

ORGANISATION UND ARBEITSBEZIEHUNGEN IN UNTERNEHMEN

Jugend-, Arbeits- und Kündigungsschutz

Arbeitsschutz

Durch Artikel 1 Abs. 1 (Schutz der Menschenwürde), Artikel 2 Abs. 2 (Recht auf körperliche Unversehrtheit) und Artikel 20 (Sozialstaatsprinzip) des Grundgesetzes hat der Schutz von Leben und Gesundheit der Arbeitnehmer und Arbeitnehmerinnen eine verfassungsrechtliche Grundlage. Das bedeutet aber nicht, dass es ein Grundrecht auf eine risikofreie Arbeitswelt gibt, weil dies das menschliche Erkenntnisvermögen überfordern und weithin jede Nutzung von Technik verhindern würde. Aus verfassungsrechtlichen Gründen hat also der Arbeitsschutz die Aufgabe, vor gesundheitlichen Gefährdungen zu schützen. Über den unmittelbaren Gesundheitsschutz hinaus gehören auch die Förderung der menschengerechten Gestaltung der Arbeit und die Erhaltung der Arbeitskraft zu den Aufgaben des Arbeitsschutzes.

Sozialer Arbeitsschutz

Zum sozialen Arbeitsschutz gehören insbesondere der Arbeitszeitschutz und die Vorschriften für besonders schutzbedürftige Personengruppen (Schwangere und Mütter innerhalb bestimmter Fristen nach der Entbindung, Jugendliche, Schwerbehinderte).

Jugendarbeitsschutzgesetz

Der Jugendarbeitsschutz gilt für Jugendliche unter 18 Jahren (vgl. auch S. 76). Kernpunkt sind Arbeitszeitregelungen. Um die Heranwachsenden zu schützen, dürfen sie zudem keine gefährlichen und zu schweren Arbeiten zugeteilt bekommen. Pflicht ist der Besuch des Berufsschulunterrichts, für den Jugendliche von der Arbeit freigestellt werden müssen.

„Für diesen Sprung würdest du beim Eislaufen die Höchstnote bekommen!"

Ohne Worte

„Das kannste glauben, das wirkt hundertprozentig."

Kündigungsschutz

Arbeitsplätze sichern unser Einkommen und damit die Grundlage unserer Existenz. Um Arbeitnehmer vor einem ungerechtfertigten Arbeitsplatzverlust zu schützen, gibt es einen gesetzlichen Kündigungsschutz.

Das Kündigungsschutzgesetz (KSchG) bestimmt Regeln und Fristen bei Kündigungen, die den Arbeitnehmer vor willkürlichen und unbegründeten Entscheidungen der Arbeitgeber bewahren sollen. Aber auch für Arbeitgeber stellen sie eine Sicherheit dar. So kann beispielsweise eine Fachkraft den Betrieb nicht von heute auf morgen verlassen.

Allgemein gilt: Eine Kündigung ist nur dann sozial gerechtfertigt und damit rechtswirksam, wenn sie durch Gründe,
(1) die in der Person des Arbeitnehmers liegen (z. B. langanhaltende Arbeitsunfähigkeit wegen Krankheit),
(2) die im Verhalten des Arbeitnehmers liegen (z. B. hartnäckige Arbeitsverweigerung)
(3) oder durch dringende betriebliche Erfordernisse (z. B. Arbeitsplatzwegfall durch Rationalisierung oder Betriebsstilllegung) bedingt ist.

Auch diese wirtschaftlichen Gründe können gewissermaßen sozial gerechtfertigt sein. Zum Beispiel können oft nur durch Streichung einiger Arbeitsplätze in einem Unternehmen die übrigen Arbeitsplätze gesichert werden.

Besonders schutzbedürftige Personengruppen wie Schwangere, Schwerbehinderte, Mütter im Mutterschutz u. a. unterliegen neben den allgemeinen Regelungen einem besonderen Kündigungsschutz.

Auch für Mitglieder des Betriebsrates oder der Jugend- und Auszubildendenvertretung gilt ein besonderer Kündigungsschutz (§ 15 KSchG). Besondere Kündigungsregeln gelten ebenfalls für Ausbildungsverhältnisse (§ 22 BBiG – Berufsbildungsgesetz).

> **INFO**
>
> Hier könnt ihr die Gesetzestexte nachlesen:
>
> **Kündigungsschutzgesetz:**
> www.gesetze-im-internet.de/kschg/
>
> **Berufsbildungsgesetz:**
> www.gesetze-im-internet.de/bbig_2005

1. Beschreibt die Unfallgefahren, die in den Karikaturen dargestellt werden.

2. Erkundet Arbeitsschutzmaßnahmen in Betrieben eurer Region. In größeren Betrieben solltet ihr dazu den/die zuständige/n Sicherheitsbeauftragte/n befragen.

3. Wertet das Schaubild aus. Beschreibt in eigenen Worten die wesentlichen Regelungen des Jugendarbeitsschutzes.

4. Fasse die Regelungen des Kündigungsschutzes zusammen und unterscheide dabei allgemeinen und besonderen Kündigungsschutz.

5. Diskutiert, inwiefern Kündigungen aus wirtschaftlichen Gründen sozial gerechtfertigt sein können.

METHODE

Gründung einer Schülerfirma

Schülerfirma

Eine Schülerfirma ist eine gute Möglichkeit, kennenzulernen, welche grundsätzlichen Aufgaben ein Unternehmen zu bewältigen hat und welche Bedeutung Arbeit und Beruft zukommt.

Dabei könnt ihr euch z. B. mit folgenden Fragen auseinandersetzen:
– Welche immer wiederkehrenden Aufgaben gibt es in einem Unternehmen?
– Welche Ziele streben Unternehmen an?
– Wie wird ein Unternehmen organisiert?
– Wie wirbt man für seine Produkte bzw. seine Dienstleistungen?
– Wie analysiert man einen Markt und erhält Informationen über Konsumenten und Konkurrenten?
– Wie plant man die Zukunft eines Unternehmens?

Eine Schülerfirma ist also ein sehr gutes Trainingsfeld, um ökonomische Kenntnisse zu erwerben, sein Wissen anzuwenden, Arbeitstechniken und Verhaltensweisen einzuüben. Das alles dient der Vorbereitung auf die spätere Berufstätigkeit oder auch auf eine zukünftige Selbstständigkeit.

Beispiele für Ideen, die mithilfe einer Schülerfirma realisiert werden könnten

Notwendige Schritte bei der Planung
Schülerbetriebe planen, produzieren und verkaufen Produkte und/oder bieten Dienstleistungen an. Eurer Fantasie sind hierbei keine Grenzen gesetzt. Aber egal, welche Produkte oder Dienstleistungen ihr mit eurer Schülerfirma anbietet, die einzelnen Schritte zur Planung und Durchführung sind im Grunde immer dieselben.

Was ist eure Geschäftsidee?
Zunächst müsst ihr euch Gedanken machen, worin eure Geschäftsidee bestehen soll. Wollt ihr ein Produkt herstellen und verkaufen oder wollt ihr eine Dienstleistung anbieten? Der erste Schritt bei der Entwicklung einer Idee ist es, zu ermitteln, welche Marktlücken in der Umgebung vorhanden sind. Das heißt konkret: Was fehlt? Was wird gebraucht? Was könnt ihr

Bei der Planung

Besonderes anbieten? Hilfreich ist es, eine Ideenliste zusammenzustellen, was für eure Schule infrage käme. Hier einige Vorschläge: Papiershop/Kiosk, Literaturcafé, Disco, Veranstaltungsagentur, Vermietung von Schülerkunst, Organisation von Klassen- und Tagesfahrten.

Wer macht mit?
Stellt eine Gruppe zusammen und entscheidet, ob eure Schülerfirma aus eurer Klasse bestehen soll. Ihr könnt auch eine Arbeitsgemeinschaft bilden, die sich aus Schülerinnen und Schülern mehrerer Klassen zusammensetzt.

Wichtig ist es, zu überlegen, ob eure Geschäftsidee überhaupt innerhalb eurer Klasse und/oder Schule umsetzbar ist, bzw. wo es Probleme geben könnte. Sprecht dazu mit der Schulleitung, mit Lehrerinnen und Lehrern, dem Hausmeister u. a. über den Standort der Schülerfirma, die Verantwortlichkeiten, die Aufsicht, die Versicherung, die technische Ausstattung.

Wie beurteilt man die Konkurrenz?
Im Anschluss an diese Überlegungen müsst ihr eure Idee auf mögliche Konkurrenten hin überprüfen.

Dazu solltet ihr folgende Fragen beantworten:
– Wer sind eure Konkurrenten?
– Wo befindet sich eure Konkurrenz?
– Was bietet die Konkurrenz an?
– Zu welchen Preisen?
– Wie groß ist das Angebot und was ist das Besondere daran?
– Wie ist die Qualität der Produkte?
– Wodurch macht die Konkurrenz auf sich aufmerksam?

Welcher Standort kommt infrage?
Im Fall einer Schülerfirma ist der Standort vorgegeben: eure Schule. Normalerweise geht man bei der Standortsuche aber nach bestimmten Gesichtspunkten vor (siehe „Fragen zum Standort").

1. In einer Straße gibt es zwei Blumenläden. Entwickelt Möglichkeiten, welche besonderen Angebote ein Blumenladen anbieten könnte, um sich von dem anderen abzuheben.

2. Ermittelt mithilfe der „Gelben Seiten" alle Buchhandlungen eurer Stadt und markiert ihre Standorte in einem Stadtplan. Erläutert, welche Konsequenzen das Ergebnis für die Wahl des Standortes einer neuen Buchhandlung hätte.

3. Bewertet den Standort mithilfe der Fragen in der Randspalte.

Fragen zum Standort
– Kundennähe: Gibt es genügend Kundschaft?
– Konkurrenz: Wie stark ist die Konkurrenz?
– Verkehr: Können uns Kunden und Lieferanten problemlos erreichen, können sie hier parken?
– Versorgung: Wie ist die Versorgung mit Waren, Verbrauchsgütern, Energie?
– Arbeitskräfte: Gibt es in der Nähe geeignetes Personal?
– Kosten: Wie hoch sind Mieten und Steuern?
– Behördliche Auflagen: Gibt es diese und wie wirken sie sich aus?
– Technologie-/Gründerzentren: Besteht die Möglichkeit, sich dort niederzulassen?
– Liegt der Standort im Gewerbegebiet oder im Wohn- oder in einem Mischgebiet?

Planung

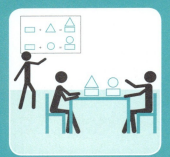

Wie viel Geld braucht man und woher bekommt man es?
Wenn man ein Unternehmen gründen möchte, braucht man eine Menge Kapital. Viele Anschaffungen wie z. B. Grundstück, Gebäude, Maschinen, Geräte, Einrichtung, Fahrzeuge, Rohstoffe usw. müssen bezahlt werden.

Dazu benötigt man eine sehr genaue Planung, da sonst die ganze Existenz scheitern kann. Auch wenn eine Schülerfirma weniger umfangreiche Anschaffungen tätigen muss, ist es dennoch erforderlich, einen Kapitalbedarfsplan zu erstellen.

Um die im Kapitalbedarfsplan ermittelten Ausgaben tätigen zu können, reicht in den meisten Fällen das Eigenkapital des Unternehmensgründers nicht aus. Neben Krediten können Existenzgründer und Existenzgründerinnen auf Förderprogramme zurückgreifen. Auch bei einer Schülerfirma besteht die Möglichkeit, bei einer örtlichen Bank ein Startkapital in Form eines Kredites zu bekommen. Die Banken erwarten ein schlüssiges Konzept mit einer detaillierten Kapitalbedarfsrechnung. Darin muss auch beschrieben werden, wie die zukünftige finanzielle Entwicklung des Betriebes aussehen wird, damit die Bank auch sicher sein kann, dass sie ihr Geld zurückbekommt.

Nachsitzen für Unternehmensgründer
Von je 100 Teilnehmern an der IHK-Gründungsberatung

- haben sich zu wenig Gedanken über die Konkurrenzsituation gemacht — 53
- haben zu geringe kaufmännische Kenntnisse — 51
- haben unklare Vorstellungen über ihre Kunden — 46
- schätzen die Startinvestitionen/laufenden Kosten zu niedrig ein — 44
- haben die Finanzierung nicht gründlich durchdacht — 39
- schätzen den möglichen Umsatz zu hoch ein — 38
- können ihre Produktidee nicht klar beschreiben — 32
- haben unzureichende Fach-/Branchenkenntnisse — 27

Quelle: DIHK   Stand 2009   Mehrfachnennungen   © Globus 3684

Ist eine Unternehmensgründung an einen rechtlichen Rahmen gebunden?
Eine Schülerfirma fällt unter eine Ausnahmeregelung und ist an keinen rechtlichen Rahmen gebunden, solange die Einnahmen einen bestimmten Betrag nicht übersteigen. Die Schülerfirma muss sich verpflichten, mit den Gewinnen und Umsätzen unterhalb der Geringwertigkeitsschwellen zu bleiben (die aktuellen Sätze könnt ihr beim Finanzamt erfragen).
Ihr könnt auch Kontakt zu anderen Schülerfirmen über das Internet aufnehmen und euch in rechtlichen Fragen austauschen.

Informationen sammeln

Wie macht man auf sein Unternehmen aufmerksam?

Wenn man ein Unternehmen gründet, muss man sich bekannt machen. Andere müssen wissen, dass es einen gibt und was man anbietet. Dazu ist ein Marketingkonzept erforderlich, das Überlegungen zu folgenden Bereichen enthalten sollte: Produktpolitik, Preispolitik, Absatzwegepolitik und Kommunikationspolitik.

Die Werbung hat eine wichtige Bedeutung, da durch sie das Unternehmen in der Schule und eventuell auch außerhalb bekannt gemacht wird. Beachtet dabei Folgendes:
- Gestaltet eure Werbung zielgruppengerecht.
- Analysiert die Werbung eurer Konkurrenten.
- Beachtet ein einheitliches Erscheinungsbild.
- Legt die Werbebotschaft fest.
- Wählt Werbemittel und Werbeträger aus (Schülerzeitung, Handzettel, Plakate, Internetseite der Schule).

Litfaßsäule

Jetzt wird es ernst!

Nachdem ihr erfahren habt, wie man bei der Planung einer Unternehmensgründung vorgeht, könnt ihr nun in die konkrete Planung einer Schülerfirma einsteigen.

Wie soll die Schülerfirma heißen?

Der Name eurer Schülerfirma sollte immer deutlich zeigen, dass es sich um eine Schülerfirma handelt und nicht um eine echte Firma. Weiterhin sollte der Name der Schülerfirma nicht von einem realen Unternehmen genutzt werden. Ob der Name, den ihr euch ausgedacht habt, schon von einem echten Unternehmen genutzt wird, könnt ihr mithilfe des Internets herausbekommen.

Orientiert euch bei der Namensgebung an den folgenden Hinweisen:
- Der Name sollte kurz und unkompliziert sein.
- Der Bezug des Firmennamens zu eurer Geschäftsidee sollte deutlich werden.
- Es sollte ein zum Namen passendes Logo gefunden werden.
- Der Name sollte gut zu behalten sein.

> **INFO**
>
> Hier noch einmal die Fragen, die bei der Gründung einer Schülerfirma zu beachten sind:
> - Für welche Geschäftsidee wollt ihr euch entscheiden?
> - Wer macht mit?
> - Welche Umsetzungsmöglichkeiten für eure Geschäftsidee sind in der Schule gegeben?
> - Wie viel Gründungskapital benötigt ihr?
> - Wie soll die Firma heißen?

1. Wertet die Statistik auf S. 90 aus und überlegt, welche Schlüsse ihr daraus für eure Unternehmensgründung ziehen könnt.

2. Überlegt, mit welchen Werbemitteln eine Werbeagentur in der Schule für sich werben sollte. Begründet eure Auswahl mit Beispielen.

3. Sucht aus einer Jugendzeitschrift Anzeigen heraus und erklärt, inwiefern die Gestaltung auf Jugendliche zugeschnitten ist.

Organisation

Die Organisation der Schülerfirma

Wie müssen wir die Tätigkeiten organisieren (Ablauforganisation)?

Folgende Fragen helfen euch bei der Organisation der Arbeitsabläufe:
- Welche Arbeitsschritte sind nötig, damit ihr euer Produkt erstellen oder eure Dienstleistung anbieten könnt?
- Welche Arbeitsschritte gehören zusammen? Welche Reihenfolge gibt es hierbei?
- Erstellt ein Ablaufdiagramm, indem ihr die Arbeitsschritte in je einem Kästchen darstellt, die Kästchen dann in eine Reihenfolge bringt und ihre Zusammenhänge in einem Ablaufschema darstellt. Auf S. 73 habt ihr das Ablaufschema bereits am Beispiel eines Telefongesprächs kennengelernt.

Wer arbeitet wo (Aufbauorganisation)?

Die Aufbauorganisation in Unternehmen regelt, wer wo und mit welchen Mitteln etwas tun soll. Die arbeitsteiligen Tätigkeiten müssen wiederum abgestimmt und koordiniert werden. Auch die Organisation einer Schülerfirma hat zum Ziel, dass die Aufgaben sinnvoll erledigt, Zuständigkeiten festgelegt und Arbeitsabläufe geregelt werden.

Folgende Aufgaben müssen dazu gelöst werden:
- Welche Abteilungen ergeben sich aus eurer Ablauforganisation? Gebt diesen Abteilungen Namen.
- Überlegt, welche von euren Mitschülerinnen und Mitschülern den einzelnen Abteilungen zugeordnet werden sollen.
- Wer soll für was verantwortlich sein? Wer hat das Sagen?
- Zeichnet eine Unternehmensstruktur als Organigramm. Tragt die Namen der Mitarbeiterinnen und Mitarbeiter ein und hängt die Aufbauorganisation an geeigneter Stelle für alle zur Einsicht aus.
- Legt euer Ergebnis einem Experten oder einer Expertin aus einem Unternehmen vor und lasst euch beraten. Hierzu könnt ihr gegebenenfalls eine Expertenbefragung durchführen.

Beratung durch einen Wirtschaftsexperten

Aufbauorganisation

Die Geschäftsführung übernimmt alle Aufgabenbereiche, die der Steuerung und Lenkung des Unternehmens dienen. Dabei lassen sich zwei große Aufgabenbereiche unterscheiden:
– Aufgaben, die nach außen auf das Umfeld des Unternehmens gerichtet sind,
– die internen Aufgaben.

In einer Schülerfirma setzt sich die Geschäftsführung u. a. mit folgenden Fragen auseinander:
– Welches sind die kurz- und mittelfristigen Ziele unserer Firma?
– Mit welcher Zielgruppe haben wir es zu tun? Wem wollen wir etwas verkaufen?
– Welche Produkte, welche Dienstleistungen wollen wir anbieten?
– Wie organisieren wir die Struktur und die Arbeitsabläufe der Schülerfirma?
– Welche Instrumente können bei der Organisation der Arbeitsabläufe unserer Schülerfirma hilfreich sein (Zeitpläne, Organigramme, regelmäßige Treffen aller Abteilungen etc.)?
– Welches sind die richtigen Mitarbeiter und Mitarbeiterinnen für die verschiedenen Aufgaben in den Abteilungen unserer Schülerfirma? Wie wählen wir die Mitarbeiterinnen und Mitarbeiter aus?
– Wie wird die Kommunikation innerhalb der Schülerfirma (Abteilungen, Mitarbeiter und Mitarbeiterinnen) organisiert?

PRAXIS

1. Beschreibe die drei Grundaufgaben Beschaffung – Produktion – Absatz eines Betriebes am Beispiel eines Handwerksbetriebes, einer Tischlerei. Betrachte dazu die Fotos.

2. Entscheidet euch für ein Bäckereiprodukt und stellt dar, welche Produkt-, Preis-, Absatzwegepolitik und welche Kommunikationsmaßnahmen ihr für dieses Produkt einsetzen wollt.

Produktnamen zum Papstbesuch

Quelle: http://www.biv-baecker.de

Q **Erfolgreiches Marketing im Bäckerhandwerk**
Marketing heißt nicht, für viel Geld Anzeigen in Zeitungen schalten
Ideenfindung, Namensfindung für Marken
Wenn Sie selber mut- und ideenlos sind, fragen Sie Ihre Mitarbeiter, oder inszenieren Sie einen Wettbewerb unter den Mitarbeitern/Kunden, z. B. Brotname: unser Fritz 1951, Schräger Willi, Brockenkruste, Okerländer, unser Otto 1903 usw.

Backstube als Showbühne benutzen!
Z. B. Bauchtanz, Kinderback-Aktion, Frühstücks-Aktion mit Zeitung, Tag der offenen Tür, Vorlesung, Nacht des Backens, Theater, Comedy in der Backstube, Promibacken, Backkurse, Konzert, Gottesdienst usw.

Bester Service
Im Bäckercafé gratis Zeitungen zum Lesen, Kaffee gratis zum Nachschenken. Im Herbst u. Winter Kosmetiktücherbox auf die Theke zum Nase putzen bzw. beschlagene Brille putzen. Im Sommer entweder Klimaanlage an oder Erfrischungen (kalte feuchte Einwegtücher, Schluck Wasser, Fächerwedel) anbieten.

3. Beurteilt die im nebenstehenden Quellentext genannten Anregungen für Handwerksbäcker zum Marketing:
Erkennt ihr Maßnahmen davon bei eurem Bäcker? Sind sie erfolgreich?

CRH: Betriebsrat sieht gesamten Standort in Gefahr

Solingen. Klarheit für die Belegschaft und den Standort von C. Rob. Hammerstein (CRH) an der Merscheider Straße fordert der Betriebsrat. Johnson Controls will die Abteilungen Musterbau/Versuch in Solingen aufgeben. Das bedeutet das Aus für 117 der 432 Beschäftigten in Merscheid – überwiegend Ingenieure und Techniker. „Wir sorgen uns um den Standort insgesamt", sagte gestern Betriebsratsvorsitzender Salvatore Di Gaetano, „wir würden uns sicherer fühlen, wenn wir etwas Handfestes in der Hand hätten."

Doch trotz einiger Vorschläge bekommt der Betriebsrat hier keine Rückmeldungen. „Uns wurde nur gesagt, der Standort sei nicht gefährdet", so Salvatore Di Gaetano, „der Arbeitgeber hält sich alle Optionen offen und will sich zu nichts verpflichten, was unserem Standort zugutekommen könnte." Nach gescheiterten Verhandlungen über einen Sozialplan/Interessenausgleich für die Mitarbeiter der Abteilungen Musterbau und Versuch will Johnson Controls nun über die Einigungsstelle ein Ergebnis erzielen. „Auf beiden Seiten kochten die Emotionen hoch", berichtet Di Gaetano über die Gesprächstermine.

Über den Vorsitzenden der Einigungsstelle wurde aber noch kein Einvernehmen gefunden, das wird wohl das Arbeitsgericht entscheiden müssen. Die Einigungsstelle muss dann über die Höhe der Abfindungen beziehungsweise das Sozialplanvolumen eine Regelung finden. Hier liegen die beiden Parteien in ihren Vorstellungen noch „weit auseinander". Von daher wird der Plan des Unternehmens, zum Jahresende 2013 die besagten Abteilungen zu schließen, nicht umgesetzt werden können.

Kündigungen wurden bislang keine ausgesprochen, zumal es noch keine Einigung gibt. „Zum Teil sind Mitarbeiter seit 40 Jahren hier beschäftigt und haben entsprechend lange Kündigungsfristen", sagt Salvatore Di Gaetano und ergänzt: „Die Kollegen hängen in der Luft, die psychische Belastung der Betroffenen ist groß."

Quelle:
Rheinpfalz, Uwe Vetter (30. 11. 2013)

4. Erkläre die Rolle des Betriebsrats und der Einigungsstelle in dem Konflikt in der Firma C. Rob Hammerstein.

5. Analysiert den Konflikt mithilfe der Methodenseiten zur Konfliktanalyse.

L LERNBILANZ

In diesem Kapitel habt ihr gelernt, ...
- dass Beschaffung, Produktion und Absatz grundlegende Aufgaben eines Unternehmens sind,
- dass die Organisation eines Unternehmens für den Erfolg enorm wichtig ist,
- welche Regelungen es zur Mitbestimmung der Arbeitnehmerinnen und Arbeitnehmer gibt,
- welche gesetzlichen Regelungen zum Jugend-, Arbeits- und Kündigungsschutz es gibt,
- was bei der Gründung einer Schülerfirma zu beachten ist.

Mit den folgenden Aufgaben könnt ihr euer Wissen überprüfen:

1. Erläutere mit eigenen Worten: Was sind die wichtigsten Aufgaben der betrieblichen Grundfunktionen Beschaffung, Produktion und Absatz?

2. Nenne Gelegenheiten, bei denen ein Bäcker in einem Dorf in Nordrhein-Westfalen mit einer erhöhten Nachfrage rechnen kann.

3. Stelle dar, welche Auswirkungen es hat, wenn zu viele oder zu wenige Werkstoffe bestellt wurden.

4. Nennt Möglichkeiten der Verkaufsförderung und der Öffentlichkeitsarbeit für einen handwerklichen Bäckereibetrieb. Welche Möglichkeiten hat eine Backwarenfabrik?

5. Erkläre, warum eine falsche Bestellung hohe Lagerkosten in einem Unternehmen verursachen kann.

6. Erläutere, welche Entscheidungen ein Betrieb bei der Produktion zu treffen hat.

7. Ermittle die Arbeitsschritte bei der Erstellung eines Brotes in einer Bäckerei und beim Einsetzen einer Glasscheibe in eine Haustür in einer Glaserei. Vergleiche die beiden Fertigungsprozesse.

8. Ordne die folgenden Tätigkeiten den jeweiligen Bereichen eines Unternehmens in einer Tabelle zu:
Produkte gestalten, Material bearbeiten, Personaleinstellungen vornehmen, Prospekte drucken lassen, Werkzeuge einkaufen, Kunden beraten, Ersatzteile besorgen, Waren ausliefern, Verkaufsgespräche führen, Arbeitsabläufe planen.

Beschaffung	Produktion	Absatz
...	...	...

9. Der Inhaber einer Biobäckerei möchte zu Ostern ein besonderes Osterbrot anbieten. Entwickelt ein Konzept, wie er dieses Brot erfolgreich an die Kunden bringen kann, indem ihr folgende Fragen klärt:
   a) Produktpolitik: Was ist das Besondere an dem Osterbrot? In welcher Verpackung soll es angeboten werden? Usw.
   b) Preispolitik: Zu welchem Preis soll es angeboten werden?
   c) Absatzwege: Wie kommt das Brot an die Kunden? Wo soll es überall angeboten werden?
   d) Kommunikationspolitik: Wo, wann und womit soll geworben werden? Wie kann der Bäcker das Osterbrot bekannt machen? Usw. Geeignete Werbemittel und Werbeträger sind entscheidend. Überlegt euch auch eine Sonderwerbung (z. B. Verkauf in Osterhasenkostümen).

10. Untersuche, welche Aussage richtig ist.
    a) Die Organisation eines Unternehmens ist nur etwas für besonders ordentliche Personen.
    b) Die Organisation ist überhaupt das Wichtigste für ein Unternehmen.
    c) Wer kreativ ist, braucht keine Organisation, der weiß auch so, was er machen kann.
    d) Die Organisation eines Unternehmens legt fest, wer, was, womit und wann macht.

11. Erläutere die Aussagen der beiden Karikaturen und stelle sie in einen Zusammenhang.

"... und jetzt räumen Sie bitte Ihre Schilder weg; sie erhöhen die Stolpergefahr!"

"Ich sage mal so: Wir sind mit guten Tipps für Sie nicht übertrieben früh dran!"

12. Benennt die wesentlichen Ziele der Mitbestimmung.

13. Erläutert die Voraussetzungen, die erfüllt sein müssen, um eine Jugendarbeitsvertretung gründen zu können.

14. Erklärt, welche Rolle die Konkurrenz bei einer Betriebsgründung spielt und was man über sie wissen sollte.

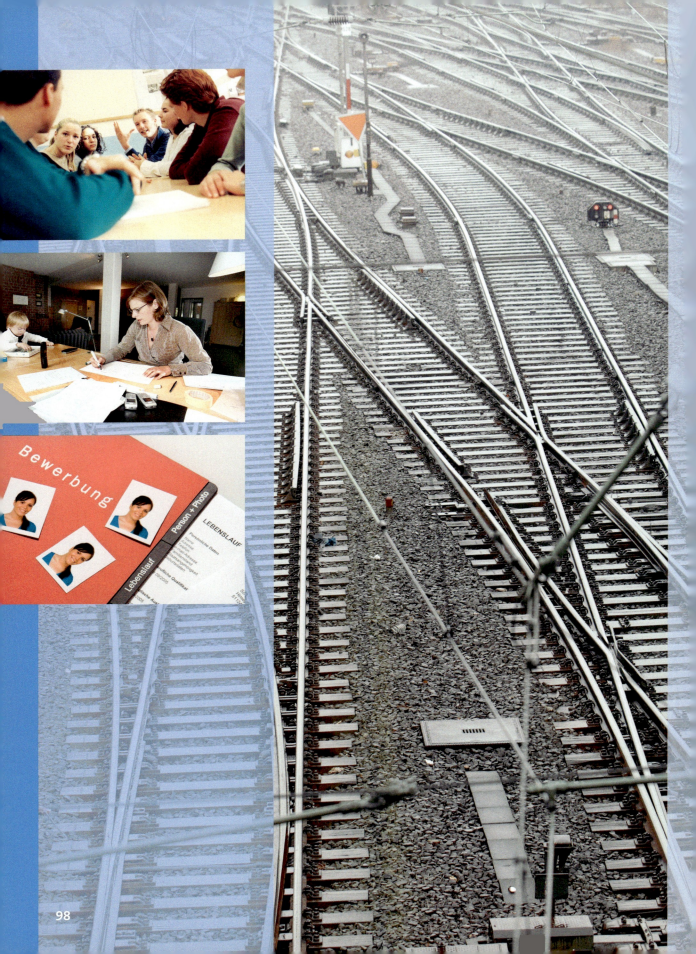

V Berufsorientierung und Lebensplanung

In diesem Kapitel erfahrt ihr, welche Bedeutung die Berufswahl für euch hat. Ihr lernt, warum ihr schon jetzt sorgfältig planen solltet, was ihr nach dem Schulabschluss macht. Ihr überprüft eure Erwartungen und euer Können und werdet euch bewusst, wer oder was eure Entscheidung für einen Beruf beeinflusst. Zudem lernt ihr zahlreiche Möglichkeiten kennen, um euch zu informieren.

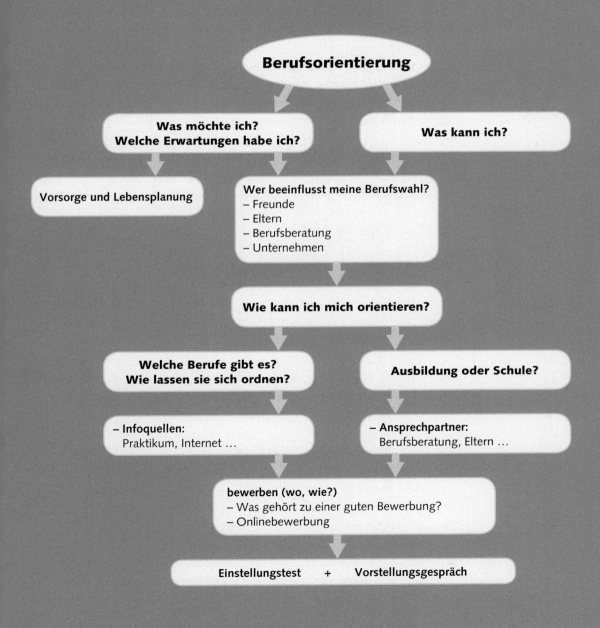

Vorsorge und Lebensplanung

B Eva freut sich, dass sie endlich eine feste Vollzeitstelle als Floristin gefunden hat. „Das wurde auch Zeit", denkt sie sich. Denn sie hatte es satt, immer nur mit der geringen Ausbildungsvergütung auskommen zu müssen. Nun braucht sie nicht mehr jeden Cent zweimal umzudrehen. Im Gegenteil: Sie hat nun genügend Geld, um sich endlich auch mal ein paar Dinge leisten zu können.
Eva hat sich vorgenommen, gleich mit dem ersten Gehalt regelmäßig einen Teil des Geldes zu sparen und auch einen Betrag fürs Alter zurückzulegen.

So wie Eva geht es vielen jungen Leuten, wenn sie ihr erstes eigenes Geld verdienen. Einerseits besteht vielleicht der Wunsch, mal wieder in Urlaub zu fahren oder für ein Auto zu sparen. Andererseits sollte neben dem Abschluss von Versicherungen auch etwas fürs Alter angelegt werden. Denn mit dem ersten Gehalt stehen die Jugendlichen auch vor der Entscheidung, wie und wie viel Geld sie für den Vermögensaufbau zurücklegen. Dabei sollten die Vermögensbildung und die Altersvorsorge nicht getrennt voneinander betrachtet werden.

Für eine zielgerichtete Vermögensbildung und Altersvorsorge ist ein „Notgroschen" für unvorhergesehene Ereignisse ebenso wichtig wie ein Anlagekonto, auf dem regelmäßig für größere Anschaffungen Geld eingezahlt wird.

Heute an morgen denken!
Wenn du Geld sparen möchtest, solltest du überlegen, ob du dir kurz-, mittel- oder langfristig Wünsche erfüllen möchtest. Oder ob du bereits heute fürs Alter vorsorgen möchtest. Je langfristiger und größer deine Ziele und Wünsche sind, umso wichtiger ist es, früh genug zu planen. Dabei ist ein Sparen in Etappen sinnvoll, um Schritt für Schritt die richtige Entscheidung zu treffen.

Sparbeiträge müssen mit dem regelmäßigen Einkommen wie z. B. dem monatlichen Ausbildungslohn abgestimmt werden. Als Faustregel wird empfohlen, monatlich 10 Prozent des Einkommens zu sparen.

Für die Vermögensbildung und die Altersvorsorge ist es wichtig, in unterschiedlichen Zeitphasen zu denken. Es gibt sozusagen einen Topf für kurzfristig, einen für mittelfristig und einen für langfristig angelegtes Geld.

1. Beschreibe, wofür du dein Geld verwendest.

2. Nenne ein Sparziel, das du verfolgst und überlege, wie schnell du es erreichen kannst und wie viel du dazu monatlich zurücklegen musst.

Alterssicherung

Es gibt unterschiedliche Formen der Altersvorsorge. Die meisten Rentnerinnen und Rentner beziehen ihre Renten aus der staatlichen Rentenversicherung. Dabei handelt es sich um ein sogenanntes Umlageverfahren: Die heutigen Arbeitnehmer und Arbeitgeber zahlen festgelegte Beiträge (2013 waren das 18,9 % des jeweiligen Bruttolohns) in die Rentenkasse ein, woraus die Renten finanziert werden. Man spricht deshalb auch von einem Generationenvertrag: Die junge Generation ermöglicht der älteren jeweils einen angemessenen Lebensabend. Es gibt allerdings ein Problem: Der sogenannte demografische Wandel in unserer Gesellschaft sorgt dafür, dass immer mehr ältere auf immer weniger junge Menschen treffen. Zudem werden die Menschen im Durchschnitt immer älter, müssen also immer länger unterstützt werden.

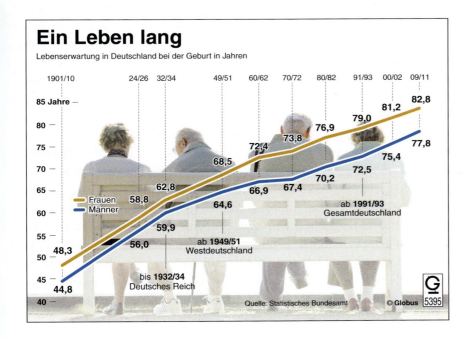

Weil man aber die Beiträge zur Rentenversicherung nicht erhöhen will, reichen die Einzahlungen nicht mehr aus. Vor allem für die heutigen Einzahler wird es in Zukunft schwierig werden, denn die Zahl junger Menschen nimmt im Verhältnis weiter ab. Deshalb sorgen heute viele junge Menschen schon vor und schließen eine zusätzliche private Altersvorsorge ab.

1. Stelle in eigenen Worten den Zusammenhang zwischen demografischer Entwicklung und staatlicher Altersvorsorge dar.

2. Erläutere die Auswirkungen der Entwicklungen für gegenwärtige und zukünftige Generationen von Arbeitnehmern. Bewerte die zukünftige Bedeutung einer frühzeitigen privaten Zusatzvorsorge.

Private Altersvorsorge

Die beschriebenen Veränderungen haben für jeden Einzelnen Konsequenzen. Insbesondere junge Menschen müssen sich heute – viel stärker als in der Vergangenheit – frühzeitig Gedanken darüber machen, wie sie ihre Existenz im Alter rechtzeitig sichern.

B Jessica ist 21 Jahre alt und nun, nach Ausbildung und langer Suche, hat sie endlich ihre erste feste Anstellung in einem Architekturbüro gefunden. Geld hat sie bislang nie viel gehabt, weder als Schülerin noch als Auszubildende. Sparen hat bei ihr deshalb nie eine große Rolle gespielt.
Aber was ist eigentlich mit der Altersvorsorge? Na klar, von ihrem Bruttogehalt zahlt sie jetzt auch Rentenbeiträge. Aber ob das später reichen wird? Man hört ja überall, dass man selber vorsorgen muss, will man später nicht arm dran sein. Tja, was tun? Girokonto und Sparbuch sind vorhanden, aber was gibt es noch? Und lohnt es sich wirklich, schon jetzt fürs Alter zu sparen?

Viele junge Menschen stellen sich heute ähnliche Fragen. Fest steht: Will man seinen Lebensstandard zumindest annähernd auch im Alter halten, muss man privat vorsorgen. Eine Möglichkeit ist die Riester-Rente.
Die Riester-Rente kann sehr unterschiedliche Formen haben und es gibt eine kaum zu überschauende Anzahl von Angeboten. Riester-Verträge werden staatlich gefördert. Maximal gibt der Staat für Alleinstehende 154 Euro, für Ehepaare 308 Euro im Jahr dazu. Außerdem erhält man für jedes ab 2008 geborene Kind bis zu 300 Euro zusätzlich. Um diese vollen Zulagen zu bekommen, muss man mindestens 4 % des rentenversicherungspflichtigen Einkommens in den Riester-Vertrag einzahlen.
Aufgrund der hohen Zulagen ist die Riester-Rente besonders für kinderreiche Familien sowie Bezieher kleiner und mittlerer Einkommen lohnenswert. Allerdings ist diese Form der Altersvorsorge in den letzten Jahren zunehmend in die Kritik geraten. Vor allem die häufig extrem komplizierten Verträge werden bemängelt. Außerdem gibt es Kritiker, die behaupten, dass vor allem die Versicherungskonzerne profitieren.

Angesichts der vielen Möglichkeiten und Angebote privater Vorsorge stellen sich einige Fragen, die einer Klärung bedürfen:
– Reicht die gesetzliche Rente im Alter wirklich nicht?
– Welche Möglichkeiten gibt es, um für das Alter vorzusorgen?
– Wann ist der richtige Zeitpunkt, um mit der Geldanlage zu beginnen?
– Wo bekomme ich die richtigen Informationen?

Tatsache ist, dass man bei der Beantwortung dieser Fragen auf neutralen Expertenrat angewiesen ist. Ohne diesen geht es nicht.

Geldanlage: Beispiel Aktien

Es gibt viele verschiedene Formen der Geldanlage. Eine Möglichkeit ist der Kauf von Aktien. Sicherlich hast auch du schon häufig die Begriffe Aktie, Dividende und Börse gehört. Doch was bedeuten diese Begriffe eigentlich?

Eine **Aktie** ist eine Urkunde, die bestätigt, dass du Anteile an dem auf der Urkunde genannten Unternehmen in der bezeichneten Höhe besitzt (Anteilsschein). Ein Unternehmen, das Geld benötigt, kann diese Anteilsscheine ausgeben und zur Aktiengesellschaft werden. Ein Aktionär ist, wie ein Unternehmer, an dem Unternehmen in guten wie in schlechten Zeiten beteiligt.

Der Aktionär verspricht sich von seinem Geldeinsatz bzw. vom Kauf der Aktie einen Gewinn. Aber er muss immer damit rechnen, dass er im schlimmsten Fall sein gesamtes eingesetztes Kapital wieder verlieren kann. Da dieses Risiko überschaubar ist, gehen es viele Aktionäre ein.
Mit der Aktie sind hohe Ertragschancen verbunden, denn die Rendite (der Ertrag) hängt vom Kursverlauf der Aktie ab. Ein Aktionär ist zusätzlich durch sogenannte Dividenden am Gewinn des Unternehmens beteiligt. Die **Dividende** ist ein Teil des Gewinns, den die Aktiengesellschaft an die Aktionäre ausschüttet.

Die **Börse** ist ein öffentlicher Markt, auf dem Angebot und Nachfrage nach Wertpapieren zusammentreffen. Die börsennotierten Aktien bzw. Wertpapiere haben täglich wechselnde Preise, Kurse genannt, die sich aus Angebot und Nachfrage bilden. Wollen viele Menschen Aktien von einem Unternehmen kaufen, dann steigt der Aktienkurs. Wollen viele Aktionäre ihre Aktien wieder verkaufen, sinkt der Kurs.
Will ein Anleger seine Wertpapiere tauschen oder sein eingesetztes Geld (Kapital) zurückhaben, verkauft er seine Aktien über die Börse an jemand anderen. Je nachdem, ob der Kurs der Aktie zum Zeitpunkt des Verkaufs über oder unterhalb des gezahlten Kaufpreises für die Aktie liegt, macht der Aktionär Gewinn oder Verlust. Die Kursentwicklung von Aktien hängt von vielen Faktoren ab und kann kaum vorhergesagt werden. Nicht nur die Entwicklung eines Unternehmens sondern z. B. auch Terroranschläge und andere Katastrophen können Einfluss auf den Aktienkurs haben.
Für den Kauf und Verkauf von Aktien fallen, je nach Kreditinstitut, unterschiedliche Gebühren an. Die Aktien werden auf einem Depotkonto bei einer Bank verbucht, für das ebenfalls in der Regel Gebühren zu zahlen sind.

> **INFO**
>
> Einige weitere Möglichkeiten der Geldanlage:
> – Tagesgeldkonto
> – Sparbrief
> – festverzinsliche Wertpapiere
> – Bausparvertrag

1. Stelle Kriterien für eine gute Geldanlage zusammen und überlege, inwiefern Aktien deinen Vorstellungen gerecht werden.

2. Recherchiere eine andere Form der Geldanlage und vergleiche sie mit dem Aktienkauf.

BERUFSORIENTIERUNG UND LEBENSPLANUNG

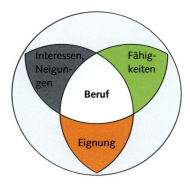

Was soll ich werden?

Friseurin ist ein schöner Beruf.

Mach auf jeden Fall Abitur.

Ich weiß schon lange, was ich werden möchte.

Geh in die Fabrik und verdiene Geld.

Lern Verkäuferin.

Wenn du studierst, hast du viel bessere Jobaussichten.

Wichtig ist nur, dass die Bezahlung stimmt.

Schreiner gefällt mir gut.

> **INFO**
>
> Der **Berufswahlpass** unterstützt dich bei deiner beruflichen Orientierung. Neben der Entdeckung deiner eigenen Stärken hilft er dir außerdem, weitere Lernschritte zu planen und unterstützt dich bspw. bei der Durchführung eines Betriebspraktikums, bei der Bewerbung um einen Ausbildungsplatz oder bei der Planung eines weiteren schulischen Abschnittes. Inhalte sind z.B.:
> – Schulleistungen, Zeugnisse,
> – Interessen und Neigungen,
> – persönliche Stärken und Schwächen,
> – Erfahrungen durch Betriebserkundungen und Betriebspraktika,
> – Informationsmaterialien über Berufe,
> – Informationsmaterialien der Berufsberatung bzw. von Betrieben,
> – Bewerbungsunterlagen,
> – betriebliche Eignungstests,
> – Etappenziele der beruflichen Lebensplanung.
> www.berufswahlpass.de

Deine Interessen und Fähigkeiten

„Warum schon jetzt an die Berufswahl denken? Bis zur Schulentlassung ist es noch lange hin", wirst du sagen.

Wer sich einen neuen Computer anschaffen will, besorgt sich vor dem Kauf Prospekte, erkundigt sich bei Freunden und Experten, prüft, vergleicht, rechnet und entscheidet sich schließlich. Darfst du da bei der Wahl des Berufes weniger sorgfältig sein? Die Berufswahl ist doch kein Glücksspiel, das du dem Zufall überlassen kannst. Einen Großteil deiner Lebenszeit wirst du nämlich an deinem beruflichen Arbeitsplatz verbringen. Deshalb ist eine sorgfältige und langfristige Planung notwendig. Damit du auf diese Überlegungen bis zum Ende deiner Schulzeit immer wieder zurückgreifen kannst, führst du am besten einen **Berufswahlpass**. Du wirst ihn im Laufe der kommenden Jahre nach und nach mit deinen Unterlagen und Notizen füllen. Was du darin aufheben kannst, steht in dem nebenstehenden Kasten.

1. Bei den Überlegungen zu deiner Berufswahl kann dir das oben stehende Schaubild helfen. Diese Aufgabe begleitet dich über mehrere Jahre. Deine Interessen können sich ändern, du entwickelst dich und du gewinnst neue Erfahrungen durch das Testen deiner Fähigkeiten in Schulprojekten und Betriebspraktika.
Schreibe auf,
– welche Interessen und Neigungen du zurzeit hast,
– welche Fähigkeiten dich kennzeichnen,
– welchen Wunschberuf du hast.

Mein persönlicher Berufswahlpass

Folgende Hilfestellungen erleichtern dir das Führen deines persönlichen Berufswahlpasses:

Welche Interessen habe ich?
Was dich interessiert, weißt du selbst am besten. Um deinen Interessen auf die Spur zu kommen, die auch Bedeutung für deine Berufswahl haben, solltest du dir zunächst diese Fragen beantworten:
– Welche Schulfächer machen mir Spaß? – Welche Hobbys habe ich? – Womit beschäftige ich mich in meiner Freizeit gerne? – Was macht mir mehr Mühe, was weniger?

Welche Fähigkeiten habe ich?
Seine eigenen Fähigkeiten richtig einzuschätzen ist schwieriger, als über seine Interessen Auskunft zu geben. Interesse an einem Beruf zu haben ist zwar wichtig, denn man sollte sich für einen Beruf entscheiden, der auch Freude macht. Aber man muss auch die entsprechenden Fähigkeiten für diesen Beruf mitbringen.

Welche Erwartungen habe ich?
Interessen, Neigungen und Fähigkeiten sind nicht alleine ausschlaggebend. Auch das Ansehen von Berufen in der Öffentlichkeit und der Verdienst sowie berufliche Zukunftsperspektiven beeinflussen die Berufswahl. Man kann sich zwar für einen Beruf entscheiden, weil er zunächst interessant erscheint, aber evtl. nur gering entlohnt wird. Dann muss man sich aber auch mit der Frage auseinandersetzen, ob man dies für sein ganzes Leben gerne so haben möchte. Hier gilt es, auch darüber nachzudenken, was für Konsequenzen dies für die Zukunft hat.

Die folgende Geschichte zeigt, was schiefgehen kann:

B Rolf, Musikfan, bewarb sich bei „Hammer Music" als Einzelhandelskaufmann. Und so hatte er sich das vorgestellt: das Hobby zum Beruf machen, immer die neuesten Hits hören, verbilligt CDs zum Mitarbeiterpreis bekommen. Er bekam den Ausbildungsvertrag, doch noch in der Probezeit kündigte er. Seiner Clique erklärte er: „Mein Chef fand ja ganz gut, dass ich Bescheid wusste, aber er nörgelte immer: ‚Junge, du musst den Mund aufmachen, die Leute wollen von dir was hören. Mit ‚is Klasse', ‚nö, würd ich nich kaufen' kannst du nie ein guter Verkäufer werden. Du musst anständig reden können, die Kunden überzeugen, mit den verschiedenen Kunden unterschiedlich sprechen.' Da kam ich mir wie im Deutschunterricht vor, wenn die Renner immer sagte: ‚Sprich in ganzen Sätzen, verwende auch mal andere Worte.' Außerdem habe ich das dauernde Stehen nicht ausgehalten. Auch unser Hausarzt meinte, dieser Beruf sei nichts für meine Wirbelsäule."

Ronny hätte sich diese Erfahrung ersparen können, wenn er auch seine Fähigkeiten getestet hätte. Dabei helfen dir Selbsteinschätzung, Fremdeinschätzung und die Arbeitsplatzerkundung bzw. das Praktikum.

Selbsteinschätzung: Wie sehe ich mich selbst?
Für die Selbsteinschätzung kannst du die folgende Tabelle zu Hilfe nehmen:

Fähigkeiten	kann ich/ist bei mir		
	gut	geht so	nicht gut
Körperliche Leistungsfähigkeit	?	?	?
Gesundheit	?	?	?
Räumliches Vorstellungsvermögen	?	?	?
Rechnen	?	?	?
Sprachbeherrschung	?	?	?
Logisches Denken	?	?	?
Kontaktfähigkeit	?	?	?
Gewissenhaftigkeit	?	?	?
Ausdauer	?	?	?
Ideenreichtum	?	?	?
Hand- und Fingergeschick	?	?	?
Pünktlich und Korrekt	?	?	?
Hilfsbereit	?	?	?
Entscheidungsfreudig	?	?	?
Offen für Neues	?	?	?

Fremdeinschätzung: Wie sehen mich andere?
Viele Menschen neigen dazu, sich eher positiv zu sehen, andere sind da pessimistischer und sehen bei sich nur Schwächen. Du kannst deine Eltern, Verwandte, Freunde, Mitschüler, aber auch deine Lehrer bitten, dich zu beurteilen. Auch Fremdbeurteilungen sind nie „objektiv". Denk auch daran, ob du von einer bestimmten Person die erforderliche Ehrlichkeit bei den Einschätzungen erwarten kannst oder ob dich diese Person vielleicht nur nicht verletzen möchte usw. Erst wenn die Beobachtungen anderer mit deinen Einschätzungen übereinstimmen, kannst du davon ausgehen, dass du einigermaßen richtig liegst. Beachten musst du allerdings, dass nicht alle Beteiligten deine Interessen und Fähigkeiten gleich gut einschätzen können. Auf der folgenden Seite findest du einen Fragebogen, den du von einem Freund oder einer Freundin ausfüllen lassen kannst.

_____ sieht mich so:

Er/Sie kann besonders gut: Er/Sie kann nicht so gut:

1. _____?_____   1. _____?_____

2. _____?_____   2. _____?_____

3. _____?_____   3. _____?_____

Er/Sie interessiert sich für _____?_____

_____?_____?_____

Mit Menschen kann er/sie sehr gut/gut/nicht so gut umgehen.

Ich meine, folgende Berufe passen zu ihr/ihm:

Die Arbeitsplatzerkundung und das Praktikum
Du schätzt deine Fähigkeiten ein oder probierst sie sogar aus.

Meine Schulleistungen und meine Schullaufbahn
Lege in deinem Berufswahlpass ein eigenes Kapitel an, in dem du deine Schulleistungen dokumentierst. Dazu gehören nicht nur deine Zeugnisse, sondern auch Urkunden, Belege und sonstige Auszeichnungen, z. B. über sportliche Leistungen, Teilnahme an Arbeitsgemeinschaften, am Erste-Hilfe-Kurs, an Schulprojekten, Computerkursen, Wettbewerben.

Für alle Schulfächer solltest du deine Leistungsbeurteilungen bei Probearbeiten und Abfragen festhalten, damit du deine Stärken und Schwächen leichter erkennst, über Leistungsschwankungen nachdenkst und in Fächern, die für deinen Wunschberuf wichtig sind, dich besonders anstrengst. Diese Aufzeichnungen sind für die Planung deiner weiteren Schullaufbahn von grundlegender Bedeutung.

1. Führe einen Selbsttest durch. Übertrage die Tabelle in deinen Berufswahlpass und fülle sie aus.

2. Diskutiert eure Ergebnisse aus dem Selbsttest. Beurteilt euch gegenseitig, indem ihr den oben abgebildeten Fragebogen zu Hilfe nehmt.

3. Vergleiche und beurteile die Statistiken über die Stärken und Ziele von Mädchen.

METHODE

Erstellung eines Kompetenzprofils

Deine Interessen, Erwartungen und Fähigkeiten beeinflussen deine Berufswahl in entscheidendem Maße. Deshalb solltest du ganz ehrlich zu dir selber sein und dich aber auch von anderen genauso ehrlich einschätzen lassen. Die Ergebnisse einer solchen Einschätzung kannst du dann verschieden darstellen, um dir einen Überblick zu verschaffen. Zur Einschätzung dieser Bereiche kannst du einen Selbsterkundungsbogen ausfüllen bzw. von Freunden, Eltern, Bekannten usw. ausfüllen lassen.

Du kannst aber auch einen Kompetenzstern als Persönlichkeitsprofil anlegen, der wie folgt aussehen könnte:

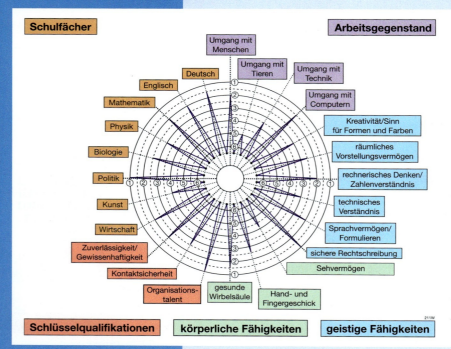

Markiere jeweils auf den Strahlen, die von innen nach außen führen, gemäß der Schulnoten von 1 bis 6, wie gut du dich zu den einzelnen Punkten einschätzt (auch Zwischennoten sind möglich). Verbinde dann diese Punkte mit den Punkten am Innenkreis, sodass – wie im Beispiel – ein wirklicher „Stern" entsteht.

Quelle:
nach: Praxis 9 Arbeit – Wirtschaft – Technik Hauptschule Bayern 9/M9, Braunschweig 2006, Seite 29

Eine weitere Möglichkeit wäre, deine Fähigkeiten mithilfe einer Kompetenzkurve darzustellen, die wie folgt aussieht:

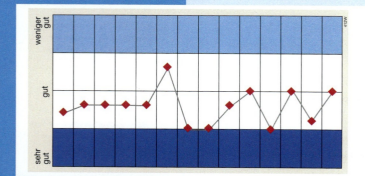

1 Fähigkeit, zu planen und zu organisieren
2 Umstellungsfähigkeit (wechselnde Aufgaben)
3 Schriftliches Ausdrucksvermögen
4 Sprachliches Ausdrucksvermögen
5 Rechnerische Fähigkeiten
6 Verhandlungsgeschick
7 Verschwiegenheit, Taktgefühl
8 Denken in Zusammenhängen
9 Befähigung zum Umgang mit Menschen
10 Einfühlungsvermögen in andere Menschen
11 Bereitschaft und Fähigkeit zu Teamarbeit
12 Akzeptieren von/Bereitschaft zu Alleinarbeit
13 Ertragen von Stress (Arbeitsspitzen)
14 Gepflegtes Äußeres

Schlüsselkompetenzen

In Deutschland gibt es eine Vielzahl unterschiedlicher Berufe. Egal, ob eine Arbeit ein Studium voraussetzt oder in einer Ausbildung erlernt wird: Es gibt grundlegende Kenntnisse und Fähigkeiten, die alle im Berufsleben benötigen. Man spricht auch von **Schlüsselkompetenzen**. Sie nützen dir sowohl im Alltag im Umgang mit deinen Mitmenschen als auch im Berufsleben und lassen sich in verschiedene Bereiche unterteilen.

Fachliche Kompetenzen: Dazu zählen Fähigkeiten, die sich in einem bestimmten Fachwissen und in fachlichen Tätigkeiten ausdrücken.

Persönliche Kompetenzen: Hierzu zählen Fähigkeiten, die die Persönlichkeit eines Menschen betreffen und in denen sich die persönliche Haltung zur Welt und zur Arbeit ausdrückt.

Soziale Kompetenzen: Dazu gehören Fähigkeiten, die sich im Umgang mit anderen Menschen ausdrücken und dazu beitragen, im sozialen Umfeld angemessene Reaktionen zu zeigen.

Was erwartet die Wirtschaft von Schulabgängern und Schulabgängerinnen?		
fachliche Kompetenzen	persönliche Kompetenzen	soziale Kompetenzen
grundlegende Beherrschung der deutschen Sprache	Zuverlässigkeit	Kooperationsbereitschaft – Teamfähigkeit
Beherrschung einfacher Rechentechniken	Lern- und Leistungsbereitschaft	Höflichkeit – Freundlichkeit
grundlegende naturwissenschaftliche Kenntnisse	Ausdauer – Belastbarkeit – Durchhaltevermögen	Konfliktfähigkeit
Grundkenntnisse wirtschaftlicher Zusammenhänge	Sorgfalt – Gewissenhaftigkeit	Toleranz
Grundkenntnisse in Englisch	Konzentrationsfähigkeit	
Grundkenntnisse im IT-Bereich	Verantwortungsbereitschaft – Selbstständigkeit	
Kenntnisse und Verständnis über die Grundlagen unserer Kultur	Fähigkeit zu Kritik und Selbstkritik	
	Kreativität und Flexibilität	

1. Ermittle anhand der oben stehenden Tabelle jene Schlüsselkompetenzen, die für dich am ehesten zutreffen.

2. Stelle zusammen, welche fachlichen, persönlichen und sozialen Kompetenzen für deinen Wunschberuf besonders wichtig sind.

Quelle zusammengestellt nach: Vereinigung der Industrie- und Handelskammern in NRW, Was erwartet die Wirtschaft von den Schulabgängern

BERUFSORIENTIERUNG UND LEBENSPLANUNG

Du siehst, neben deinen Schulnoten zählen bei der Bewerbung um einen Ausbildungsplatz und später im Berufsleben auch sogenannte weiche Faktoren oder Soft Skills. In der folgenden Grafik kannst du nachlesen, was sich hinter einigen Beispielen verbirgt.

wichtige Schlüsselkompetenzen

Kommunikationsfähigkeit
… bedeutet, dass du zuhören und sachgerecht antworten kannst und dass du es schaffst, innerhalb eines Gesprächs deine Meinung überzeugend und sachlich zu vertreten.

Kritikfähigkeit
… bedeutet, dass du damit zurechtkommst, wenn dich andere auf deine Fehler aufmerksam machen und du auch darüber nachdenkst.

Konfliktfähigkeit
… bedeutet, dass du bereit bist, rechtzeitig Bescheid zu sagen, wenn du ein Problem hast oder etwas nicht in Ordnung ist.

Zuverlässigkeit
… bedeutet, dass du pünktlich zu Terminen erscheinst bzw. rechtzeitig absagst, wenn du einen Termin nicht einhalten kannst. Und dass du es schaffst, deine Aufgaben so zu erfüllen, dass sich andere auf dich verlassen können.

Umgangsformen
Dazu gehört z. B., dass du bei einer Begrüßung nicht nur einfach „Hallo" sagst, sondern die Hand reichst und Blickkontakt herstellst.

Bearbeitungsgeschwindigkeit
… bedeutet, dass du einfache und unkomplizierte Arbeiten rasch erledigen kannst.

Leistungsbereitschaft
… bedeutet, dass du ein möglichst gutes Ergebnis mit deiner Arbeit erzielen willst und kannst und dich auch anstrengst, wenn es um ungeliebte Aufgaben geht.

> **INFO**
> Ausführlich zu Schlüsselqualifikationen:
> www.planet-beruf.de

1. Notiere, womit du dich in einer Freizeit beschäftigst. Passt du häufig auf deine jüngeren Geschwister auf? Dann zeigst du Verantwortungsbereitschaft. Oder spielst du im Fußballverein? Dann bist du sicher teamfähig. Finde Beispiele aus deinem Alltag für deine Soft Skills.

Was die Berufswahl beeinflussen kann

Unser Grundgesetz garantiert in Artikel 12 die freie Wahl der Ausbildungsstätte. Aber: Niemand kann gezwungen werden, euch auszubilden. Ob ihr einen Arbeitsplatz bekommt oder nicht, hängt auch von folgenden Faktoren ab, auf die ihr nicht immer Einfluss habt:

B 1. **Antwort des Lehrers auf eine Schülerfrage:** „Ob du Bauingenieur werden kannst? Aber natürlich. Das hängt von deinen künftigen Zensuren, Schulabschlüssen und Prüfungsergebnissen ab. Ich kann dir die verschiedenen Möglichkeiten erklären."

2. **Lehrer im Unterricht „Berufswahlvorbereitung":** „Die Chancen für Schulabgänger und Schulabgängerinnen waren früher besser. Damals haben sich die Firmen geradezu um die Auszubildenden gerissen. Natürlich haben sie nur erzählt, wie toll der Beruf und wie toll ihr Betrieb sei. Heute haben sie das nicht mehr nötig. Die Ausbildungsplätze sind knapp, die Konkurrenz groß. Da müsst ihr schon selbst was tun, um euch zu empfehlen."

3. **Kfz-Meister Hallmann zu Kollegen:** „Der Mehmet macht sich wirklich gut: pünktlich, fleißig, geschickt, will alles genau wissen. Seinem Lehrer zuliebe hatte ich ihm eine Praktikumsstelle gegeben und merkte sofort, was er draufhat. Ob ich ihm auch ohne das Praktikum einen Ausbildungsplatz gegeben hätte? Ich weiß nicht …"

4. **Herr Kröger, Bäckermeister mit gut gehendem Café, zu Herrn Marks, Maschinenfabrikant, beim Skatabend:** „Deine Britta und mein Sven kommen ja nächstes Jahr aus der Schule. Nimmst du meinen, nehme ich deine, abgemacht? Ich mache aus Britta eine fähige Bäckerin, und Sven lernt bei dir Zerspanungsmechaniker."

5. **Herr Löffler, Leiter der Jugendfahrradgruppe im Sportverein, zu seiner Frau:** „Claudia, erinnerst du dich noch an die kleine Katharina? Die, die schon seit sechs Jahren bei uns mitfährt. Sie hat so viel Spaß, dass sie nun auch noch Zweiradmechanikerin werden will. Für uns ist das toll, dann haben wir endlich professionelle Hilfe bei den Reparaturen. Klasse, wenn ein Hobby zum Beruf werden kann."

1. Notiert zu jedem der fünf Beispiele, wodurch eine Berufswahl beeinflusst werden kann.

2. Ihr sucht einen Ausbildungsplatz: Erläutert, worauf ihr achten und wie ihr handeln solltet, wenn
   - viele Ausbildungsstellen frei sind, aber nur wenige Jugendliche eine Stelle suchen.
   - nur wenige Ausbildungsstellen zur Verfügung stehen, auf die sich aber viele Jugendliche bewerben.

   Lest dazu noch einmal Beispiel 2.

INFO

Artikel 12 Abs. 1 Grundgesetz
Alle Deutschen haben das Recht, Beruf, Arbeitsplatz und Ausbildungsstätte frei zu wählen. Die Berufsausübung kann durch Gesetz oder aufgrund eines Gesetzes geregelt werden.

Männerberufe – Frauenberufe?

Deine Berufswahlentscheidung wird von vielen Faktoren beeinflusst. Neben Angebot und Nachfrage bei den Ausbildungsplätzen wird deine Berufswahl auch gelenkt von deinen Zensuren, Fähigkeiten, Erfahrungen im Betriebspraktikum und bei Erkundungen, von Personen, die für dich ein Vorbild sind, von Modetrends bei den Berufen, von den Erwartungen deiner Eltern und anderen Einflüssen. Sicherlich hörst du dich auch um, was deine Freunde und Freundinnen oder Mitschüler und Mitschülerinnen machen wollen.
Und: Ob du ein Mädchen oder ein Junge bist, scheint bei der Berufswahl nach wie vor eine Rolle zu spielen.

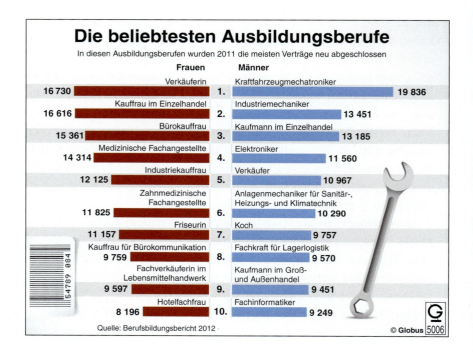

Noch immer lässt sich in der Arbeitswelt eine deutliche Aufteilung in „typisch männliche" und „typisch weibliche" Berufe erkennen. Das heißt vor allem: Junge Frauen und Männer wählen nicht aus dem gesamten, ihnen zur Verfügung stehenden Berufsangebot.
Viele Betriebe zeigen mittlerweile großes Interesse daran, Mädchen in ansonsten für Jungen üblichen Berufen auszubilden. „Mädchen können mehr, als sie sich zutrauen", sagt ein Ausbilder eines Industriebetriebes.
Seit einigen Jahren wird regelmäßig im Frühjahr in ganz Deutschland der „Girls' Day" durchgeführt. Es gibt Job-Messen, Tage der offenen Tür und Schnupperangebote. Mädchen werden besonders über typische Männerberufe informiert. Dabei werden neue Karrierechancen insbesondere für Mädchen aufgezeigt. Seit dem ersten „Girls' Day", der im Jahr 2001 stattfand, haben bis zum Jahr 2012 insgesamt mehr als eine Million Mädchen an entsprechenden Veranstaltungen teilgenommen.

Mädchen am Girls' Day in einem Institut für Mikroelektronik

> Trotz der besseren Schulabschlüsse entscheiden sich Mädchen im Rahmen ihrer Ausbildungs- und Studienwahl noch immer überproportional häufig für „typisch weibliche" Berufsfelder oder Studienfächer. Mehr als die Hälfte der Mädchen wählt aus nur zehn verschiedenen Ausbildungsberufen im dualen System – kein naturwissenschaftlich-technischer ist darunter. Mädchen und junge Frauen in Deutschland schöpfen ihre Berufsmöglichkeiten nicht voll aus.
>
> Dennoch zeigt der Girls' Day Wirkung:
> – Der Anteil weiblicher Auszubildender in technischen Berufen in Industrie und Handwerk nimmt ständig zu. Positive Trends verzeichnen vor allem die Elektro- und Metallberufe.
> – Dementsprechend gibt es auch eine deutliche Steigerung bei den weiblichen Fachkräften in technischen Berufen. Das Beschäftigungswachstum von Frauen fällt in fast allen naturwissenschaftlich-technischen Berufsgruppen inzwischen stärker aus als das von Männern.
> – Die Anzahl der Studierenden in den Fächern Ingenieurwissenschaften, Maschinenbau/Verfahrenstechnik, Bauingenieurwesen und Elektrotechnik ist in den letzten Jahren permanent gestiegen.

Seit 2011 gibt es auch einen Boys' Day, der Jungen typische Frauenberufe nahebringen soll. So können Schüler Berufe kennenlernen, in denen Männer bisher selten vertreten sind, z. B. in der Erziehung, Pflege und Gesundheit.

INFO

dual
parallel, eine Zweiheit bildend

duales System
Bei der „dualen" oder auch „betrieblichen" Ausbildung findet der praktische Teil der Ausbildung in einem Betrieb statt und der theoretische Teil in der Berufsschule.

1. Stelle Gründe zusammen, warum Maßnahmen wie der „Girls' Day" oder der „Boys' Day" notwendig sind.

2. Hast du in deinem Familien- oder Bekanntenkreis eine Frau, die in einem typischen Männerberuf tätig ist? Frage sie nach Hindernissen oder Problemen, die sie im Beruf erlebt hat und notiere diese.

Vereinbarkeit von Familie und Beruf

Vielleicht weißt du schon, ob du später einmal eine Familie haben möchtest – vielleicht hast du dir darüber auch noch keine Gedanken gemacht. Auf die Wahl deines späteren Berufes kann diese Überlegung großen Einfluss haben. Viele Frauen und zunehmend auch Männer erleben eine Doppelbelastung durch ihre Erwerbsarbeit und die Haushaltsführung. Einerseits fühlen sie sich ihrer Familie verpflichtet, andererseits möchten sie auch weiterhin beruflich tätig sein. Um beides vereinbaren zu können, arbeiten sie oft in Teilzeit. Heutzutage wird die Betreuung und Erziehung der Kinder nur noch selten von den Großeltern (mit-)übernommen. Oft sind sie zu alt für diese Aufgabe oder sie leben nicht am gleichen Ort. Kinderkrippen werden noch nicht überall ausreichend angeboten. Deshalb entscheiden sich viele Frauen und zunehmend auch Männer für die sogenannte Elternzeit. Für die Betriebe fallen sie während dieser Zeit aus oder arbeiten nur noch mit eingeschränkter Stundenzahl. Den Anspruch auf ihren Arbeitsplatz behalten die Eltern. Die Entscheidung, welcher Elternteil arbeitet bzw. Vollzeit arbeitet, ist oft nicht nur eine Entscheidung des Wollens, sondern hängt in vielen Fällen auch vom Gehalt ab. Noch immer liegt in Deutschland das Einkommen der Frauen bei ungefähr gleicher Arbeitszeit in vergleichbaren Positionen mindestens 20 Prozent unter dem der Männer.

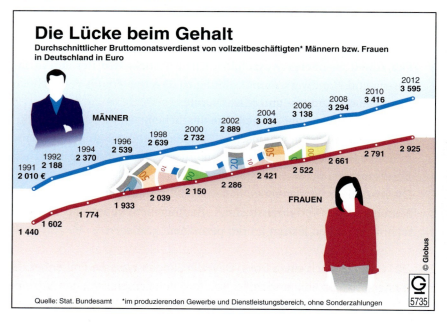

1. Lohn und Gehalt in der Erwerbsarbeit hängen auch davon ab, welche beruflichen Aufstiegschancen man wahrnehmen kann. Männer haben dabei bisher deutliche Vorteile. Nenne mögliche Erklärungen hierfür.

2. Denke an die Familien in deinem Bekanntenkreis. Skizziere, welche unterschiedlichen Arbeitsmodelle gewählt wurden.

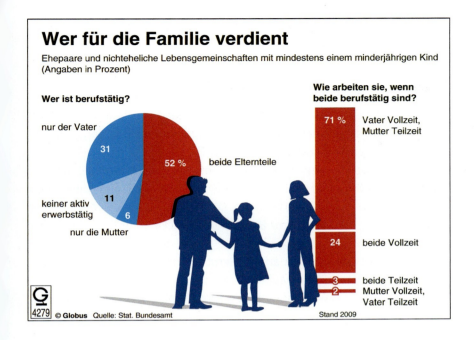

B **Karin und Michael erwarten ihr erstes Kind**

Karin hat in ihrem Beruf als Bankbetriebswirtin im Vermögensmanagement viel Erfolg und möchte auch nach der Geburt ihres Kindes möglichst weiter berufstätig sein. Gerade in diesem Beruf ist sie schnell weg vom Fenster, wenn sie für eine längere Zeit aufhört. Michael hat es im Flugzeugbau als Fluggeräteelektroniker zu einer leitenden Position gebracht. Auch er möchte weiterhin seine berufliche Karriere ausbauen. Bislang haben sie die anfallenden Aufgaben im Haushalt partnerschaftlich bewältigt. Beide möchten die Elternzeit nutzen, um sich möglichst ganz oder teilweise um das Kind zu kümmern. Sie informieren sich über ihre rechtlichen Möglichkeiten.

Elternzeit und Elterngeld

Die Eltern können eine sogenannte Elternzeit von maximal drei Jahren pro Kind nehmen. Während dieser Zeit können sie bis zu 30 Wochenstunden arbeiten, wobei gleichzeitig ein Kündigungsschutz besteht. Beide Eltern können sich sowohl der Betreuung des Kindes als auch ihrem Beruf widmen. Das Elterngeld fängt einen Einkommenswegfall nach der Geburt des Kindes auf. Es ist abhängig von der Höhe des Einkommens, das vor der Geburt monatlich verfügbar war. Ein Elternteil kann dabei höchstens zwölf Monate das Elterngeld für sich in Anspruch nehmen. Für zwei weitere Monate wird gezahlt, wenn sich der Partner an der Betreuung des Kindes beteiligt und dabei Erwerbseinkommen wegfällt.

1. Findet in Partnerarbeit Lösungsmöglichkeiten, wie Karin und Michael die Elternzeit untereinander aufteilen könnten, ohne dass ihr berufliches Fortkommen beeinträchtigt wird. Diskutiert eure Lösungen in der Klasse.

> **INFO**
>
> **Informationsmöglichkeiten**
> Broschüren:
> – Bundeszentrale für gesundheitliche Aufklärung: „Die erste Zeit zu dritt"
> – Bundesministerium für Familie, Senioren, Frauen und Jugend: „Elterngeld und Elternzeit"
>
> Internet:
> – www.vernetzungsstelle.de
> – www.familien-mit-zukunft.de
> – www.bmfsfj.de

Balance zwischen Beruf und Privatleben

Die Vereinbarkeit von Beruf und Privatleben ist für viele Menschen ein wichtiges Thema und wird in der Öffentlichkeit häufig diskutiert. In diesem Zusammenhang taucht immer öfter der englische Begriff „Work-Life-Balance" auf. Das Wort „Balance" kommt einem Sprachbild gleich. In der Aussage geht es darum, die Balance zu halten, für Ausgeglichenheit zu sorgen, damit kein Lebensbereich zu kurz kommt.

Bereits bei der Berufswegeplanung sollten entscheidende Fragen beantwortet werden, damit Beruf und Privatleben sowie die Familienplanung miteinander vereinbar sind:
- Welches sind die Motive zur Berufswahl, z. B. Einkommen, persönliche Zufriedenheit?
- Was sind die Erwartungen an das Berufsleben, z. B. Arbeitszeiten, Verpflichtungen, Flexibilität, Mobilität?
- Welche sind die Erwartungen an das Privatleben, z. B. Verantwortung, Freizeit, soziales Engagement?

> **INFO**
>
> **Flexibilität**
> Fähigkeit, sich schnell und ohne Probleme auf veränderte Bedingungen einzustellen; im Berufsleben z.B. die Bereitschaft, kurzfristig bei Bedarf mehr zu arbeiten oder neue Aufgaben zu übernehmen.
>
> **Mobilität**
> Beweglichkeit; im Berufsleben z.B. die Bereitschaft, für einen Arbeitsplatz den Wohnort zu wechseln.

Q Work-Life-Balance – ein Wirtschaftsthema

Work-Life-Balance bedeutet eine neue, intelligente Verzahnung von Arbeits- und Privatleben vor dem Hintergrund einer veränderten und sich dynamisch verändernden Arbeits- und Lebenswelt.

Betriebliche Work-Life-Balance-Maßnahmen zielen darauf ab, erfolgreiche berufliche Laufbahnentwicklungen unter Rücksichtnahme auf private, soziale, kulturelle und gesundheitliche Erfordernisse zu ermöglichen. Ein zentrales Thema ist die Balance zwischen Familie und Beruf. Work-Life-Balance-Konzepte enthalten bedarfsgerechte Arbeitszeitmodelle, eine angepasste Arbeitsorganisation, Modelle zur Flexibilisierung des Arbeitsortes wie Telearbeit, Führungsrichtlinien sowie weitere unterstützende und gesundheitsvorbeugende Leistungen für die Beschäftigten. Dazu bedarf es einer veränderten Unternehmenskultur.

Quelle nach: www.bmfsfj.de/RedaktionBMFSFJ/Broschuerenstelle/Pdf-Anlagen/Work-Life-Balance; Zugriff: 20.11.2012

Der wirtschaftliche Erfolg von Unternehmen hängt immer stärker von der Kreativität, Qualifikation und Flexibilität der Mitarbeiterinnen und Mitarbeiter ab. Zugleich erhöhen mehr Mobilität und Flexibilität erfordernde Arbeitsbedingungen den Druck auf verlässliche und dauerhafte soziale Beziehungen. Hier ist eine verbesserte Abstimmung zwischen Erwerbs- und Privatleben dringend erforderlich.

1. Notiert eure persönlichen Erwartungen an euer Berufs- und Privatleben und diskutiert im Anschluss die unterschiedlichen Vorstellungen.

2. Finde Gründe dafür, dass
 a) Frauen häufiger Elternzeit beantragen als Männer.
 b) Frauen häufiger als Männer in Teilzeit arbeiten.

Work-Life-Balance-Maßnahmen

Maßnahmen zur Verkürzung der Arbeitszeiten

Die Gestaltung der Arbeitszeit ist eines der wichtigsten Handlungsfelder, um eine Balance zwischen Erwerbstätigkeit und Privatleben zu ermöglichen. Die Dauer und Lage der betrieblichen Arbeitszeit hat einen wesentlichen Einfluss auf die persönliche Lebensführung. Betriebliche Angebote für flexible Arbeitszeiten entsprechen vielfach den Wünschen der Beschäftigten. Bei der **Teilzeitarbeit** ist die regelmäßige Wochenarbeitszeit kürzer als bei Vollzeitarbeit. Die Teilzeitarbeit kann mit unterschiedlichen Stundenumfängen und Gestaltungsmöglichkeiten umgesetzt werden: vollzeitnah mit 25 bis 34 Wochenstunden oder vollzeitfern mit bis zu 25 Wochenstunden und in Verkürzung der täglichen, wöchentlichen oder monatlichen Arbeitszeit oder als Blockteilzeit.

Sabbaticals (bis zu sechs Monate aus dem Beruf aussteigen) bieten wiederum die Chance, außerhalb der tariflich geregelten Urlaubszeiten gegebenenfalls für längere Phasen die Abwesenheit vom Arbeitsplatz einzuplanen, sodass diese Zeiten intensiv für andere Interessen und Verpflichtungen genutzt werden können, z. B. zur Pflege von Angehörigen oder für Reisen.

B Jens und Martin stammen aus einer Bäckerfamilie. Jens hat den Handwerksbetrieb der Eltern übernommen, Martin wurde Krankenpfleger. Als ihr Vater erkrankte und zunehmend auf Hilfe angewiesen war, übernahm ihre Mutter die Pflege. Das ging einige Zeit gut, bis sie selbst eine Augenoperation hatte und sich unbedingt schonen musste. Der Familienrat sprach alle Möglichkeiten durch, wie nun der pflegebedürftige Vater versorgt werden könnte. Eine Unterbringung im Pflegeheim kam nicht infrage. Die Ärzte sagten aufgrund aller Befunde, die Lebenserwartung des Vaters betrage etwa noch ein halbes Jahr. Martin erklärte sich bereit, die Pflege des Vaters zu übernehmen. Sein Arbeitgeber, ein Krankenhaus, gewährte ihm sechs Monate Urlaub ohne Gehalt. Jens übernahm die Kosten der Kranken- und Sozialversicherung von Martin. Nach vier Monaten verstarb der Vater in seiner gewohnten Umgebung. Für die Familie war es eine intensive Zeit. Martin selbst musste sich erst einmal erholen. Er unternahm noch eine Reise und kehrte dann wieder an seinen Arbeitsplatz im Krankenhaus zurück.

1. Findet in eurem Familien- oder Bekanntenkreis Beispiele für Arbeit in Teilzeit. Erkundigt euch nach dem Stundenumfang und der Dauer der Teilzeitarbeit.

2. Betrachtet den Fall und beschreibt, was die Pflegebedürftigkeit des Vaters für die Familie bedeutet.
    a) Was ist bei einer häuslichen Pflegesitutation zu berücksichtigen?
    b) Was würde die Unterbringung im Pflegeheim bedeuten?

BERUFSORIENTIERUNG UND LEBENSPLANUNG

Modelle flexibler Arbeitszeitgestaltung

Arbeitszeitkonten
Verbuchung der persönlichen Arbeitszeiten; Ausgleich der Zeitguthaben oder -schulden innerhalb bestimmter Fristen.

Gleitzeit
Anwesenheitspflicht in der Kernzeit; Arbeitsbeginn und -ende sind innerhalb der Gleitzeitspanne variabel.

Funktionszeit
Zeit, in der ein Betriebsbereich funktionsfähig sein muss; die individuellen Arbeitszeiten legt das Team eigenständig fest.

Vertrauensarbeitszeit
Aufgabenorientierte Arbeitszeitorganisation ohne formelle Zeiterfassung; eigenverantwortliche Zeiteinteilung der Beschäftigten.

Teilzeitarbeit
Arbeitszeit ist kürzer als bei vergleichbarer Vollzeitbeschäftigung – täglich, wöchentlich, saisonal oder in mehrjährigen Zeiträumen.

Arbeit auf Abruf
Grundvereinbarung über die durchschnittliche Wochenstundenzahl. Abruf der Arbeitsleistung je nach Bedarf.

Wahlarbeitszeit
Auf Stoßzeiten abgestimmter Personalbedarfsplan; daraus Wahl der Einsatzzeiten nach Absprache mit Kollegen.

Telearbeit
Arbeit zu Hause oder an Außenstandorten. Relativ freie Zeiteinteilung. Verbindung zum Betrieb durch Datenleitungen usw.

© Erich Schmidt Verlag   ZAHLENBILDER 240 051

Maßnahmen zur Flexibilisierung von Arbeitszeit und -ort

Arbeitszeit bietet nicht nur im Hinblick auf eine Verkürzung Möglichkeiten der Veränderung, sondern auch zur Flexibilisierung. Betriebliche Angebote für flexible Arbeitszeiten, die auf den persönlichen Zeitbedarf der Beschäftigten Rücksicht nehmen, entsprechen daher vielfach deren Wünschen. Dies wird z. B. durch veränderliche **Teilzeit- und Zeitkontenmodelle** oder **Gleitzeit** ermöglicht. Dies ist nicht nur für Frauen, sondern auch für Männer wichtig, die sich in der Familienphase befinden.

Im Rahmen der Bildung von **Arbeitsteams** oder **Jobsharing** wird z. B. den Beschäftigten ein hohes Maß an eigenständiger Arbeits- und Zeitplanung ermöglicht. Innerhalb der Arbeitsteams oder -gruppen kann geklärt werden, wie die Arbeitsaufgaben und Arbeitszeiten verteilt und Vertretungen im Bedarfsfall organisiert werden.

Durch die Möglichkeiten, die wir heute mit mobiler Kommunikation haben, können Arbeiten, die zuvor ausschließlich im Büro verrichtet wurden, zu Hause oder unterwegs erledigt werden, also im „Home Office". So bietet **Telearbeit** den Beschäftigten in der Regel eine freie Zeiteinteilung und damit verbesserte Möglichkeiten bei der Einteilung der Arbeitszeit sowie allgemein der Vereinbarkeit von Berufs- und Privatleben.

1. Sammelt Argumente dafür, dass flexible Arbeitszeiten für die Vereinbarkeit von Familie und Beruf von Vorteil sind.

2. Diskutiert die Möglichkeiten einer Flexibilisierung von Arbeitszeiten aus der Sicht der Beschäftigten und aus der Sicht der Unternehmen.

3. Stell dir vor, du bist 30 Jahre alt. Beschreibe einen Tagesablauf in deinem Wunschberuf und deine Work-Life-Balance.

Die Ordnung der Berufe und der Ausbildungswege

Ein Zug läuft ein. Durchsage: „Endstation. Alles aussteigen." So ähnlich könnte auch die Durchsage am Ende eurer Schulzeit lauten. Und weiter: „Hier die nächsten Anschlüsse …" und das bedeutet: Entweder ihr beginnt eine Berufsausbildung oder ihr geht weiter zur Schule oder beginnt ein Studium. Hier müsst ihr eine erste Entscheidung fällen und eventuell auch eure Entscheidung später neu überdenken.

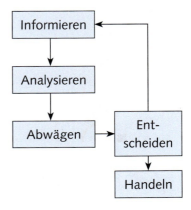

Gehen wir davon aus, dass du dich für einen bestimmten Beruf entscheidest, so stehen jetzt folgende Fragen auf eurem Fahrplan:

– Was kann meine Berufswahl beeinflussen?
– Welche Voraussetzungen bringe ich mit?
– Welche Anforderungen stellt der Beruf?
– Welche Informationsquellen gibt es?
– Wie plane ich meinen Berufsweg?

Wenn man alle Berufe unberücksichtigt lässt, die man nur durch den Besuch einer Berufsfachschule, Fachschule, Fachoberschule oder Hochschule erreichen kann, so bleiben immer noch rund 350 anerkannte Ausbildungsberufe übrig, die man nach dem Schulbesuch erlernen kann.

Im Berufsschulbereich sind die Berufe in 16 **Berufsfelder** gegliedert, da der Unterricht unterschiedlicher Berufe eines Berufsfeldes im ersten Jahr der Ausbildung häufig gemeinsam stattfindet. Diese 16 Berufsfelder sind:

- Bau, Architektur, Vermessung
- Dienstleistung
- Elektro
- Gesellschafts-, Geisteswissenschaften
- Gesundheit
- IT, Computer
- Kunst, Kultur, Gestaltung
- Landwirtschaft, Natur, Umwelt
- Medien
- Metall, Maschinenbau
- Naturwissenschaften
- Produktion, Fertigung
- Soziales, Pädagogik
- Technik, Technologiefelder
- Verkehr, Logistik
- Wirtschaft, Verwaltung

INFO

Tätigkeitsfelder
1. Material verarbeiten
2. zusammenbauen, montieren
3. gestalten
4. bedienen und überwachen von Maschinen und Anlagen
5. bebauen und züchten
6. untersuchen und messen
7. gestalten von Medienprodukten und zeichnen
8. bedienen und beraten
9. wirtschaften
10. verwalten
11. sichern, in Ordnung halten
12. versorgen und betreuen

Quelle:
http://berufenet.arbeitsagentur.de
→ Berufsfelder
Zugriff: 31.01.2014

INFO

Unter http://berufenet.arbeitsagentur.de/berufe/ findet man umfassende Informationen zu den 16 Berufsfeldern.

Eine weitere Möglichkeit, eine Ordnung in die Vielzahl der Berufsmöglichkeiten zu bringen, ist, sie **Tätigkeitsfeldern** zuzuordnen (siehe Infokasten). Diese Einteilung hilft dir dabei, dir darüber klar zu werden, in welchem Tätigkeitsfeld du später im Beruf gern arbeiten möchtest.

1. Notiere die Tätigkeitsfelder, die dich am meisten ansprechen. Finde Berufsbeispiele dazu.

BERUFSORIENTIERUNG UND LEBENSPLANUNG

Welche Entscheidung ist die richtige?

Bedeutung einer Ausbildung

Eigentlich sollte es heute keine Frage mehr sein, ob man eine Ausbildung macht oder sich einen Job sucht, für den man keine Ausbildung braucht. Denn es besteht wirklich kein Zweifel daran, dass eine Berufsausbildung in jedem Fall von Vorteil ist. Wer eine Berufsausbildung hat,
– verdient nach der Ausbildung mehr,
– hat abwechslungsreichere Arbeit,
– arbeitet selbstständiger und trägt mehr Verantwortung,
– hat einen Arbeitsplatz, der sicherer ist,
– findet bei Arbeitslosigkeit schneller einen neuen Arbeitsplatz und
– hat viel größere Chancen für einen beruflichen Aufstieg.

Außerdem werden in Zukunft kaum noch ungelernte Arbeitskräfte gebraucht werden.

Schulentlassung Entscheidung

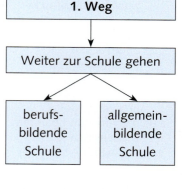

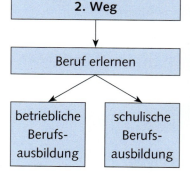

Arbeitsvermittlung – Großer Wartesaal für ungelernte Arbeiter beim Berliner Central-Arbeitsnachweis, Gormannstraße, 1913

1. Erkundige dich beim Berufsberater oder in einem Betrieb nach den Aufstiegsmöglichkeiten in deinem Wunschberuf.

2. Beurteile die Meinung, ohne Ausbildung könne man schneller Geld verdienen. Beziehe dabei die Abbildung oben links mit ein.

Weiter zur Schule?

Wenn du dich entscheidest, weiter zur Schule zu gehen, stehen dir neben dem Übergang in die Oberstufe einer Gesamtschule oder eines Gymnasiums auch noch andere Wege offen. Hier einige Beispiele:

Q **Berufsfachschulen** sind Vollzeitschulen. Sie setzen je nach dem angestrebten Ausbildungsziel in der Regel das Abschlusszeugnis der Hauptschule oder das Abschlusszeugnis der Realschule bzw. einen mittleren Schulabschluss voraus. Die Bildungsgänge an Berufsfachschulen sind je nach beruflicher Fachrichtung und Zielsetzung von unterschiedlicher Dauer (ein bis drei Jahre). Unter bestimmten Voraussetzungen kann an Berufsfachschulen auch die Fachhochschulreife erworben werden.

Die **Fachoberschule** baut auf einem mittleren Schulabschluss auf und führt in verschiedenen fachlichen Schwerpunkten und Organisationsformen zur Fachhochschulreife. Sie umfasst in der Regel die Jahrgangsstufen 11 und 12. Die Fachoberschule endet mit einer Prüfung, deren Bestehen zum Studium an einer Fachhochschule berechtigt.
Sie gliedert sich in die Fachrichtungen:
– Wirtschaft und Verwaltung,
– Technik,
– Gesundheit und Soziales,
– Gestaltung,
– Ernährung und Hauswirtschaft und
– Agrarwirtschaft.

Fachschulen führen in Vollzeit- oder Teilzeitform zu einem staatlichen Berufsabschluss. Darüber hinaus können Fachschulen Ergänzungs- und Aufbaubildungsgänge sowie Maßnahmen der Anpassungsweiterbildung anbieten. Sie setzen den Abschluss einer einschlägigen Berufsausbildung in einem anerkannten Ausbildungsberuf und eine entsprechende Berufstätigkeit voraus. Für folgende Fachbereiche gibt es Fachschulen: Agrarwirtschaft, Gestaltung, Technik, Wirtschaft, Sozialwesen.

Die **Berufsoberschule** führt in zweijährigem Vollzeitunterricht zur fachgebundenen Hochschulreife und mit einer zweiten Fremdsprache zur allgemeinen Hochschulreife. Die Berufsoberschule kann auch in Teilzeitform mit entsprechend längerer Dauer geführt werden. Voraussetzung ist der mittlere Schulabschluss und eine mindestens zweijährige erfolgreich abgeschlossene Berufsausbildung bzw. eine mindestens fünfjährige einschlägige Berufstätigkeit. Das erste Jahr der Berufsoberschule kann durch andere zur Fachhochschulreife führende Bildungswege ersetzt werden.

Quelle zusammengestellt nach:
www.kmk.org
→ Bildung / Schule
→ Berufliche Bildung
Zugriff: 12.12.2013

1. Erstelle eine Grafik der weiterführenden Schulen in deiner Region.

BERUFSORIENTIERUNG UND LEBENSPLANUNG

Betriebliche Ausbildung

Entscheidest du dich für eine Berufsausbildung, so ergeben sich wiederum zwei Möglichkeiten: Entweder wirst du in einem Betrieb ausgebildet und besuchst während der Ausbildungszeit die Berufsschule (duales System). Oder deine Berufsausbildung findet – ganz oder überwiegend – an einer Schule statt (schulische Berufsausbildung).

INFO
Recherchemöglichkeiten im Internet:
www.berufenet.arbeitsagentur.de
www.planet-berufe.de
→ Mein Beruf → Berufe von A-Z

Welchen Schulabschluss benötige ich für einen Beruf?

Welchen Schulabschluss du für einen Beruf brauchst, ist durch die Art der Ausbildung vorgegeben. Für anerkannte Ausbildungsberufe, die im dualen System ausgebildet werden, ist keine bestimmte Schulbildung und kein bestimmter Schulabschluss als Zugangsvoraussetzung vorgegeben. Die Einstellungsbedingungen werden von den Ausbildungsbetrieben selbst festgelegt. In den BERUFENET-Steckbriefen findest du Informationen dazu, welche Schulabschlüsse bei den unterschiedlichen Ausbildungen vorausgesetzt werden.

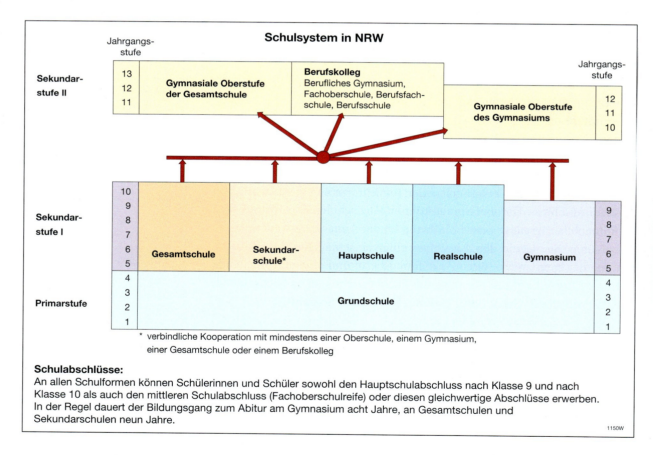

1. Erkundige dich bei der Agentur für Arbeit, welche der in der Übersicht aufgeführten Bildungsgänge in deiner Stadt bzw. in deinem Kreis angeboten werden.

Zur betrieblichen Berufsausbildung

Die betriebliche Berufsausbildung im dualen System ist der „klassische" Einstieg in einen Erstberuf. An drei bis vier Tagen arbeiten die Auszubildenden im Ausbildungsbetrieb, in dem sie vorwiegend die berufliche Praxis erlernen. Diese fachpraktische Ausbildung erfolgt entweder im Rahmen des normalen Betriebsablaufes, in einer gesonderten Lehrwerkstatt oder in betriebsinternen Schulungsräumen.

Ein bis zwei Tage pro Woche besuchen die Auszubildenden die Berufsschule, es sei denn, der Unterricht ist als Blockunterricht organisiert. Dann arbeiten die Auszubildenden für einige Monate nur im Betrieb, um dann z. B. drei Wochen lang nur zur Berufsschule zu gehen. Die Berufsschule soll die fachtheoretische Ausbildung leisten und weiterhin die Allgemeinbildung fördern. Die Angebote sind nach Wirtschaftsbereichen eingeteilt, z. B. in gewerblich-technische oder kaufmännisch-verwaltende Berufsschulen.

Der Bildungsgang der Berufsschule ist in der Regel gegliedert in:
a) **Grundstufe** (1. Berufsschuljahr): Die meisten der über 350 Ausbildungsberufe sind sogenannten Berufsfeldern zugeordnet. Da die Berufe eines Berufsfeldes viele gemeinsame Grundelemente aufweisen, erfolgt im ersten Jahr eine berufsfeldbreite Ausbildung nach einem gemeinsamen Lehrplan.
b) **Fachstufe** (2., 3. und 4. Berufsschuljahr): Da nun besondere Fachkenntnisse für die einzelnen Berufe zu vermitteln sind, werden in der Regel Fachklassen gebildet, in denen die Auszubildenden eines Berufes oder stark verwandter Berufe zusammengefasst sind, z. B. alle Zerspanungsmechaniker/-innen im 2. Ausbildungsjahr.

Oft können Firmen, insbesondere klein- und mittelständische Betriebe, ihren Auszubildenden nicht alle Kenntnisse und Fertigkeiten vermitteln, die in den Ausbildungsordnungen verlangt werden, weil entsprechende Tätigkeiten im Betrieb nicht anfallen oder bestimmte Maschinen und Geräte fehlen. In diesen Bereichen erfolgt die Ausbildung in überbetrieblichen Ausbildungsstätten, z. B. technischen Bildungszentren der Handwerkskammern.

1. Lest in „Beruf aktuell", dem Lexikon der Ausbildungsberufe der Arbeitsagentur, die Angaben zu den Berufen Gärtnerin/Gärtner, Arzthelferin/Arzthelfer, Gesundheits- und Krankenpflegerin/Gesundheits- und Krankenpfleger, Estrichlegerin/Estrichleger und beantwortet folgende Fragen:
   a) Erfolgt die Ausbildung im dualen System oder als schulische Ausbildung?
   b) Welche Eingangsvoraussetzungen (Schulabschluss usw.) werden gefordert, gibt es Ausnahmen dazu?
   c) Wie läuft die Berufsausbildung ab und wie lange dauert sie?
   d) Welcher Berufsabschluss wird erreicht?

2. Beschreibe die beruflichen Bildungswege für deinen Berufswunsch.

Anerkannte berufliche Abschlüsse
Meister/in (z. B. im Handwerk, in der Industrie, in der Landwirtschaft)
Vorbereitungslehrgänge
mehrjährige einschlägige berufliche Tätigkeit (für Industriemeister auch ohne Berufsabschluss mit mindestens achtjähriger einschlägiger Tätigkeit)
Fachwirt/in Fachkaufmann/-frau (verschiedene Fachrichtungen)
Fachschule
mindestens drei Jahre Berufspraxis oder bei fehlendem Berufsabschluss mindestens sechs Jahre einschlägige Berufstätigkeit
Staatlich geprüfte/r Techniker/in (verschiedene Fachrichtungen)
Fachschule
mindestens ein Jahr einschlägige Berufspraxis; ohne Berufsabschluss mindestens sieben Jahre förderliche Berufstätigkeit
Staatlich geprüfte/r Betriebswirt/in (verschiedene Fachrichtungen)
Fachschule
zwei bzw. drei Jahre einschlägige Berufspraxis; ohne Berufsabschluss mindestens fünf bis sieben Jahre einschlägige Berufstätigkeit

BERUFSORIENTIERUNG UND LEBENSPLANUNG

Stufenausbildung in der Bauwirtschaft

Ausbildungsdauer in Jahren: 0 — 1 — 2 — 3

gleichlautende Ausbildungsinhalte für alle Bauberufe	gleichlautende Ausbildungsinhalte im	berufsbezogene Vertiefung	Schwerpunkte		
Bereich Hochbau		Maurerarbeiten Beton- und Stahlbetonarbeiten Feuerungs- und Schornsteinbauarbeiten	Schwerpunkte	Hochbaufacharbeiter/in	– Maurer – Beton- und Stahlbetonbauer/-in – Bauwerksmechaniker/-in für Abbruch und Betontrenntechnik – Feuerungs- und Schornsteinbauer/-in
Bereich Ausbau		Zimmerarbeiten Stuckateurarbeiten Fliesen-, Platten- und Mosaikarbeiten Estricharbeiten Wärme-, Kälte- und Schallschutzarbeiten Trockenbauarbeiten	Schwerpunkte	Ausbaufacharbeiter/in	– Zimmerer/Zimmerin – Stuckateur/-in – Fliesen-, Platten- und Mosaikleger/-in – Estrichleger/-in – Wärme-, Kälte- und Schallschutzisolierer/-in – Trockenbaumonteur/-in*
Bereich Tiefbau		Straßenbauarbeiten Rohrleitungsbauarbeiten Kanalbauarbeiten Brunnenbauarbeiten Spezialtiefbauarbeiten Gleisbauarbeiten	Schwerpunkte	Tiefbaufacharbeiter/in	– Straßenbauer/-in – Rohrleitungsbauer/-in* – Kanalbauer/-in* – Brunnenbauer/-in – Spezialtiefbauer/-in* – Gleisbauer/-in

Berufliche Grundbildung — Berufliche Fachbildung I — Berufliche Fachbildung II
— 1. Stufe — — 2. Stufe —

* Diese Ausbildungsberufe sind für die Industrie staatlich anerkannt. Zum Teil bilden auch Ausbildungsbetriebe des Handwerks in diesen Berufen aus.

Lehrwerkstatt eines Großbetriebes

Stufenausbildung

In vielen Wirtschaftszweigen ist die Ausbildung nach Stufen gegliedert, wobei zunächst mehrere Ausbildungsberufe zusammengefasst werden. Die Stufenausbildung führt über eine breite Grundbildung zu immer stärkerer Spezialisierung. In der Regel gibt es zwei Stufen:
– Im ersten Jahr werden Grundfertigkeiten vermittelt, die alle Berufe gemeinsam haben. So wird z. B. im Metallbereich für alle Fachrichtungen gemeinsam Werkstofftechnik, Maschinen- und Gerätetechnik sowie Informationstechnik gelehrt.
– Ab dem zweiten Jahr beginnt die Fachbildung bis hin zur Spezialisierung auf eine bestimmte berufliche Fachrichtung. In einigen Ausbildungsgängen, z. B. bei den industriellen Bauberufen (siehe Grafik oben), kann nach dem zweiten Ausbildungsjahr mit der Zwischenprüfung ein Berufsabschluss erworben werden. Wer nach dem dritten Ausbildungsjahr die Abschlussprüfung für die spezielle Fachrichtung nicht schafft, hat dann immerhin einen Facharbeiterbrief.

Die Stufenausbildung bietet auch folgenden Vorteil: Wer beispielsweise seinen Arbeitsplatz als Feuerungs- und Schornsteinbauer verliert, wird leichter einen anderen Arbeitsplatz am Bau finden, weil er aufgrund seiner breiten Ausbildung vielseitig einsetzbar ist. Durch die Stufenausbildung wird auch gesichert, dass auf neue technische Entwicklungen in einzelnen Berufsrichtungen schneller reagiert werden kann.

> **Starthilfe zu Aufgabe 1:** Als Anregung kannst du die Erklärungen im Glossar zu Hilfe nehmen.

1. Erkläre mit eigenen Worten die Begriffe „duales System" und „Stufenausbildung".

Entscheidungshilfen bei der Berufswahl

Wer die Wahl hat, hat die Qual! Wer kann dir bei der Berufsfindung helfen, wer kann dich beraten und informieren? Es gibt mehr Möglichkeiten, sich Informationen über die eigene berufliche Zukunft zu verschaffen, als man auf den ersten Blick meint.

Personen:
– Eltern, Geschwister, Freundinnen, Freunde, Bekannte, Nachbarn, Lehrkräfte, Mitarbeiter/-innen von Handwerksbetrieben oder Geschäften, mit denen du regelmäßig zu tun hast
– Berufsberater/-innen, Berufspraktiker/-innen, Ausbilder/-innen, Personal- und Betriebsräte

Institutionen:
– Berufsberatung der örtlichen Agenturen für Arbeit, besonders das Berufsinformationszentrum (BIZ)
– Betriebe, Kammern, Innungen, Wirtschaftsverbände, Gewerkschaften
– Polizei, Bundeswehr, Verwaltungen, Sparkassen usw.
– Regierungen (Bundes-, Landesregierung)

Schulen:
– Berufsschulen, Schulen im Sekundarbereich II
– Schulaufsichtsämter von Städten und Kreisen
  Diese informieren über regionale Ausbildungsmöglichkeiten nach dem jeweiligen Schulabschluss. Dort könnt ihr auch die jeweiligen Anmeldetermine, gesetzlichen Vorgaben und die Adressen erfahren. Diese Informationen sind genau auf eure Region zugeschnitten.

Medien:
– Zeitungen, Zeitschriften, Unterlagen aus dem BIZ (z. B. „Beruf aktuell")
– berufskundliche Filme der Landesbildstelle und der Berufsberatung
– berufsorientierende Vorträge der Berufsberatung, der Handwerks- sowie Industrie- und Handelskammern und der Volkshochschulen
– Internet

Praktika:
– Schulpraktikum
– privates Praktikum in den Ferien

Erkundungen:
– Betriebserkundungen, Analyse von Arbeitsplätzen

1. Notiere die Informationsquellen, die du bereits kennengelernt hast und die du darüber hinaus nutzen kannst.

METHODE

Vorbereitung

Durchführung

Auswertung

Entscheidung

Erkundung eines BIZ

Mit Sicherheit werdet ihr während eurer Schulzeit einmal das Berufsinformationszentrum (BIZ) aufsuchen. Oft geschieht das auf Einladung der Berufsberatung der Agentur für Arbeit; falls nicht, solltet ihr es auf jeden Fall erkunden.

1. Zur Vorbereitung der Erkundung
1. Findet heraus, wo das für euch zuständige BIZ liegt.
2. Erfragt, wen ihr im BIZ ansprechen könnt.
3. Vereinbart einen Termin.
4. Notiert eure Erkundungsschwerpunkte, beispielsweise:
   – Welche Informationsmöglichkeiten bietet das BIZ?
   – Wie sind die Informationsangebote zu handhaben und zu nutzen?
   – Welche technischen Fertigkeiten müsst ihr beherrschen?
   – An welchen Berufen wollt ihr die Möglichkeiten, die das BIZ bietet, persönlich bzw. allgemein erproben?
   – Welche weiteren Fragen habt ihr an die Berufsberatung?

2. Durchführung der Erkundung im BIZ
1. Interviewt den Berufsberater bzw. die Berufsberaterin.
2. Lasst euch die Nutzung der Angebote des BIZ erklären.
3. Führt Erkundungen hinsichtlich der ausgewählten Berufe durch.

3. Auswertung der Erkundungsergebnisse
1. Wertet die Ergebnisse aus und diskutiert sie. Festhalten könnt ihr die Ergebnisse z. B. auf einer Info-Wand oder in einem Merkblatt „Tipps für den BIZ-Besuch", das ihr erstellt.
2. Bewertet die Erkundung in einer Abschlussdiskussion:
   – Habt ihr eure Erkundungsziele alle erreicht? Wenn das nicht so ist, woran lag es?
   – Hat es Schwierigkeiten gegeben? Wie habt ihr euch dabei verhalten?
   – Welche Bedeutung haben die Informationen, die ihr zu euren Wunschberufen erhalten habt, für eure Berufswahl?
   – Welche Bedeutung hat der BIZ-Besuch auf euer weiteres Berufswahlverhalten?

4. Den weiteren Weg planen
Wenn ihr festgestellt habt, in welche Richtung eure Interessen bei der Berufswahl gehen, könnt ihr anfangen, euren weiteren Berufsweg zu planen.
   – Welcher Schulabschluss ist dafür erforderlich?
   – Solltet ihr außerhalb der Schule noch Kurse belegen oder Aktivitäten starten?
   – Wo gibt es Ausbildungsmöglichkeiten für euren Wunschberuf in der Region?

Ausbildungsplatzsuche über BERUFENET

Eine Möglichkeit, die ihr ebenfalls bei der Suche nach einem Ausbildungsplatz nutzen könnt, ist das Internet. Die Bundesagentur für Arbeit bietet unter http://berufenet.arbeitsagentur.de/berufe/ aktuelle Informationen rund um euren Wunschberuf. Ihr könnt so im Internet alle Informationen zu den gewünschten Berufen und zur Ausbildung in den Berufen finden. Dabei ist es wichtig, auch Besonderheiten in der Region zu beachten. Ein Besuch im BIZ ist aber trotzdem sinnvoll.

1. Klickt auf der Startseite der Arbeitsagentur auf „BERUFENET".
2. Hier gebt ihr den gewünschten Beruf ein, z. B. Kfz-Mechatroniker, und klickt dann auf „Suche starten". Alternativ könnt ihr die Suche von A–Z benutzen.

3. Ein Klick auf den Beruf öffnet die nächste Seite.
4. Diese Felder (siehe unten links) lassen sich aufklappen, um weitere Informationen zu erhalten.

5. Ein Klick auf die einzelnen Links führt zu den Informationsseiten. Sie können über den „Druck-Button" ausgedruckt werden.

127

Die Bewerbung

INFO

Zu einer Bewerbung gehören:
– Anschreiben
– Lebenslauf
– Lichtbild
– Zeugniskopien
– Nachweise über Praktika, Kurse etc.

Wenn ihr euch im Klaren seid, ob ihr eine weiterführende Schule besuchen oder eine Ausbildung beginnen wollt, ist es an der Zeit, sich zu bewerben. Auch Schulen haben feste Anmeldetermine, sodass ihr euch auch hierfür rechtzeitig Anmeldeformulare besorgen und euch bewerben müsst.

Wollt ihr eine betriebliche Ausbildung beginnen, reicht es für eine erste Kontaktaufnahme meist aus, wenn ihr in dem Betrieb anruft oder persönlich vorsprecht. Dabei wird euch dann mitgeteilt, bis wann ihr eine schriftliche Bewerbung mit den üblichen Unterlagen (Bewerbungsschreiben, Lebenslauf, Lichtbild, Zeugniskopien) abgeben müsst.

Sich zu bewerben bedeutet: Ihr gebt mit der schriftlichen Bewerbung eine erste persönliche Visitenkarte von euch ab. Davor braucht ihr aber keine Angst zu haben, denn ihr könnt euch gut darauf vorbereiten.

Q **Berufsberatung der Arbeitsagenturen – Bewerbungstipps**

Die Berufsberaterinnen und Berufsberater geben gern Auskunft, wie die eigene Bewerbung optimal gestaltet werden sollte. Sie wissen auch, worauf es bei einem Einstellungstest ankommt und wie man sich auf Vorstellungsgespräche vorbereitet.

In den **Broschüren** der Berufsberatung „planet-beruf.de – Ausbildungsplatz finden" und „Orientierungshilfe zu Auswahltests" gibt es weitere Hilfestellungen.

Zudem gibt es auf www.planet-beruf.de ein **interaktives Bewerbungstraining**. Dort kann man die Erstellung von Bewerbungsunterlagen üben und sich auf Auswahltestverfahren und Vorstellungsgespräche für eine Bewerbung um einen Ausbildungsplatz vorbereiten. Das Bewerbungstraining enthält Informationen und Tipps zur schriftlichen Bewerbung, zur Onlinebewerbung und zur Bewerbung mit der JOBBÖRSE der Agentur für Arbeit. Es kann an den Internetarbeitsplätzen im BiZ oder am Computer zu Hause genutzt werden und ist auch auf CD-ROM erhältlich. Außerdem bieten die Agenturen zum Teil **Bewerberseminare** an.

Quelle zusammengestellt nach: www.arbeitsagentur.de/zentraler-Content/Veroeffentlichungen/Merkblatt-Sammlung/MB11-Angebot-Berufsberatung.pdf; Zugriff: 12.12.2013

Weiterhin bieten Broschüren von Banken und Sparkassen, den Krankenkassen, den Gewerkschaften, den Arbeitgebern und auch von anderen Stellen Hinweise über die Erstellung von Bewerbungsunterlagen.

Das Bewerbungsanschreiben

Aufgrund des Anschreibens entscheidet der Betrieb, ob ihr in die weitere Auswahl kommt. Achtet auf das äußere und inhaltliche Erscheinungsbild.

① Torsten Spengler
Koblenzer Str. 2
12345 Neustadt
Tel. (0 54 32) 78 90
E-Mail: t.spengler@email.de

② Altdorfer Sparkasse
Herrn Koch
Oberer Stephansberg 2
67890 Altdorf

③ Neustadt, 2. September 2013

④ **Bewerbung um einen Ausbildungsplatz als Bankkaufmann**
Ihre Anzeige in der Düsseldorfer Neuen Presse vom 27. August 2013

⑤ Sehr geehrter Herr Koch,

⑥ mit sehr großem Interesse habe ich Ihre Anzeige gelesen und bewerbe mich um einen Ausbildungsplatz zum 1. September 2014.

⑦ Derzeit besuche ich die 10. Klasse des Altdorfer Schulzentrums, das ich im Juli 2014 mit dem Realschulabschluss verlassen werde.

⑧ Durch ein einwöchiges freiwilliges Praktikum bei der Elbebank konnte ich bereits einen ersten Einblick in das Berufsfeld eines Bankkaufmanns bekommen. Darüber hinaus habe ich mich im Berufsinformationszentrum ausführlich über die Ausbildung zum Bankkaufmann informiert, was mich in meinem Berufswunsch bestärkt hat.

⑨+⑩ Da ich sehr aufgeschlossen bin, interessiert mich insbesondere die Kundenberatung und -betreuung. Beim Börsenspiel der Sparkasse habe ich festgestellt, dass mir auch die Arbeit im Team sehr viel Spaß macht.

⑪ Über die Einladung zu einem persönlichen Gespräch würde ich mich sehr freuen.

⑫ Mit freundlichen Grüßen

⑬ *Torsten Spengler*

⑭ Anlagen

INFO

Folgende Elemente sollte euer Bewerbungsanschreiben enthalten, dabei sollte es nicht mehr als eine Seite umfassen:

① Absender
② Anschrift
③ Datum
④ „Betreff"
(Zweck des Schreibens in möglichst wenigen, aber aussagekräftigen Worten; „Betreff" wird nicht geschrieben)
⑤ Anrede
(„Sehr geehrte Damen und Herren" oder direkt den Ansprechpartner bzw. die Ansprechpartnerin nennen, wenn bekannt)
⑥ Anlass der Bewerbung (hier: Hinweis auf Anzeige)
⑦ derzeitige Situation
⑧ Ausbildungsberuf und Begründung des Berufswunsches
⑨ Begründung für die Wahl des Unternehmens
⑩ Hervorheben der eigenen Fähigkeiten und Neigungen (z. B. EDV-Kenntnisse, Fremdsprachen, Auslandsaufenthalte, Betriebspraktikum, berufsbezogene Tätigkeiten …)
⑪ „Schlussformel": Bitte um ein Vorstellungsgespräch
⑫ Gruß
⑬ Unterschrift
⑭ Anlagenvermerk

Hinsichtlich der Form solltet ihr euch nach der DIN-Norm 5008 richten, die Empfehlungen enthält, wie das Anschreiben zu gestalten ist (vgl. auch www.planet-beruf.de/DIN-5008.9677.0.html).

B **Jürgen Köster, Maschinenfabrikant:**
„Unseren Mechanikern vertrauen wir Maschinen von hohem Wert an. Deshalb verlangen wir von ihnen fachliches Können, Präzision, Konzentration, Ausdauer und Verantwortungsbewusstsein. Und wenn mir so ein Zettel auf den Tisch flattert, auf dem es nur so von Fehlern wimmelt, dann landet solch eine Bewerbung gleich im Papierkorb. Dann weiß ich, dass der Bewerber die nötige Sorgfalt vermissen lässt."

1. Fertige nach dem obigen Muster für deinen Wunschberuf ein Bewerbungsanschreiben am PC an.

2. Erläutert, was Herr Köster an manchen Bewerbungsschreiben bemängelt und welche Schlussfolgerungen er zieht.

BERUFSORIENTIERUNG UND LEBENSPLANUNG

Der Lebenslauf

Mit dem Lebenslauf gebt ihr Auskunft über eure Person und über euren schulischen Werdegang. Ihr vermittelt so eine erste genauere Vorstellung von euch. Die tabellarische Form wird am häufigsten verwendet, manchmal auch ein ausführlicher Lebenslauf. Da Handschriften auch etwas über die Persönlichkeit der Schreibenden aussagen, wird manchmal ein handgeschriebener Lebenslauf gewünscht.

Achtet in jedem Fall darauf, dass der Text fehlerfrei ist und keine Verbesserungen und Übermalungen aufweist.

Zum Lebenslauf gehört ein Foto. Meist wird es oben rechts aufgeklebt. Euer Bewerbungsfoto sollte aktuell und von einem Fotografen erstellt sein. Schreibt auf die Rückseite des Bewerbungsfotos euren vollständigen Namen und euer Geburtsdatum. Dies ist wichtig, weil es vorkommen kann, dass sich das Bild vom Blatt löst.

INFO

Hinweise auf die Abfassung eines Lebenslaufes findet ihr auch im Internet:
www.planet-beruf.de
www.bewerben.de
www.arbeits-abc.de
www.azubiyo.de
(Tipps & Trends →
Bewerbungstutorial →
hier unter „Lebenslauf")

INFO

Der Lebenslauf sollte auf jeden Fall folgende Angaben enthalten:
1. Überschrift: Lebenslauf
2. vollständiger Name
3. Anschrift
4. Geburtsdatum und -ort
5. Schulbildung
6. Schulabschluss
7. Schwerpunktfächer
8. praktische Erfahrungen
9. besondere Kenntnisse
10. Hobbys
11. Ort und Datum
12. Unterschrift

① **Lebenslauf**

② Name: Torsten Spengler

③ Anschrift: Koblenzer Str. 2
12345 Neustadt
Tel. (05432) 7890
E-Mail: t.spengler@email.de

④ Geburtsdatum/-ort: 7. April 1998 in Neustadt

⑤ Schulbildung: 1. Sept. 2004 bis 20. Juli 2008:
Grundschule Neustadt
seit 1. Sept. 2008:
Schulzentrum Altdorf

⑥ Schulabschluss: Realschulabschluss, voraussichtlich Juli 2014

⑦ Schwerpunktfächer: Wirtschaft, Physik/Chemie/Biologie

⑧ Praktische Erfahrungen: Juni 2012:
1-wöchiges Praktikum bei der Elbebank, Neustadt

⑨ Besondere Kenntnisse: Microsoft Word und Excel

⑩ Hobbys: Schach, Sport

⑪ Ort und Datum: Neustadt, 2. September 2013

⑫ *Torsten Spengler*

1. Erstelle nach obigem Muster deinen eigenen Lebenslauf. Schreibe zudem einen ausführlichen handgeschriebenen Lebenslauf zur Übung.

Die Onlinebewerbung

Mittlerweile ist es bei vielen Unternehmen üblich, sich online zu bewerben, was einen zeitlichen Vorteil bietet. Erkundigt euch im Vorfeld, welche Form der Bewerbung (Onlinebewerbung oder schriftliche Bewerbung) das Unternehmen wünscht. Oft steht dies bereits in der Stellenanzeige.

Wichtigste Formen der Onlinebewerbung

E-Mail-Bewerbung:
Bei der E-Mail-Bewerbung werden dieselben Unterlagen wie bei einer „Papierbewerbung" (siehe S. 128) nicht per Post, sondern als E-Mail-Anhang versandt.
In der E-Mail verweist ihr auf die Stellenanzeige und erklärt, dass ihr „anbei" eure vollständigen Bewerbungsunterlagen sendet. Achtet auf eine korrekte und höfliche Anrede, einen fehlerfreien Text und eure vollständige Adresse. Alternativ könnt ihr euer Anschreiben, statt es als Anhang zu schicken, auch direkt in die E-Mail schreiben. Aus dem Betreff der E-Mail muss hervorgehen, um welchen Ausbildungsplatz es sich handelt. Und auch eure E-Mail-Adresse sollte seriös klingen und euren vollständigen Namen enthalten.

Onlinebewerbungsformular:
Große Unternehmen haben inzwischen eigene Bewerbungsformulare auf ihrer Internetseite. Hier tragt ihr eure Daten online in vorgegebene Felder ein und ladet Anschreiben, Lebenslauf und eingescannte Zeugnisse als PDF-Dateien hoch. Bei manchen Unternehmen habt ihr die Möglichkeit – außer den üblichen Angaben –, zusätzlich auch noch eine sogenannte dritte Seite auszufüllen. Hier könnt ihr euer Können und eure Motivation noch einmal gesondert herausstellen.

Quelle zusammengestellt nach: www.planet-beruf.de, Zugriff: 12.12.2013

Digitale Unterlagen erstellen

Bewerbungsfotos erhält man heute oft schon in digitaler Form vom Fotografen. Andernfalls scannt ihr das Foto ein. Ihr platziert es entweder auf einem Deckblatt oder rechts oben in eurem Lebenslauf.
Auch ein digitaler Lebenslauf und ein Anschreiben müssen unterschrieben sein: Dazu fügt ihr eure eingescannte Unterschrift als grafisches Element in die Dokumente ein. Die Word-Dateien mit eurem Lebenslauf und gegebenenfalls dem Anschreiben wandelt ihr in PDF-Dateien um. Auch eure Zeugnisse und Praktikumsbescheinigungen scannt ihr ein. Wenn ihr selbst keinen Scanner habt, könnt ihr das in einem Copyshop erledigen.
Für die Unternehmen ist es am einfachsten, wenn ihr alle Anhänge zu einer PDF-Datei zusammenfasst. Findet für die Datei einen aussagekräftigen Namen (z.B. Bewerbung_Torsten_Spengler). Achtet dabei darauf, dass der Anhang insgesamt nicht größer als zwei MB ist.

> **INFO**
>
> Eine **Checkliste zur Onlinebewerbung** zum Abhaken findet ihr unter www.planet-beruf.de.

BERUFSORIENTIERUNG UND LEBENSPLANUNG

INFO

Tipps zu Einstellungstests
1. Pünktlich erscheinen.
2. Keinerlei „Mittelchen" einnehmen.
3. Bei Tests unter Zeitvorgabe: Zuerst die Fragen lösen, die man sofort beantworten kann.
4. Möglichst viele Fragen ganz, statt alle nur halb beantworten.
5. Falls etwas nicht verstanden wurde, vor Testbeginn fragen.
6. Meist ist es nicht zu schaffen, alle Fragen zu beantworten. Also nicht nervös werden.
7. Übt Einstellungstests: erhältlich bei der Arbeitsagentur oder in Buchhandlungen.
8. Bei einer großen Anzahl an Bewerbern sind eure Chancen gering. Nicht enttäuscht sein, wenn ihr durchfallt.

Der Einstellungstest

Häufig werden als weiterer Schritt der Auswahl von Auszubildenden Tests eingesetzt. Es gibt sehr viele, und wahrscheinlich sind sie für euch ungewohnt. Hier wird nicht nur schulisches Wissen abgefragt, sondern auch noch andere Fähigkeiten.

– Nehmt an einem Eignungstest der Arbeitsagentur teil. Wenn ihr schon einmal einen Test mitgemacht habt, dann wisst ihr, wie er abläuft. Die Broschüre der Arbeitsagentur „Orientierungshilfe zu Auswahltests" hilft bestimmt, euch unverkrampfter dem Test stellen zu können.
– Es wird sicher auch nach Aktuellem gefragt. Es ist deshalb sinnvoll, das Tagesgeschehen genau zu verfolgen (Zeitung lesen, Nachrichtensendungen hören oder sehen).

Häufig werden einige der folgenden Schwerpunkte getestet:
– logisches Denken
– technisches Verständnis
– Arbeitstempo und Arbeitsgenauigkeit
– psychologische Fähigkeiten
– Umgang mit Zahlen und Rechenkenntnisse
– Sprach- und Abstraktionsvermögen
– Kenntnisse in Rechtschreibung und Zeichensetzung
– schriftliche Ausdrucksfähigkeit und Wortschatz

Wenn es nicht geklappt hat
Die Tests dürft ihr nicht überbewerten. Nach einer Faustregel entscheiden sich 10 % der Unternehmen aufgrund des Bewerbungsanschreibens für einen Bewerber, 40 % nach dem Test und 50 % nach dem Bewerbungsgespräch. Eine Ablehnung nach dem Auswahltest muss nicht bedeuten, dass eure Leistungen im Test schlecht waren oder ihr für den Beruf ungeeignet seid. Also: Kopf hoch, wenn es einmal nicht geklappt hat.

1. Besorgt euch, z. B. in einer Buchhandlung, Bücher mit Testaufgaben. Achtet darauf, dass die Tests für euren Ausbildungsberuf geeignet sind. Testet euch selbst.

Das Vorstellungsgespräch

Die Verantwortlichen im Betrieb haben Interesse an euch, sonst hätten sie euch nicht eingeladen. Im Vorstellungsgespräch will man euch genauer kennenlernen. Lampenfieber und Ängste sind in solchen Situationen ganz normal.

Beim Vorstellungsgespräch

Wie könnt ihr euch auf das Vorstellungsgespräch vorbereiten?
Dazu einige Tipps und Verhaltensregeln:
- Reagiert auf die Einladung telefonisch oder – besser – schriftlich. Bedankt euch für die Einladung und bestätigt die Wahrnehmung des Termins.
- Bittet nur in wirklich begründeten Ausnahmefällen um eine Terminverschiebung.
- Seid pünktlich. Sucht den Weg zum Betrieb rechtzeitig auf dem Stadtplan heraus und kalkuliert einen möglichst großen Zeitspielraum für Bus- oder Bahnverspätungen, Staus usw. ein. Denkt auch daran, dass ihr in Großbetrieben Zeit braucht, um die richtige Abteilung zu finden. Eine Verspätung macht einen äußerst schlechten Eindruck!
- Kleidet euch angemessen: weder zu lässig noch zu fein. Schon gar nicht solltet ihr Sachen anziehen, in denen ihr euch nicht wohlfühlt.

Bei Vorstellungsgesprächen geht es darum, einen guten Eindruck zu machen. Dabei solltet ihr alle Fragen höflich und korrekt beantworten und auf eure Ausdrucksweise achten.
- Macht euch eure Stärken klar und bewertet eure Schwächen nicht zu stark. Setzt euren Schwächen Stärken entgegen, z. B. Langsamkeit – Gründlichkeit: Ich bin zwar langsam, arbeite aber sehr gründlich.
- Überlegt euch Gründe für gute und schlechte Schulnoten.
- Überlegt, was ihr zu eurem Werdegang erzählen könnt.
- Stellt euch vor, wie das Vorstellungsgespräch verlaufen könnte. Spielt die Situation mit Freunden durch. Jeder stellt einmal sowohl den Bewerber als auch den Personalchef dar.

1. Erstelle eine schriftliche Bestätigung für einen Vorstellungsgesprächstermin. Die Firma kannst du dir aussuchen.

METHODE

Rollenspiel

Wie ihr ein Vorstellungsgespräch am besten führt, könnt ihr in Rollenspielen üben. Hier könnt ihr euch in die Rolle des Bewerbers hineinversetzen und Verschiedenes ausprobieren. Für den Ernstfall können so Erfahrungen gesammelt und Sicherheit erreicht werden. Wer nicht den Bewerber spielt, ist kritischer Beobachter und gibt Tipps und Anregungen, was gut war und was verbessert werden sollte.

Die Rolle des Personalchefs sollte die Lehrkraft oder ein außerschulischer Experte, den ihr dafür in die Klasse einladet, übernehmen. Sie können die Rolle unterschiedlich spielen: Der Personalchef kann den Bewerber unter Druck setzen oder mit ihm ein zuvorkommendes Gespräch führen.

Vorbereitung

1. Vorbereitung

Zunächst legt ihr fest, in welchem Betrieb welcher Ausbildungsberuf angeboten wird. Danach richten sich die Fragen des Personalchefs und die Interessen und Fähigkeiten des Bewerbers. Fragen und mögliche Antworten sollten vorbereitet werden. Auch der Bewerber sollte sich Fragen zur Ausbildung, zum Ausbildungsbetrieb überlegen. Welche Fragen sollte ein Bewerber nicht stellen?

Macht euch auch bewusst, in welchem Rahmen ein Vorstellungsgespräch abläuft. Kleidung, Frisur, Schmuck und das Auftreten sollten angemessen sein. Außerdem müsst ihr euch Gedanken zu Körperhaltung, Sprache, Höflichkeit und dem eigenen Selbstvertrauen machen.

Die Beobachter legen fest, worauf sie während des Rollenspiels achten wollen und verteilen diese Beobachtungsaufgaben.

Durchführung

2. Durchführung

Nachdem die Rollen verteilt sind, wird das Vorstellungsgespräch gespielt. Die Spieler achten darauf, dass Begrüßung, Vorstellung mit Namen und die Gesprächsführung möglichst realistisch ablaufen. Seid dabei aufmerksam, geht auf den Gesprächspartner ein und haltet Blickkontakt.

Die Beobachter machen sich Notizen zu ihren Aufträgen und sollten das Rollenspiel selbst dabei nicht stören.

Das Vorstellungsgespräch kann beliebig oft gespielt werden. Dabei können sowohl die Spieler wechseln als auch die Berufe, Betriebe und Wirtschaftsbereiche. Dadurch können Unterschiede festgestellt werden.

Auswertung

3. Auswertung

In der Auswertung werden die Beobachtungen verglichen und besprochen. Auch die Spieler kommen hier zu Wort.
– Wie haben sich die Spieler gefühlt?
– Wie realistisch wurde die Rolle gespielt?
– Was lief gut, was kann verbessert werden?
– Wer hat die Rolle so gespielt, dass er/sie die Stelle bekäme?

Der Start in den Ausbildungsberuf

Den Ablauf eines Bewerbungsverfahrens habt ihr schon kennengelernt. Wenn ihr schließlich einen Ausbildungsplatz gefunden habt, müsst ihr euch auf eure Rolle als Auszubildende bzw. Auszubildender vorbereiten. Dazu gehört, dass ihr euch mit den rechtlichen Grundlagen der Ausbildung auseinandersetzt.

Der Ausbildungsvertrag
Das Wichtigste zu Beginn der Ausbildung ist der Abschluss eines Ausbildungsvertrages. Er unterliegt den Bestimmungen des Berufsbildungsgesetzes (BBiG). Darin sind die Rechte und Pflichten der Auszubildenden (siehe Grafik „Der Ausbildungsvertrag") enthalten.

Bei Meinungsverschiedenheiten hilft der Ausbilder, die Jugendvertretung oder der Betriebsrat.

Überwachung der Ausbildung
Die Kammern haben u. a. folgende Aufgaben:
- Festsetzung, welche Betriebe für eine Ausbildung geeignet sind,
- Entscheidung über die Zulassung zur Abschlussprüfung,
- Überwachung und Förderung der Berufsausbildung,
- Schlichtung von Streitigkeiten zwischen Auszubildenden und Ausbildenden.

1. Informiert euch bei der IHK und/oder Handwerkskammer über die Ausbildungsordnung für euren Wunschberuf.

2. Begründet, warum ein Ausbildungsvertrag sowohl für Auszubildende als auch für Arbeitgeber/-innen wichtig ist.

> **INFO**
>
> Die Ausbildung wird von Kammern überwacht. Das sind berufsständische Vertretungen, die gesetzlich eingerichtet und staatlich beaufsichtigt werden, z. B. die Industrie- und Handelskammer (IHK) oder die Handwerkskammer.

L LERNBILANZ

Am Ende dieses Kapitels solltest du einen grundlegenden Wissensstand haben bezüglich
- Möglichkeiten der privaten Vorsorge und Geldanlage,
- deiner eigenen Interessen und Fähigkeiten, die du mithilfe einer Selbsteinschätzung ermittelt hast,
- des Problems, Beruf, Privatleben und ggf. Familie miteinander zu vereinbaren und möglicher Lösungsstrategien,
- deiner Möglichkeiten in Bezug auf deine weitere schulische und berufliche Laufbahn,
- der dir zur Verfügung stehenden Entscheidungshilfen, die dir bei deiner Berufswahl behilflich sein können,
- dessen, worauf es bei der Bewerbung und in Vorstellungsgesprächen sowie bei Einstellungstests ankommt.

Mit den folgenden Aufgaben kannst du überprüfen, ob du das Wissen anwenden kannst:

1. Erkläre, warum jungen Menschen empfohlen wird, privat für das Alter vorzusorgen.

2. Nenne Beispiele für Interessen, die ihr als Schüler habt.

3. Erläutere die Bedeutung, die deine/eure Fähigkeiten für die spätere Berufswahl haben können.

4. Erläutere, warum die Einschätzung deiner Fähigkeiten durch andere Personen wichtig ist.

5. Erstelle eine Liste mit den wichtigen Inhalten für deinen persönlichen Berufswahlpass.

6. Nenne Beispiele, wodurch die Berufswahl beeinflusst werden kann, und begründe warum.

7. Nenne vier Modelle flexibler Arbeitszeitgestaltung und bewerte sie.

8. Ordne folgende Berufe den 16 Berufsfeldern zu.
- Baumaschinenführer
- Chemielaborantin
- Beleuchter
- Betonsanierer
- Dachdecker
- Elektroanlagenmonteur
- Energiemanagerin
- Altenpflegerin
- Assistent Innenarchitektur
- Fachkraft für Audiotechnik
- Biochemiker
- Heilerziehungspfleger
- Fachverkäuferin Sanitätsfachhandel
- Fachkraft Hafenlogistik
- Fitnesstrainer
- Mechatronikerin

> **Starthilfe zu Aufgabe 8:** Informationen zu den aufgezählten Berufen findest du im Berufenet.

9. Erkläre den Begriff „duale Ausbildung" und benenne die Vorteile, die eine duale Ausbildung haben kann.

> **Starthilfe zu Aufgabe 9:** Lies den Text zur betrieblichen Ausbildung auf der Seite 123.

10. Ordne die Wörter den Gruppen der Personen, Institutionen oder Medien zu, die Entscheidungshilfen bei der Berufswahl sein können.

> Handwerker Nachbarn Zeitungen
> Berufsschulen Geschwister Innungen Internet
> Berufsberater Fachoberschule Lehrer

11. Führt ein Rollenspiel mithilfe der Methodenseite (Seite 134) durch. Nehmt das Rollenspiel auf Video auf, um hinterher selbst zu beurteilen, was ihr gut gemacht habt und was ihr noch verbessern könnt.

12. Ermittle die Fehler im folgenden Bewerbungsanschreiben.

Zweirad-Center Maier
Oberer Stephansweg 2
67890 Altdorf

Neustadt, 2. Juli 2013

Jessica Springer
Koblenzer Str. 2
12345 Neustadt
Tel.: 05432/7890

Bewerbung

Sehr geehrte Dame,

In der Zeitung habe ich gelesen, dass Sie einen Ausbildungsplatz anbieten.

Ich mache gerne Fahrradtouren und aus diesem Grund hätte ich diesen Ausbildungsplatz gerne. Außerdem sagen meine Eltern, dass ich handwerklich geschickt bin.

Im Sommer habe ich die Schule beendet.

Ich würde mich sehr freuen, wenn wir uns einmal zusammensetzen könnten, um alles zu besprechen. Montag Nachmittag hätte ich dafür immer Zeit.

Tschüß,

Jessica Springer

Anlagen
Zeugnis kommt noch
Kopie des Personalausweises

Das Betriebspraktikum

Das Betriebspraktikum ist eine wichtige schulische Veranstaltung, um erste Erfahrungen in der Arbeits- und Wirtschaftswelt zu sammeln und erste Einblicke zu erlangen. Ihr lernt Betriebsstrukturen und verschiedene Arbeitsplätze kennen. Zudem habt ihr Umgang mit Beschäftigten und Auszubildenden. Dadurch könnt ihr eure bisherigen Vorstellungen von der Arbeitswelt erweitern und gegebenenfalls auch korrigieren.

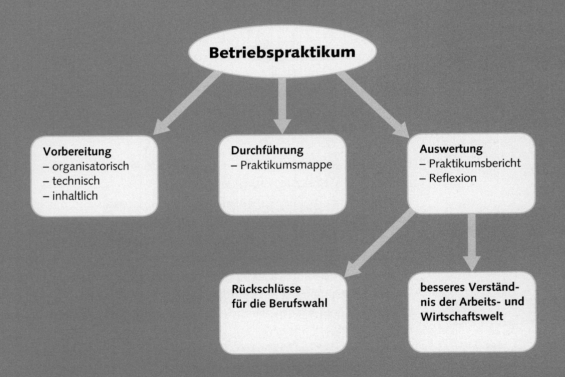

METHODE

Das Betriebspraktikum

Im Betriebspraktikum kann man nicht nur Informationen zur Berufs- und Studienwahl und zu den Aufgaben und der Organisation von Betrieben bekommen, sondern – was noch viel wichtiger ist – es können auch erste eigene betriebliche Erfahrungen gesammelt werden.

Dabei darf man nicht außer Acht lassen, dass die Zufriedenheit von den Tätigkeiten abhängt, die man während des Praktikums erledigen kann, aber auch von den Kolleginnen und Kollegen, denen man begegnet. Während es in einer Rechtsanwaltskanzlei, in der vor allem Geheimhaltung und juristisches Fachwissen gefordert sind, für Praktikanten und Praktikantinnen schon einmal etwas eintönig sein kann, sind in einem Kfz-Betrieb in der Regel viele verschiedene eher praktische Aufgaben zu erledigen.

Wie ihr mit den Mitarbeiterinnen und Mitarbeitern in einem Unternehmen auskommt, hängt auch von eurer eigenen Persönlichkeit und Bereitschaft ab, die Zeit des Praktikums intensiv für neue Erfahrungen zu nutzen sowie davon, wie interessiert und hilfsbereit oder kommunikativ ihr seid.

Häufig hat man aber auch nicht den Wunsch-Praktikumsplatz gefunden, weil man sich zu spät darum gekümmert hat oder weil es in der Region keine oder nur wenige Angebote für den gewünschten Betrieb gibt.

Erfahrungen, die man im Praktikum für die künftige berufliche Orientierung sammeln kann, sind z. B. folgende:
– Wie geht man bei der Arbeitsplatzsuche vor, woran sollte man denken (Qualifikationen, Neigungen, Interessen, Ausbildungsweg ...)?
– Welche Betriebe gibt es in der Region, welche Berufe gibt es dort?
– Wie haben sich die Anforderungen an bestimmte Arbeitsplätze entwickelt, wie können sich Arbeitnehmer und Arbeitnehmerinnen darauf einstellen?
– Welche Aufgaben hat ein Betrieb?
– Wie ist ein Betrieb aufgebaut, welche Berufe gibt es in den verschiedenen Abteilungen?
– Welche schulischen Voraussetzungen braucht man für die Berufe?
– Die Tätigkeiten, die man während des Praktikums ausführen kann, sind nicht unbedingt dieselben wie die, die man in diesem Beruf tatsächlich ausüben muss.
– Wenn ein Betrieb ausbildet, bedeutet das nicht, dass man nach der Ausbildung weiterbeschäftigt wird. Das muss bedacht werden!
– Über die Praktikumspräsentationen der Mitschüler und Mitschülerinnen lassen sich weitere Berufe kennenlernen.
– Schließlich sollte man nicht aus den Augen verlieren, dass auch eine Selbstständigkeit, d. h. die Gründung eines Betriebs, erstrebenswert sein kann. Diese Entscheidung muss aber gründlich überlegt und geplant werden.

Zwei Praktikanten und eine Praktikantin prüfen die Oberfläche einer Brandschutzscheibe.

Praktikant und Praktikantin in einer Gärtnerei

Die Vorbereitung

Bei der Kontaktaufnahme zu einem Betrieb gibt es einiges zu beachten, wenn man bei der Suche nach einem Praktikumsplatz erfolgreich sein möchte. Ihr habt die Möglichkeit, persönlich, schriftlich oder telefonisch Kontakt zu einem Betrieb aufzunehmen. Welches die richtige Vorgehensweise ist, hängt auch von der Art und der Größe des Betriebes ab. Bei kleineren und mittleren Betrieben ist die persönliche Vorstellung eher möglich als bei großen Betrieben. Hier solltet ihr lieber telefonisch oder schriftlich Kontakt aufnehmen. Diese Punkte können euch dabei helfen:

– Nennt immer zuerst euren Namen und gebt eure Schule an.
– Nennt den Grund des Anrufs.
– Haltet den Termin des Praktikums bereit.
– Holt zuvor Informationen über den Betrieb ein (IHK, Internet, Bekannte usw.).
– Achtet bei der persönlichen Vorstellung auf angemessene Kleidung.
– Überlegt euch Gründe, warum ihr dort ein Praktikum machen wollt.

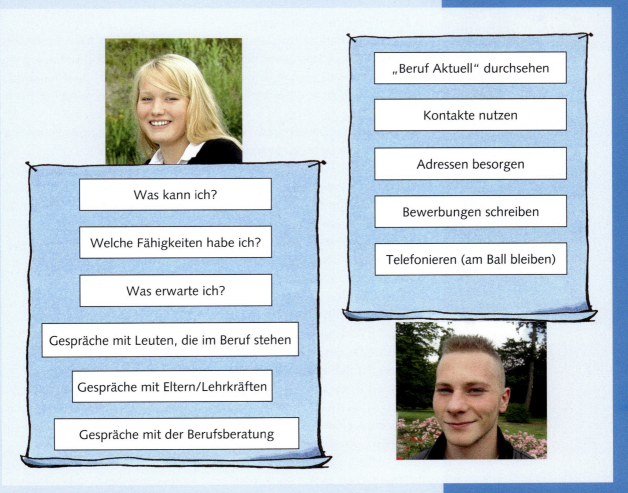

Hilfen für die Vorbereitung des Praktikums

1. Organisatorische Vorbereitungen

Bevor ihr euer Praktikum beginnt, gibt es einige Dinge, an die ihr denken und die ihr vorbereiten müsst:

– Welche Praktikumsbetriebe stehen uns zur Verfügung?
– In welchen Praktikumsbetrieb wollen die einzelnen Schüler/-innen?
– Welche rechtlichen Gesichtspunkte sind vorher zu klären, z. B. Unfallverhütungsvorschriften?
– Wie verhalten wir uns in bestimmten schwierigen Situationen, wenn z. B. Probleme mit der betrieblichen Betreuungsperson oder Konflikte mit Betriebsangehörigen auftreten?

2. Technische Vorbereitungen

Über welche Arbeitstechniken müssen wir verfügen? Dazu kann Folgendes gehören: Skizzen anfertigen, einen Arbeitsplatz beschreiben, ein Protokoll erstellen, einen Tagesbericht abfassen, ein Diagramm zeichnen, einen Produktionsablauf darstellen, eine Präsentation mit PowerPoint erstellen.

3. Inhaltliche Vorbereitungen

Ohne ein Hintergrundwissen ist ein Betriebspraktikum nicht besonders ergiebig: Wer z. B. nichts mit den Begriffen „Absatz" oder „Aufbauorganisation" verbindet, wird im Betrieb all die Dinge übersehen, die sich dahinter verbergen und ohne die Betriebsabläufe nicht verstanden werden können.

Zeigt durch euer Wissen über betriebliche Abläufe Interesse im Praktikum. So könnt ihr am meisten lernen und auch viele Fragen stellen.

Während des Praktikums, aber auch danach, müsst ihr damit rechnen, dass euch Lehrkräfte, Mitschüler und Mitschülerinnen sowie Eltern Fragen zu eurem Praktikumsbetrieb stellen, z. B.:
– Wie lange besteht der Betrieb schon und welche Zukunft hat er?
– Wie haben sich in den letzten Jahren die Arbeitsplätze entwickelt?
– Was wird dort hergestellt und wie wird es verkauft?
– Wie ist der Aufbau des Betriebs?
– Wie sieht der Herstellungsablauf aus?
– Welche Abteilungen gibt es?
– Was ist das Betriebsziel?
– Bietet der Betrieb Ausbildungsmöglichkeiten? Wenn ja, welche?
– Gibt es für die Mitarbeiter und Mitarbeiterinnen besondere Angebote?

Das bedeutet für euch: Augen auf und nachfragen! Sonst könnt ihr nicht beurteilen, ob der Betrieb für eine spätere Bewerbung infrage kommt.

Ihr müsst auch darauf vorbereitet sein, Fragen zu eurer Schule zu beantworten.

Vorbereitung:
Hintergrundwissen?
Arbeitsplatz beschreiben? ...

Die Praktikumsmappe

Im vorbereitenden Unterricht zu eurem Betriebspraktikum spielt die Praktikumsmappe bereits eine wichtige Rolle. Aus dem Unterricht ergeben sich Erkundungsaufgaben für das Betriebspraktikum, die ihr in eurer Mappe aufbereitet. Deshalb ist es wichtig, folgende Punkte zu beachten:

– Gestaltung der Titelseite
 Schon bei der Titelseite der Praktikumsmappe solltet ihr euch Gedanken über eine ansprechende Gestaltung (z. B. Foto oder Logo des Betriebs) passend zu eurem Praktikumsplatz machen. Die Titelseite ist die Visitenkarte eurer Mappe. Sie sollte euren Namen, den Namen des Praktikumsbetriebes, den Namen eurer Schule und den Zeitraum des Praktikums enthalten.

Im Praktikum

– Strukturierung des Inhalts
 Eure Beobachtungs- und Erkundungsaufgaben geben den Aufbau der Mappe vor, dazu zählen:
  • das Inhaltsverzeichnis,
  • Texte, Fotos, Abläufe, Interviews usw. zu den gestellten Aufgaben und
  • der Anhang (Zeichnung eures Arbeitsplatzes, Fotos, Prospekte, Verordnungen und Richtlinien, Muster, Proben, selbst erstellte Produkte, Videos usw.).

Während der Durchführung solltet ihr eure Praktikumsmappe immer im Blick haben und möglichst viele Informationen in einer Materialmappe sammeln. Achtet darauf, immer vorher zu fragen, wenn ihr etwas aus dem Betrieb mitnehmen möchtet oder Fotos oder Videos erstellt.

– Gestaltung des Textteils
 Beachtet bei der Gestaltung der Texte und Aufgaben, dass ihr ihnen ein einheitliches Aussehen gebt. Das bedeutet u.a.:
  • Wählt eine Schriftart.
  • Bestimmt die Schriftgröße für Überschriften und Texte.
  • Legt den Zeilenabstand und die Spaltenbreite fest.
  • Gebt euch Regeln für das Verfassen der Bildunterschriften.
  • Gestaltet die Seitenzahlen einheitlich.

– Sammeln von Informationen
 Da ihr euch für einen längeren Zeitraum in dem Betrieb befindet, ist es wichtig, dass ihr euch täglich Notizen über die Tagesabläufe macht, damit ihr bei der Auswertung nichts vergesst. Dazu eignet sich das Führen eines Praktikumstagebuchs, auf das ihr bei der Auswertung und der Gestaltung der Mappe zurückgreifen könnt. Aber auch Prospekte oder Werkstücke sind Informationen, die die Mappe bereichern.

METHODE

Abschlussbericht Zahntechniker/in Dentallabor

B Jennifer

Ich habe mir das Betriebspraktikum ganz anders vorgestellt. Ich dachte, die Betriebe stellen auch Zahnspangen her. Doch es war etwas anderes, der Betrieb hat sich auf Prothesen und Brücken spezialisiert. Ich hätte nicht gedacht, dass die Herstellung von Prothesen und Brücken so kompliziert und umfangreich ist. Die Anforderung an diese feine und präzise Arbeit ist sehr hoch. Erst jetzt habe ich verstanden, wie genau und sorgfältig man arbeiten muss, damit Prothesen und Brücken später genau passen.

Die Vorbereitung vonseiten der Schule fand ich gut, weil:
- wir Unterweisung in der Unfallverhütungsvorschrift erhalten haben,
- ich das Gefühl hatte, ich könnte mich jederzeit, wenn es Probleme gibt, an die Schule oder die zuständige Lehrkraft wenden,
- die Lehrkräfte mich insgesamt dreimal besucht und betreut haben, kleine Probleme wurden schnell gelöst,
- ich vorab ein Gespräch in der Berufsberatung hatte und man mich dort auf viele Dinge vorbereitet hat.

Ich könnte mir vorstellen, später in diesem Beruf zu arbeiten, doch wäre es interessant, auch einmal ein kaufmännisches Praktikum durchzuführen, um zu sehen, ob mir ein technischer oder kaufmännischer Beruf mehr liegt. Auch würde ich gern einmal in einem richtig großen Betrieb arbeiten. In dem Dentallabor waren wir nur acht Kollegen und Kolleginnen. Da muss man schon sehr gut miteinander auskommen. In einem Betrieb mit mehr als 100 Mitarbeitern sind die Arbeitsabläufe sicher noch einmal ganz anders als hier.

Viele Anregungen für die schulische Arbeit habe ich nicht erhalten. Allerdings ist mir klargeworden, dass konzentriertes Arbeiten, das schon in der Schule wichtig ist, auch für den Beruf, den man später erlernt, sehr wertvoll sein kann.

Arbeiten im Dentallabor

1. Untersucht, inwieweit Jennifers Bericht ein gutes Bild von ihrem Praktikumsbetrieb liefert. Welche Aussagen würdet ihr noch ergänzen?

2. Notiert, warum Jennifer die Vorbereitung des Praktikums in der Schule für sinnvoll hält.

3. Stellt für euer Praktikum zusammen, welche Vorbereitungen für euch noch notwendig wären.

4. Zeigt auf und begründet, inwieweit die Art und Weise der Vorbereitung in der Schule auch von der Art des Betriebs abhängig sein kann.

Der Praktikumsbericht im Internet

Wenn ihr eine Veröffentlichung im Internet plant, solltet ihr bereits IT-Vorkenntnisse haben. Ohne die ist diese Arbeit leider nicht zu leisten. Zusätzlich werdet ihr auf die Hilfe der Computerbeauftragten an eurer Schule zurückgreifen müssen, z. B. bei der Übertragung eurer Seiten in das Internet.

Vorteile einer Onlineveröffentlichung
- Prinzipiell können alle Medienarten (Text, Grafik, Fotos, Videosequenzen, Töne) miteinander verknüpft werden.
- Im Gegensatz zu einer Wandzeitung, die nur begrenzte Zeit ausgestellt wird, können Onlineprodukte beliebig lange veröffentlicht werden.
- Auch nach langer Zeit stehen eure Produkte sowohl den Schülerinnen und Schülern eurer Schule als auch anderen zur Verfügung. Dies kann bei der Wahl des Praktikumsplatzes (Vorabinformation über den Betrieb oder die Branche) nützlich sein und hilft u. U. dabei, die Qualität des Praktikums zu verbessern, indem alte Fehler nicht noch einmal gemacht werden.

Für eine Praktikumspräsentation im Internet gelten zunächst dieselben Regeln wie für andere Präsentationen.

Vorbereitung
- Kann ich mit jemandem zusammenarbeiten (gleicher Beruf/Betrieb)?
- Welche Medien habe ich (Fotos, Texte, Prospekte)?
- Was muss ich im Rahmen der Planung (Aufbau/Zeitbedarf, nötige Technik) berücksichtigen?
- Wie gliedere ich die Präsentation (Einleitung, Hauptteil, Schlusswort)?

Erstellung
- Zielgruppe: Für wen soll die Präsentation sein?
- Sauber und übersichtlich arbeiten: Gliedert die Texte durch Überschriften und vermeidet lange Texte.
- Blickfänge (Eyecatcher) schaffen: Dazu bieten sich kleine farbige Punkte oder Icons an. Sie gibt es kostenlos im Internet oder auf zahlreichen Clipart-CDs. Blickfänge sollen der Orientierung dienen und nicht verwirren.
- Schrift und Hintergrund: Verwendet ansprechende, aber nicht zu viele Farben (weniger ist mehr!). Die Lesbarkeit darf nicht beeinträchtigt werden, z. B. durch dunkle Schrift auf dunklem Hintergrund.

Suchmaschinen wie www.google.de oder die Seiten des Schulweb (www.schulweb.de) helfen euch beim Auffinden der entsprechenden Seiten.

1. Bevor ihr euch an die Veröffentlichung der eigenen Berichte macht, vergleicht ähnliche Beispiele anderer Schulen hinsichtlich der Übersichtlichkeit, Verständlichkeit und des Informationsgehaltes.

METHODE

① Eingabe

- **Fotos**
  digitalisieren
  (scannen und evtl.
  nachbearbeiten)

- **Skizzen und Zeichnungen**
  scannen oder mit Zeichen-
  programm herstellen

- **Texte**
  (z. B. mit Word schreiben)

② Verarbeitung

Daten als Internetseite zusammenstellen
HTML-Dateien herstellen,

z. B. mit
Phase 5,
Microsoft Expression Web,
Microsoft Sharepoint Designer,

und anschließend die Seiten auf
einem PC speichern.

③ Ausgabe

Fertige Internetseite(n) veröffentlichen
Die Dateien müssen auf einem
Web-Server gespeichert werden,

z. B. mit
WS-FTP,
SpeedCommander,
File Zilla,

und können mit einem Internetbrowser,
z. B. Google Chrome, Firefox oder
Internet Explorer, angeschaut werden.

Der Ablauf bei der Erstellung von Websites

Eine Präsentation im Medium Internet stellt euch vor weitere Aufgaben. Die Materialien bzw. Daten, die ihr veröffentlichen wollt, müssen in digitaler Form vorliegen, d. h. als Dateien. Anschließend müssen die Daten entsprechend aufbereitet werden, damit sie mit einem Internetbrowser lesbar sind. Die oben stehende Beschreibung der Arbeitsschritte bezieht sich nur auf die Darstellung von Texten und Bildern.

Hauptsächlich werden eure Praktikumsberichte aus Text bestehen. Für eine Dokumentation im Internet müssen diese Texte digital vorliegen, d. h. mit einer Textverarbeitung geschrieben und abgespeichert werden.
Bilder helfen nicht nur, einen Text aufzulockern, sie können auch Dinge veranschaulichen, also für Lesende eurer Beiträge leicht verständlich machen. Auch Bilder müssen digital, als Dateien, vorliegen. Per Hand angefertigte Skizzen und Zeichnungen könnt ihr einscannen. Achtet darauf, sie im richtigen Dateiformat abzuspeichern.

Bevor ihr euch an die Herstellung der Präsentation macht, noch ein Hinweis für die Veröffentlichung im Internet: Eure Seiten müssen dazu auf der Festplatte eines Internetservers gespeichert werden. Wenn ihr eine Schulhomepage habt, sollte dies kein Problem sein.
In den meisten Schulen sind AGs oder bestimmte Lehrkräfte für die Pflege der Schulhomepage verantwortlich, und das „Uploaden" eurer Seiten stellt für Geübte keinen großen Aufwand dar.
Zur Herstellung von HTML-Seiten genügt schon ein einfacher Editor (ein HTML-Editor ist ein Computerprogramm, mit dem man Internetseiten mit HTML-Code erstellen und abändern kann), bei dem dann aber alle HTML-Befehle einzeln eingegeben werden müssen. Einfacher geht es mit speziellen Programmen, wie z. B. Phase 5, einem Programm, das man sich kostenlos aus dem Internet herunterladen kann.

> **INFO**
>
> **Wichtig:** Die Bilder müssen als *.gif, *.jpg oder *.png abgespeichert werden, um von Browsern dargestellt werden zu können. Größer als 1024 x 768 Pixel sollten sie auch nicht sein (besser kleiner), da sie sonst nicht auf den Bildschirm passen.

Checkliste vor dem Praktikum

1. Sammeln von möglichst vielen Informationen über den Betrieb schon vor dem Praktikum.

2. Überlegen, welche Fragen nach dem Praktikum auf dich zukommen können.

3. Im Betrieb erkundigen, ob Arbeitskleidung oder andere Dinge vorgeschrieben sind.

4. Die Erwartungen an das Praktikum aufschreiben und später mit den Erfahrungen vergleichen.

5. Eine Praktikumsmappe, Plastikhüllen und Stifte besorgen.

6. Fotoapparat oder Kamera besorgen.

7. Überlegen, ob Termine in Vereinen oder sonstige Verpflichtungen abgesagt werden müssen, da es eventuell Überschneidungen mit den Arbeitszeiten gibt.

8. Vorher den Weg zum Betrieb raussuchen und überlegen, mit welchen Verkehrsmitteln man den Praktikumsplatz am besten erreicht.

9. Der Lehrkraft Informationen zu dem Betrieb für den geplanten Besuch geben.

10. Aufschreiben, welche Ideen du für eine Praktikumspräsentation hast.

Eine Schülerin holt Informationen zum Betrieb ein.

Eine Reflexion erfordert gründliches Nachdenken.

Reflexion zum Betriebspraktikum

Eine Reflexion ist ein Nachdenken über eine vergangene Situation. Man soll dabei überlegen, was positiv und was negativ war und daraus Schlüsse ziehen. Die folgenden Aufgaben sollen dir dabei helfen, dein Praktikum noch einmal unter verschiedenen Gesichtspunkten zu betrachten und dann zu bewerten:

1. Entwickle Kriterien für ein aus deiner Sicht gelungenes Praktikum und beurteile anschließend dein eigenes Praktikum anhand dieser Kriterien.

2. Notiere die Erwartungen, die du an dein Betriebspraktikum hattest.

3. Fasse zusammen, welche deiner Erwartungen sich erfüllt bzw. nicht erfüllt haben. Erläutere, wie du zu deinen Ergebnissen kommst.

4. Wenn sich einige deiner Erwartungen nicht erfüllt haben, überlege, was die Gründe sein könnten.

5. Beschreibe, in welcher Art und Weise dir die Vorbereitung im Unterricht geholfen hat.

6. Beschreibe, welches Wissen dir im Betrieb gefehlt hat.

7. Lege dar, ob es eine Situation gab, in der du deine Rechte und Pflichten am Arbeitsplatz kennen musstest.

8. Fasse zusammen, welche betrieblichen Zusammenhänge du kennenlernen konntest.

9. Beschreibe, welche Berufe du kennenlernen konntest. Benenne, wer oder was dir geholfen hat.

10. Beschreibe die Arbeitsaufgaben der Berufe, die du kennengelernt hast und erkläre, welchen Beruf du besonders interessant findest.

11. Überlege, ob es einen Höhe- oder Tiefpunkt im Praktikum gab.

12. Untersuche den Einfluss des Praktikums auf deine Ausbildungsplatzsuche.

13. Übertragt die nachfolgende Liste in eure Hefte und kreuzt die für euch zutreffenden Antworten an. Vergleicht anschließend eure Aussagen und diskutiert die Abweichungen. Begründet dabei eure Einschätzungen.

Ich hatte den richtigen Praktikumsplatz.		Mein Praktikumsplatz war ungeeignet.	
Meine Erwartungen haben sich erfüllt.		Ich hatte andere Erwartungen.	
Ich war gut vorbereitet.		Mir fehlte es an Wissen über den Betrieb.	
Ich habe unterschiedliche Berufe kennengelernt.		Ich hatte keinen direkten Einblick in Berufe.	

14. Ergänze folgenden Satz: Jede Schule sollte ein Betriebspraktikum durchführen, weil …

„Jetzt werden wir drei uns mal unter vier Augen unterhalten!"

„Ich verstehe nicht, warum hier so viele Unfälle passieren!"

VI Zukunft der Arbeit

Berufe verändern sich. Besonders Computer und Internet haben die Arbeitswelt in den vergangenen Jahrzehnten radikal verändert. Um mit diesem Wandel Schritt zu halten, müssen sich Beschäftigte auf lebenslange Weiterbildung einstellen. Auch die immer älter werdende Gesellschaft hat Einfluss auf den Arbeitsmarkt. Diese sich verändernden Bedingungen stellen nicht nur Beschäftigte, sondern auch Unternehmer und Politiker vor bedeutende Aufgaben.

Außerdem erfahrt ihr, welche Ursachen es für Arbeitslosigkeit gibt und welche Folgen sie hat – für die Betroffenen, die Gesellschaft und den Staat.

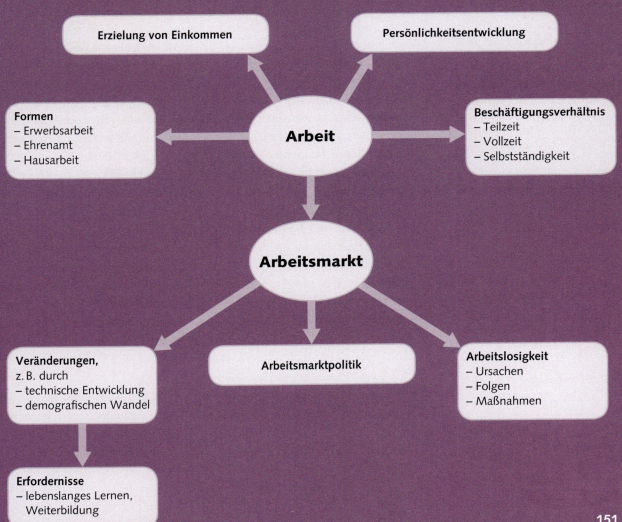

ZUKUNFT DER ARBEIT

Auch in der Pflege herrscht Fachkräftemangel

Arbeitsmarktpolitik und demografischer Wandel

Nicht nur Arbeitnehmer und Unternehmen, auch die Politik muss sich auf die Veränderungen des Arbeitsmarktes einstellen. Kernaufgabe der Arbeitsmarktpolitik ist es, einerseits alle Entwicklungen zu unterstützen, damit genügend Fachkräfte zur Verfügung stehen, andererseits Arbeitslosigkeit direkt zu bekämpfen. Hier stellt der demografische Wandel eine der größten Herausforderungen der kommenden Jahrzehnte dar. Bis 2030 wird sich laut einer Studie die Zahl der 15- bis 67-Jährigen, und damit der arbeitsfähigen Bevölkerung, um 5,5 Millionen Menschen verringern.

> **Q** Fachkräftemangel, Rente mit 70 oder weibliche Vorstandsetagen? Die Frage, wie der Arbeitsmarkt der Zukunft aussehen wird, beschäftigt Politik, Wirtschaft und Wissenschaft. Eines dürfte bislang schon sicher sein: Bei Akademikern und Fachkräften wird es einen erheblichen Bedarf geben.
>
> […] Der Arbeitsmarkt in Deutschland ist einem strukturellen Wandel unterworfen. Deutschland ist mittlerweile eine hoch entwickelte Wirtschaftsnation, das heißt produktionsorientierte Tätigkeiten wurden immer mehr von anspruchsvollen Dienstleistungen abgelöst. Höher qualifizierte Arbeit benötigt entsprechend qualifiziertes Personal – was zur Folge hat, dass die Zahl der arbeitslosen Akademiker seit 2011 zurückging […]. Dieser Trend wird sich fortsetzen und auch in Deutschland wird der Strukturwandel in Richtung Höherqualifizierung anhalten. Dazu kommt, dass die Deutschen immer älter werden und die Bevölkerung schrumpft; als eine weitere Folge werden qualifizierte Arbeitskräfte knapp. […] Zudem müssen sich Arbeitnehmer künftig darauf einstellen, länger zu arbeiten, bis sie in Rente gehen können. Außerdem braucht ein Land, das so stark vom demografischen Wandel betroffen ist wie Deutschland, Migration, um die Joblücken zu füllen. […] Ohne eine verstärkte Beteiligung am Arbeitsmarkt – auch von Frauen – ist diese gesellschaftliche Herausforderung also kaum zu stemmen. Doch noch ist die Situation eine andere: „Obwohl etwa die Hälfte der 36 Millionen Beschäftigten in Deutschland Frauen sind, leisten sie jedoch nur 43 Prozent der Arbeitsstunden", weiß Professor Joachim Möller, Direktor des Instituts für Arbeitsmarkt- und Berufsforschung (IAB). Das liegt überwiegend an den unterschiedlichen Arbeitszeitmodellen. Drei Viertel aller Teilzeitstellen, jedoch nur ein gutes Drittel der Vollzeitarbeitsplätze haben Frauen inne. […]

INFO

Strukturwandel
Die drei Wirtschaftsbereiche Landwirtschaft, Industrie (Produktion) und der Dienstleistungsbereich bilden die Struktur einer Volkswirtschaft. Wenn sich die Bedeutung der drei Bereiche grundlegend ändert, z. B. der Dienstleistungssektor immer wichtiger wird (Anzahl der Beschäftigten, Umsatz), spricht man von Strukturwandel.

Demografischer Wandel
Während die Geburtenrate in Deutschland abnimmt, steigt die Lebenserwartung der Menschen stetig an. Dies hat Auswirkungen auf den Arbeitsmarkt und die soziale Sicherung der Bevölkerung.

Migration
= Zuwanderung

Quelle: http://www.abi.de/orientieren/was-werden/frauen-und-maenner-in-der-arbe010017.htm

1. Arbeite aus dem Text Maßnahmen heraus, die den Auswirkungen des demografischen Wandels auf den Arbeitsmarkt entgegensteuern können.

2. Diskutiert: Welche Auswirkungen hat es, wenn auf dem Arbeitsmarkt in bestimmten Branchen die Nachfrage nach Fachkräften steigt, es aber nicht genug qualifizierte Bewerber gibt?

Angebot und Nachfrage –
die Lage auf dem Ausbildungsmarkt

Maik, 17 Jahre

„Die Ausbildungsplatzsuche habe ich mir wirklich leichter vorgestellt. Dabei steht mein Wunschberuf schon lange fest: Mechatroniker – am liebsten im Fahrzeugbau. Ich habe schon 45 Bewerbungen geschrieben, aber bislang nur Absagen bekommen. Zugegeben, meine Noten waren nicht ganz so gut, vor allem in Mathe. Vielleicht muss ich mich doch auch außerhalb meiner Region bewerben, eigentlich will ich das aber nicht."

> **INFO**
>
> unversorgte Bewerber für Ausbildungsstellen: 21.034
> unbesetzte Berufsausbildungsstellen: 33.534
>
> Quelle: Bundesagentur für Arbeit, gemeldete Stellen und Bewerber, Stand: 22.10.2013

Arbeitgeberpräsident Ingo Kramer

„In diesem Jahr gibt es zum sechsten Mal in Folge mehr unbesetzte Ausbildungsplätze als unversorgte Bewerber. Die Unternehmen haben in vielen Regionen zunehmend Rekrutierungsprobleme. Auch die mangelnde Ausbildungsreife vieler Bewerber macht es den Unternehmen immer schwieriger, die angebotenen Stellen zu besetzen."

Quelle: http://www.arbeitgeber.de/www/arbeitgeber.nsf/id/de_pi06613

> **INFO**
>
> **rekrutieren** = (hier) suchen und auswählen

Wer die Zahlen auf dem Ausbildungsmarkt betrachtet, müsste meinen, dass es bei der Suche nach einem Ausbildungsplatz eigentlich keine großen Schwierigkeiten geben dürfte. Viele Unternehmen suchen händeringend qualifizierten Nachwuchs. Gleichzeitig finden viele Jugendliche keinen Ausbildungsplatz. Damit Bewerber und Unternehmen zusammenfinden, müssen viele Punkte passen: die erforderlichen Qualifikationen, der Ausbildungsort, die Interessen der Bewerber etc.

1. Recherchiere im Internet, welche Maßnahmen Politik und Unternehmen treffen, um das Ausbildungsdilemma zu lösen.

2. Überlege, was sich auf Seiten der Bewerberinnen und Bewerber sowie der Unternehmen ändern muss, damit mehr freie Ausbildungsplätze besetzt werden können.

3. Diskutiert die Problematik, die der in der Randspalte abgedruckte Witz anspricht.

> Der Chef einer großen Firma kommt verstört nach Hause.
> „Manfred, was ist denn los?", fragt ihn seine Frau.
> „Ach, weißt du, ich hab heut mal aus Spaß den Eignungstest für unsere Lehrlinge gemacht. Mensch bin ich froh, dass ich schon Direktor bin!"

ZUKUNFT DER ARBEIT

Berufe verändern sich

Technische Entwicklungen haben einen großen Einfluss auf uns Menschen und unsere Tätigkeiten. Viele Berufe haben sich dadurch radikal verändert. Manche Berufe sind sogar ganz verschwunden oder es gibt sie heute nur noch selten, wie z. B. den Hufschmied. Für andere Berufe müssen die Menschen ganz andere Dinge können als früher.

Verfolgen wir einmal, wie sich die Berufe im Kfz-Handwerk in den letzten Jahrzehnten verändert haben:

Nach dem Ersten Weltkrieg, also von 1918 an, stieg der Autobestand rasch an und die Fahrzeugtechnik wurde immer komplizierter. So entstanden die Berufe Kfz-Mechaniker/in und Kfz-Elektriker/in, die sich aus dem Schmiedehandwerk heraus entwickelten. Zunächst mussten nämlich viele Ersatzteile selbst angefertigt werden. Dies gilt im Besonderen für die Motoreninstandsetzung.

Das hat sich dann aber grundlegend geändert; die Fehlersuche und der Austausch von Ersatzteilen wurden immer wichtiger, sodass 1973 neue Ausbildungsprofile für die Berufe Kfz-Mechaniker/in und Kfz-Elektriker/in entstanden.

Kfz-Werkstatt früher …

… und heute

Vor allem die elektronischen Bauteile setzten sich immer mehr durch. Aus diesem Grund wurden 2003 die Ausbildungsberufe Kfz-Mechaniker/in, Kfz-Elektriker/in und Automobilmechaniker/in zum neu geschaffenen Beruf Kfz-Mechatroniker/in zusammengeschlossen. Zwar gibt es immer noch die üblichen Reparaturarbeiten zu erledigen, wie die Reparatur von Bremsen, Auspuffanlagen, Kupplungen usw. Es fallen aber immer mehr Aufgaben für die Wartung, Prüfung, Aus- und Umrüstung von Pkw an, die vor allem die vielen elektronischen Teile eines Autos betreffen. Von den Beschäftigten wird also ein höheres technisches Verständnis verlangt. Darum werden auch die elektronischen Kenntnisse der Beschäftigten im Kfz-Handwerk immer umfangreicher und anspruchsvoller. Und die Entwicklungen werden weitergehen. Es wird immer neue Technologien geben und die Autos selbst werden sich verändern. Wenn z. B. in Zukunft immer mehr Autos mit Strom fahren werden, dann müssen Kfz-Mechatroniker und Kfz-Mechatronikerinnen sich auch damit auskennen und ganz neue Aufgaben bewältigen.

1. Versucht in eurem Bekanntenkreis jemanden zu finden, der die Veränderungen im Kfz-Handwerk selbst miterlebt hat und lasst euch davon berichten. Vergleicht eure Ergebnisse in der Klasse.

2. Vergleicht die Bilder und sprecht in der Klasse über die Unterschiede, die euch auffallen.

Beispiel Energiewirtschaft

Die Fragen, woher wir in Zukunft unsere Energie beziehen und wie wir sie sinnvoll und umweltschonend nutzen können, wird uns noch lange beschäftigen. Wollen wir z. B. unseren Strom in den nächsten Jahrzehnten v. a. aus Wind- und Sonnenkraft gewinnen, so gehen damit viele komplizierte Aufgaben einher. Die Energieunternehmen können diese nur bewältigen, wenn sie in allen Bereichen gut ausgebildetes Personal haben:

Montage von Solarmodulen auf einem Dach

Kaufm. Mitarbeiter (m/w)

Allgemeine Sekretariats- und Assistenzaufgaben; Vor- und Nachbereitung der Sitzungen und Versammlungen; Unterstützung der Geschäftsführung im Tagesgeschäft; Erstellen von Arbeitszeugnissen, Personalstatistiken

Für die Wartung unserer Kraftwerke suchen wir eine tatkräftige Unterstützung durch einen

Mechatroniker (m/w).

Wir befassen uns mit der Planung und Realisierung kompletter Photovoltaikanlagen inklusive Installation und Inbetriebnahme. Im Zuge des weiteren Wachstums suchen wir Sie zum nächstmöglichen Eintrittstermin als

Solarmonteur (m/w).

Zum nächstmöglichen Zeitpunkt suchen wir Sie als

Auszubildende/r Elektroniker/in für Energie- und Gebäudetechnik

Ihr Aufgabengebiet

Elektroniker/innen für Energie- und Gebäudetechnik trifft man überall dort, wo es elektrische Anlagen gibt. Sie installieren, warten und reparieren die anspruchsvolle Elektronik von beispielsweise Produktions- und Verfahrensanlagen [...]

1. Lest alle Anzeigen und überprüft, welches Jobangebot es vor zehn Jahren noch nicht gegeben hat.

2. Wählt zwei Anzeigen aus und beschreibt die Fähigkeiten und Interessen, die jemand mitbringen sollte, der sich auf sie bewirbt.

ZUKUNFT DER ARBEIT

Computer und Internet verändern die Arbeitswelt

Die Abläufe in den Unternehmen und damit auch die Arbeit in ihnen verändern sich heute schneller als früher. In den letzten 20 Jahren haben vor allem Informations- und Kommunikationstechnologien wie Computer, Internet und E-Mail die Arbeitswelt enorm verändert. Dabei sind vor allem folgende Faktoren von Bedeutung:

> **INFO**
>
> **Informations- und Kommunikationstechnologien**
> – verbessern den Informationsfluss zwischen Mitarbeitern,
> – optimieren die Arbeitsabläufe,
> – ermöglichen weltweites Arbeiten,
> – verbessern die Produkte,
> – setzen permanente Weiterbildung voraus (lebenslanges Lernen).

1. Mithilfe dieser Technologien ist eine Verknüpfung aller betrieblichen Vorgänge besser und schneller möglich. Musste man früher z. B. telefonieren oder Briefe schreiben, um Informationen auszutauschen, so kann man heute mit einem Mausklick in Sekundenbruchteilen Informationen per E-Mail an alle Personen weiterleiten, für die diese wichtig sind.
2. Die neuen Technologien erhöhen die Flexibilität der Unternehmen. Wenn man behauptet, jemand sei sehr flexibel, dann heißt das, er kann sich schnell auf neue Situationen einstellen und entsprechend reagieren. Mithilfe der Technologien ist es z. B. möglich, Kundenaufträge sofort zu erledigen. Das Unternehmen kann aber auch nach den Wünschen des Kunden ein Produkt schnell abändern und seine Fertigungsanlagen darauf einstellen. Und es kann besser Kontakt zu seinen Lieferanten halten.

Allerdings bedeutet dies auch, dass Unternehmen viel schneller auf Veränderungen reagieren müssen als früher. Beispiele hierfür sind:
– Während die Musikunternehmen früher gut am Verkauf von Schallplatten und CDs verdienten, besorgen sich viele Musikfans ihre Songs heute im Internet – und zwar oftmals kostenlos.
– Der einstmals größte Hersteller von Handys, das finnische Unternehmen Nokia, hat es verschlafen, rechtzeitig moderne Smartphones zu entwickeln und deshalb seinen Spitzenplatz an die Konkurrenz verloren.
– Immer mehr Menschen wollen heute ihre Bücher nicht mehr auf Papier, sondern digital lesen. Darauf müssen sich die Verlage einstellen.

Besonders in den letzten Jahren hat der Computer seinen festen Platz in den meisten Bereichen der Arbeitswelt erobert. So werden heute in sehr vielen Berufen grundlegende Kenntnisse im Umgang mit Computern verlangt. Denn nach kurzer Einführung müssen viele Arbeitskräfte selbstständig auch mit teilweise recht speziellen Computerprogrammen umgehen können.

1. Benennt Berufe, in denen heute der Verzicht auf den Computer unmöglich erscheint.

2. Überlegt, wie sich die Arbeit an eurer Schule durch den Einsatz von Computern verändert haben könnte. Überprüft eure Annahmen, indem ihr bei euren Lehrkräften, aber auch im Sekretariat und beim Hausmeister bzw. der Hausmeisterin nachfragt.

Der Einsatz von neuen Technologien in fast allen Bereichen eines Unternehmens macht natürlich auch Arbeitsplätze überflüssig. Viele Aufgaben, die bisher von Mitarbeitern und Mitarbeiterinnen erledigt wurden, werden von Computern übernommen.

Beispielsweise erforscht man heute, wie Computer in Zukunft den Kundinnen und Kunden im Supermarkt helfen können. Dabei ist es durchaus denkbar, dass man dann auch nicht mehr an der Kasse zahlt, sondern ein Scanner am Ausgang automatisch erkennt, was man gekauft hat und den entsprechenden Betrag vom Konto abbucht. Schon heute gibt es in einigen Geschäften Self-Service-Kassen, an denen die Kunden selbst ihre Ware scannen und anschließend per EC-Karte bezahlen. Sollten sich diese Entwicklungen weiter durchsetzen, werden Supermärkte weniger Personal benötigen.

In großen Warenlagern kann man das schon heute beobachten: Wo früher viele Arbeitskräfte die Paletten und Kisten hin- und hergebracht haben, übernehmen dies heute oftmals Computer und vollautomatische Roboter. Oft sieht man in den großen Gebäuden keine oder kaum Menschen.

ZUKUNFT DER ARBEIT

Arbeitsplätze, die man bisher als sicher erachtete, können plötzlich wegfallen. Man muss sich daher von der Vorstellung trennen, dass ein einmal erlernter Beruf oder eine ausgeübte Tätigkeit für das gesamte Berufsleben den Arbeitsplatz sichert. Es wird für einige Menschen immer wieder notwendig sein, sich beruflich neu zu orientieren, weil die technische Entwicklung den bisherigen Arbeitsplatz überflüssig gemacht hat.

Es gibt ein altes Sprichwort, das lautet:

„Was Hänschen nicht lernt, lernt Hans nimmermehr!"

Weiterbildung für Bauarbeiter

Damit drückte man die Vorstellung aus, dass man in der Jugend besser lernen kann als im Alter. Die meisten Menschen haben früher nach der Schule eine Ausbildung gemacht und dann ihr Leben lang auf dieser Grundlage in diesem Beruf gearbeitet, oft auch nur bei einem Arbeitgeber. Diese Zeiten sind jedoch vorbei. Heute muss es eher heißen:

„Was Hänschen lernte, reicht Hans nicht mehr aus!"

Denn eines ist ganz sicher: Mit dem Wissen und den Qualifikationen, mit denen man die Schule verlässt, wird man nicht das ganze Leben auskommen. Jeder und jede muss lebenslang lernen und sich immer neues Wissen und neue Fähigkeiten aneignen. Nur so kann man sich fit machen für die sich verändernden Bedingungen in der Arbeitswelt.

Stellt euch den folgenden Fall vor: Herr Peters hat vor 40 Jahren eine Banklehre gemacht. Damals gab es noch keinen Computer, keinen Bankautomaten und kein Internet. Die Geschäfte zwischen der Kundschaft und den Bankangestellten wurden direkt am Schalter durchgeführt, Verträge per Post verschickt und Informationen weitgehend per Telefon übermittelt. Welche Aufgaben könnte Herr Peters wohl heute noch in seiner Bank übernehmen, wenn er sich nie weitergebildet hätte? Die Antwort lautet: Keine! Denn mittlerweile werden sämtliche Bankgeschäfte elektronisch abgewickelt und organisiert.

Daher ist die wichtigste Voraussetzung für einen zukunftssicheren Arbeitsplatz die ständige Fortbildung. Sie sollte berufsübergreifend sein, damit auch ein Wechsel in andere Arbeitsgebiete möglich ist.

1. Nennt Berufe, die in Zukunft vielleicht verschwinden könnten. Begründet eure Auswahl.

2. Nehmt Stellung zu folgender Aussage: „Wenn ich erst einmal meine Ausbildung abgeschlossen habe, dann will ich nie wieder lernen. Dann heißt es nur noch arbeiten und Geld verdienen!"

Weiterbildungsmaßnahme für Lehrerinnen

Lebenslanges Lernen – Weiterbildung

Wenn man sich heute für einen Beruf entscheidet, muss man sich auf die Veränderungen in der Arbeitswelt einstellen. Gerade jüngere Arbeitskräfte müssen sich mit unterschiedlichen Anforderungen auseinandersetzen. Häufig müssen sie sich nicht nur an die neuen Technologien, sondern auch an die Veränderungen des Arbeitsmarktes anpassen. Das heißt z. B., dass sie teilweise nur Teilzeitbeschäftigungen ausüben können, befristete Arbeitsverträge haben oder über Zeitarbeitsfirmen arbeiten. Auch Selbstständigkeit wird den zukünftigen Arbeitskräften immer mehr abverlangt.

Um mit diesen Anforderungen zurechtzukommen, müsst ihr euch darauf einstellen, in eurer beruflichen Laufbahn beweglich zu sein. Ihr solltet nicht darauf hoffen, den einmal gelernten Beruf ohne Veränderungen bis zur Rente ausüben zu können. Was kann euch dabei helfen?

Zunächst stehen bei der Wahl eures Erstberufes sicherlich eure Interessen und Fähigkeiten im Vordergrund. Ihr solltet euch aber auch fragen, welche Chancen euch der Beruf für eine sichere berufliche Zukunft bietet. Denn inzwischen wissen wir: Den Beruf fürs Leben gibt es nicht. Manche Berufe verändern sich oder sterben sogar aus.
Auch in eurem Ausbildungsberuf müsst ihr damit rechnen. Daher ist es ratsam, sich bereits frühzeitig über Möglichkeiten der Weiterbildung zu informieren. Vielfältige Angebote bieten dazu auch die beruflichen Schulen. Aber auch in anderen Einrichtungen und Institutionen gibt es in fast allen Berufsrichtungen Aufstiegsfortbildungen in Form von Kursen, die mit einer staatlich anerkannten Prüfung abschließen.

Träger beruflicher Weiterbildung sind zum Beispiel:
– Abendschulen,
– Akademien,
– Anbieter für E-Learning,
– Anbieter für Fernunterricht,
– (Berufs-)Kollegs,
– Berufsverbände,
– Bildungswerke,
– Bildungszentren der Kammern (Industrie- und Handelskammer, Handwerkskammer),
– Fachschulen, Fachoberschulen, Fachhochschulen und Hochschulen,
– gewerkschaftliche Einrichtungen,
– kirchliche Einrichtungen,
– private Bildungseinrichtungen,
– unabhängige, nicht kommerzielle Einrichtungen.

INFO

Angebote der beruflichen Aus- und Weiterbildung findet ihr unter:
http://kursnet-finden.arbeitsagentur.de/kurs/

1. Nennt die Herausforderungen, vor denen Arbeitskräfte heute im Arbeitsleben stehen.

2. Erläutert die Bedeutung der Weiterbildung in Berufslaufbahnen.

ZUKUNFT DER ARBEIT

Weiterbildung, was ist das eigentlich?
Der Deutsche Bildungsrat bestimmte 1970 Weiterbildung als „Fortsetzung oder Wiederaufnahme organisierten Lernens nach dem Abschluss einer (…) ersten Bildungsphase" (z.B. Schulabschluss und Berufsausbildung). Im Sinn des Berufsfortbildungsgesetzes (BBiG) wird die berufliche Weiterbildung auch als Fortbildung oder Umschulung bezeichnet und ist eine Form der Erwachsenenbildung, die dazu dient, berufliche Fähigkeiten von Erwerbstätigen, aber auch von Arbeitslosen zu erhalten und zu erweitern.

Umsetzung der Weiterbildung

Welche Möglichkeiten aber habt ihr, lebenslanges Lernen in die Tat umzusetzen und wie findet ihr eine geeignete Weiterbildung? Um bei den vielen Angeboten zur Weiterbildung nicht den Überblick zu verlieren, solltet ihr eure Schritte genau planen. Zunächst solltet ihr euch Folgendes fragen:

1. In welcher Situation befinde ich mich?
   Hier helfen z.B. Selbsttests, um den Weiterbildungsbedarf festzustellen.
2. Welches Ziel möchte ich erreichen?
   Hierzu zählen berufliche Verbesserung, Mithalten mit neuen Anforderungen, berufliche Umorientierung.
3. Welche Möglichkeiten gibt es, dorthin zu kommen?
   Welche Angebote gibt es, wo gibt es diese, wer kann mich beraten?

Ihr habt ganz unterschiedliche Möglichkeiten, euch weiterzubilden. Es gibt berufliche Fortbildungen, um z.B. eine zusätzliche Qualifikation zu erwerben, um einen Beruf weiter ausüben zu können oder auch um beruflich aufzusteigen. Außerdem ist es möglich, dass man seinen gelernten Beruf nicht mehr ausüben kann und eine Umschulung für einen anderen Beruf notwendig wird.

Daneben gibt es auch noch betriebliche Weiterbildungen. Die Unternehmen haben ein Interesse daran, dass sich die Arbeitnehmerinnen und Arbeitnehmer weiterbilden, damit diese immer auf dem neuesten Stand sind. Diese Weiterbildungen finden dann in den Unternehmen selbst statt.

Und dann kann es sein, dass man für sein berufliches Fortkommen einen höheren Schulabschluss braucht. In diesem Fall besteht die Möglichkeit, noch einmal die Schulbank zu drücken, um den fehlenden Schulabschluss nachzuholen (siehe Grafik).

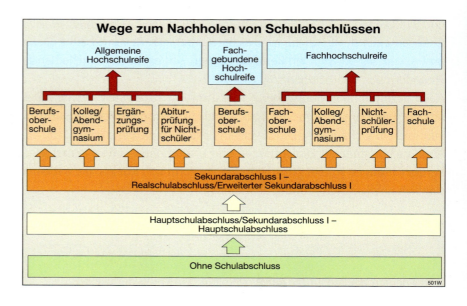

Demonstration für einen Mindestlohn

Mindestlohn und Grundeinkommen

Q **Aus dem Koalitionsvertrag zwischen CDU, CSU und SPD**
Gute Arbeit muss sich einerseits lohnen und existenzsichernd sein. Anderseits müssen Produktivität und Lohnhöhe korrespondieren, damit sozialversicherungspflichtige Beschäftigung erhalten bleibt. Diese Balance stellen traditionell die Sozialpartner über ausgehandelte Tarifverträge her. Sinkende Tarifbindung hat jedoch zunehmend zu weißen Flecken in der Tariflandschaft geführt. Durch die Einführung eines allgemein verbindlichen Mindestlohns soll ein angemessener Mindestschutz für Arbeitnehmerinnen und Arbeitnehmer sichergestellt werden.

Tarifvertrag: Abkommen zwischen Arbeitgebern und Arbeitnehmern, das die Lohnhöhe für einen bestimmten Zeitraum festlegt. Tarifparteien sind Arbeitgeberverbände und Gewerkschaften.

Quelle: Deutschlands Zukunft gestalten. Koalitionsvertrag zwischen CDU, CSU und SPD (2013), S. 67 f.

In ihrem Koalitionsvertrag hat sich die Bundesregierung aus CDU/CSU und SPD, die seit Ende 2013 im Amt ist, zur Einführung eines flächendeckenden Mindestlohns von 8,50 Euro bekannt. Der Vertrag ist aber nur eine Absichtserklärung und inwieweit die darin getroffenen Vereinbarungen tatsächlich umgesetzt werden, hängt von vielen Faktoren ab.
Vorgesehen ist, dass ab 1. Januar 2015 in Deutschland ein flächendeckender Mindestlohn gelten soll. Das heißt, dass Arbeitgeber ihren Beschäftigten dann überall in Deutschland mindestens 8,50 Euro die Stunde bezahlen müssen. In einigen Fällen sind zunächst Übergangsregelungen vorgesehen, aber ab 1. Januar 2017 soll der Mindestlohn dann ohne Ausnahme gelten. In regelmäßigen Abständen soll die Höhe des Mindestlohns von einer aus Arbeitnehmer- und Arbeitgebervertretern bestehenden Kommission überprüft und ggf. angepasst werden.

1. Erkläre die Ziele, die die Regierung mit der Einführung eines flächendeckenden Mindestlohns verfolgt.

ZUKUNFT DER ARBEIT

INFO

per se
= grundsätzlich

Quelle:
Stuttgarter Zeitung, Matthias
Schiermeyer und Roland Pichler
(23.10.2013)

❼ Starthilfe zu Aufgabe 2: Bildet zwei Gruppen. Eine Gruppe soll für, die zweite Gruppe gegen den Mindestlohn sein. Zu bestimmen sind eine Diskussionsleitung und wie die Diskussion zu protokollieren ist.

Q **Mindestlohn – Pro ...**

Ungefähr fünf Millionen Menschen würden mehr verdienen, wenn die Große Koalition eine allgemeine Lohnuntergrenze von 8,50 Euro festlegt. In der Folge nimmt der Staat mehr Steuern ein und die Sozialkassen erzielen höhere Beiträge. Die Ausgaben für Hartz IV verringern sich. Alles in allem ein Milliardengeschäft. Noch nicht eingerechnet ist dabei die wachsende Kaufkraft, wovon vor allem der Handel profitiert – selbst wenn sich der Effekt nicht in Euro beziffern lässt. Bei so vielen konkreten Vorzügen kann ein Mindestlohn nicht per se des Teufels sein. Gewiss, der Lohn müsste bezahlt werden von Unternehmen, die ihre Geschäfte bisher auf der Basis geringfügiger Einkommen machen – weniger mit der Qualität ihrer Produkte oder Dienstleistungen. Man hat sich gut eingerichtet mit der Lohnabwärtsspirale – auch der Verbraucher. Ob beim Friseur oder im Einzelhandel: was billig ist, kommt an. Damit schädigen wir uns quasi selbst. […]

... und Contra

Mit den Plänen für einen gesetzlichen Mindestlohn schlägt die Politik den falschen Weg ein. […] Abenteuerlich wird es, wenn die SPD auf einen einheitlichen Mindestlohn von 8,50 Euro für ganz Deutschland besteht. Solch eine Grenze führt nach Meinung der meisten Ökonomen vor allem in Ostdeutschland zu einem Arbeitsplatzabbau. Es macht schon einen Unterschied, ob ein Arbeitnehmer in Rostock oder in Ravensburg wohnt. Mieten und Kaufkraft sind regional unterschiedlich. Zahlreiche Tarifverträge sehen nach wie vor eine unterschiedliche Bezahlung in Ost und West vor. Die SPD sollte das zur Kenntnis nehmen. In Ostdeutschland erhalten rund ein Viertel der Beschäftigten einen Stundenlohn von weniger als 8,50 Euro. Im Westen sind es rund zwölf Prozent.
Die Vorstellung, der Gesetzgeber könne für Millionen von Beschäftigten eine kräftige Lohnerhöhung beschließen und alles gehe so weiter, ist naiv. Das staatlich diktierte Lohnplus hat Folgen für die Betriebe. In vielen Fällen haben Gewerkschaften niedrige Gehälter ausgehandelt. Sie taten dies in der Erkenntnis, dass der Gaststättenbetreiber, der Landwirt oder der Getränkehändler um die Ecke nicht mehr bezahlen kann. […]
Der neue Bundestag würde den Betroffenen einen Bärendienst erweisen, wenn er Mindestlöhne ohne Rücksicht auf volkswirtschaftliche Wirkungen in Kraft setzte. Wenn die Politik schon der Meinung ist, sie müsse bei der Lohnfindung mitmischen, sollte sie wenigstens regionale und branchentypische Lösungen wählen.

1. Stelle die Pro- und Kontra-Argumente zur Einführung eines Mindestlohns in Deutschland tabellarisch gegenüber.

2. Führt in der Klasse eine Diskussion zum Thema flächendeckender Mindestlohn durch.

Bedingungsloses Grundeinkommen

Während es beim Mindestlohn darum geht, den Menschen, die arbeiten, zu garantieren, dass sie genügend Geld zum Leben verdienen, verfolgen die Befürworter eines bedingungslosen Grundeinkommens eine andere Strategie. Ihre Idee ist es, dass alle Menschen, unabhängig davon, wie viel Geld sie bereits haben oder verdienen, vom Staat ein festes Grundeinkommen erhalten. Dafür müssen sie keine Gegenleistung liefern. Die Höhe des Grundeinkommens soll dabei die Existenz sichern. Wer mehr verdienen will, hat die Möglichkeit zu arbeiten.

Der Unternehmer Götz M. Werner, der die Drogeriemarktkette *dm©* gegründet hat, wirbt beispielsweise seit vielen Jahren für dieses Konzept. Im folgenden Interview legt er seine Grundüberlegungen dar:

Q *Was hat Sie dazu gebracht, sich mit der Idee der Grundsicherung zu beschäftigen? […] Erst wenn Geld für Miete und Essen da ist, kann überhaupt gearbeitet werden?*
Genau. Wir sind keine Selbstversorger mehr, wir leben in einer Konsumgesellschaft. Wir sind darauf angewiesen, dass andere für uns tätig sind. Wir müssen also Leute finden, die einsteigen und mitmachen – das gilt nicht nur für ein Unternehmen, sondern für die Gesellschaft an sich.

Und das wollen Sie mit dem Grundeinkommen erreichen?
Das Grundeinkommen sichert die Grundbedürfnisse ab. Erst dann kann man sagen: Jetzt zeig mal, was du kannst. Wir müssen Verhältnisse ändern, die die Initiative bremsen. Da sind wir schnell bei der Einkommensfrage, bei der Steuerfrage. Je mehr Freiheit, desto größer die Chance, dass der Einzelne gute Arbeit leistet.

Götz M. Werner

Sie glauben, dass jeder willens ist zu arbeiten?
Es wird immer Menschen geben, die partout nicht arbeiten, die in ihren Hängematten verschwinden – na und? Dann hängen sie diese wenigstens nicht mehr im Unternehmen auf, sondern zu Hause im Garten. Aber das Grundeinkommen würde vielen eine ganz neue Perspektive geben. Man wäre freier und in der Lage, überhaupt ein Risiko einzugehen. Dadurch wird das kreative Potenzial des Einzelnen frei, das würde die Gesellschaft voranbringen.

Aber wie soll das finanziert werden?
Schon heute leben 62 Prozent der Bevölkerung hauptsächlich von Transferleistungen [z. B. Hartz IV, Rente] und nur noch 38 Prozent überwiegend von eigener Arbeit. Außerdem gibt es schon heute grundeinkommensähnliche Leistungen wie das Kindergeld. Diese Leistungen könnte man als Grundeinkommen in der Verfassung garantieren – und im Gegenzug alle Steuern bis auf die Konsumsteuer abschaffen.

Quelle: www.spiegel.de, Susanne Amann (16. 06. 2008)

ZUKUNFT DER ARBEIT

Wie wirkt das bedingungslose Grundeinkommen?

Diskutiert werden seit langer Zeit unterschiedliche Konzepte des Grundeinkommens. Uneinigkeit herrscht beispielsweise darin,
- wie hoch die staatlichen Zahlungen ausfallen sollten (die Vorschläge reichen von wenigen Hundert Euro bis zu 1 500 Euro),
- woher das Geld genommen werden sollte (z. B. Konsum- und/oder Einkommenssteuer),
- ab wann gezahlt werden sollte (beispielsweise ab Geburt) und
- ob tatsächlich keinerlei Gegenleistungen der Empfänger notwendig sind.

In der derzeitigen politischen Auseinandersetzung spielt die Einführung eines Grundeinkommens kaum eine Rolle. Im Jahr 2013 fordern von den größeren Parteien aber immerhin „Bündnis 90/Die Grünen", „Die Piraten" und „Die Linke", in Politik und Öffentlichkeit die Möglichkeiten eines Grundeinkommens offen zu diskutieren. Weltweit gibt es bislang nur wenige Versuche der Einführung (u. a. in Brasilien und der Mongolei).

Die Befürworter des bedingungslosen Grundeinkommens weisen darauf hin, dass schon heute ein Großteil der Arbeit nicht mehr bezahlt werde (z. B. Kindererziehung) und viele Menschen bereits ganz oder teilweise vom Sozialsystem, das kompliziert und teuer sei und sie gesellschaftlich ausgrenze, abhängig seien.

Kritiker solcher Regeln führen hingegen u. a. die folgenden Punkte an:
- Der notwendige Umbau des gesamten Systems würde erst einmal riesige Kosten verursachen.
- In keinem Modell könnten die tatsächlichen Auswirkungen, z. B. auf den Arbeitsmarkt und die Preise, wirklich vorhergesagt werden.
- Es bestehe immer die Gefahr, dass zukünftig mehr Menschen keinen Anreiz mehr sehen würden, eine Arbeit aufzunehmen. Dies gilt vor allem für einfache und vielfach weniger gut bezahlte Aufgaben. Wie die Menschen dann wirklich reagieren würden, kann heute niemand vorhersagen.
- Zudem mache es wenig Sinn, wohlhabende Menschen mit zusätzlichen Staatsmitteln zu versorgen.
- Generell könnte das System von vielen Bürgerinnen und Bürgern als ungerecht empfunden werden.

1. Beschreibe das von Götz M. Werner entwickelte Modell. Informiere dich über die von ihm angedachte Struktur: Wer soll das Grundeinkommen bekommen? Wie wird es finanziert? Usw.

2. Befrage hierzu auch deine Eltern und Verwandte zu ihrer Einschätzung und dokumentiere diese.

3. Bewerte die Chancen der Einführung eines solchen Grundeinkommens in Deutschland.

🔒 Starthilfe zu Aufgabe 3: Überlege zuerst, wer in der Gesellschaft sich dafür und wer dagegen aussprechen könnte. Denke außerdem daran, welchen Aufwand eine solche Systemumstellung bedeuten würde.

Gerechtigkeit ist zentrales Thema im Wahlkampf

Bundesregierung beschließt Konjunkturpaket

Bei der Arbeitsagentur

Arbeitslosigkeit steigt leicht an

Herausforderung Arbeitslosigkeit

Arbeitslosigkeit ist eine besondere Herausforderung für unsere Gesellschaft wie auch eine große Belastung für die Betroffenen. Es gibt ganz unterschiedliche Gründe für Arbeitslosigkeit und damit verbunden verschiedene Formen der Arbeitslosigkeit.

Wir wollen uns zunächst einige Fälle von Arbeitslosigkeit anschauen und dann die unterschiedlichen Formen benennen:

Fall 1:
Beate H. hat eine abgeschlossene Ausbildung als Schneiderin. Bis vor einem Jahr war sie bei einem Mindener Textilunternehmen beschäftigt. Weil die Produktionskosten in Asien deutlich niedriger sind als hier, wurde die gesamte Produktion dorthin verlagert. Jetzt hat sie keine Arbeit und muss sehen, wo sie bleibt, denn in Deutschland gibt es nicht mehr so viele Textilunternehmen.
Sie sagt: „Man liest ja überall, dass die Arbeitslosigkeit wieder zunimmt, nachdem sie ja eine ganze Zeit zurückgegangen ist."

Quelle nach: http://material.lo-net2.de/europa/.ws_gen/?21 (21.10.2013)

Bei Beate H. handelt es sich um **strukturelle Arbeitslosigkeit.** Sie ist langfristig und hat verschiedene Ursachen, wie du in der folgenden Grafik siehst:

Strukturveränderungen der Wirtschaft

Technologische Änderungen:
Wenn z. B. die menschliche Arbeitskraft durch moderne Technologien ersetzt wird. Das wird Rationalisierung genannt.

Veränderungen des Wirtschaftsraums:
Wenn z. B. Industrie- und Dienstleistungszweige an Bedeutung verlieren und nicht durch zukunftsfähige Branchen ersetzt werden können.

Fehlende Qualifikation der Arbeitskräfte:
Wenn Arbeitsplätze vorhanden sind, die Arbeitssuchenden aber nicht entsprechend qualifiziert sind, d. h., wenn die Qualifikationen von Arbeitskräften und die Anforderungen der offenen Stellen nicht übereinstimmen.

Veränderungen durch Kosteneinsparungen:
Wenn z. B. die Textilproduktion oder die Automobilproduktion aus Kostengründen an andere Standorte, z. B. ins Ausland, verlagert oder aber Mitarbeiter entlassen werden.

ZUKUNFT DER ARBEIT

Vielleicht finde ich in den Wintermonaten einen anderen Job.

Martin K. auf dem Bau

Die Beschäftigung im Baugewerbe hängt stark von der Jahreszeit ab.

Quelle nach: http://material.lo-net2.de/europa/.ws_gen/?21 (21.10.2013)

Ich bin auf die neuen Kolleginnen und Kollegen gespannt.

Sara L.

Quelle für Fall 3 und 4: nach http://material.lo-net2.de/europa/.ws_gen/?21 (21.10.2013)

Fall 2:
Martin K. ist Maurer. Auf dem Bau läuft aber in den Wintermonaten nicht viel. Deshalb hat er seit November keinen Job mehr. Er sagt: „Man kann echt froh sein, wenn man Arbeit hat. Ich hoffe, dass ich im Frühjahr wieder eine Stelle auf dem Bau finde."

Bei Martin K. liegt saisonale Arbeitslosigkeit vor. Die saisonale Arbeitslosigkeit hat ihre Ursache z. B. in jahreszeitlich bedingten Witterungsänderungen oder in der saisonal bedingten Nachfrage. Sie ist kurzfristiger Natur. Diese Form der Arbeitslosigkeit ergibt sich vor allem in Branchen, deren Tätigkeiten stark von jahreszeitlichen Schwankungen abhängen, wie z. B. in der Landwirtschaft, dem Gaststättengewerbe, der Touristikindustrie oder dem Baugewerbe.

Fall 3:
Sara L. war in einem Chemiekonzern in Leverkusen als Chemikantin beschäftigt. Da sie geheiratet hat und ihr Mann in Hannover arbeitet, hat sie ihr Arbeitsverhältnis in Leverkusen zum 31.12.2013 gekündigt. Am 01.02.2014 wird bei einem Chemieunternehmen in Hannover eine Stelle in der Produktion von Lösungsmitteln frei, die sie antreten wird. Frau K. hat sich von ihrem Sachbearbeiter im Job-Center verabschiedet.

Sara L. ist von sogenannter **friktioneller Arbeitslosigkeit** betroffen. Hiervon spricht man, wenn bei einem Arbeitsplatzwechsel zwischen dem bisherigen und dem neuen Arbeitsplatz nur ein kurzer Zeitraum liegt.

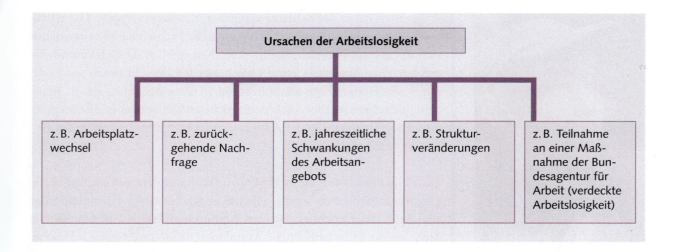

Fall 4:
Mehmet B. hat bis Juli letzten Jahres in einem Betrieb gearbeitet, der Möbel herstellt. Aufgrund der schlechten wirtschaftlichen Lage in Deutschland wurden immer weniger Möbel nachgefragt. Die Produktion wurde daraufhin reduziert und einem Teil der Belegschaft, so auch Herrn B., gekündigt. Er hofft nun, dass sich die Situation in Deutschland mittelfristig wieder verbessert und verstärkt Möbel nachgefragt werden. Dann sieht er für sich auch wieder Chancen für eine Anstellung.

Bei Mehmet B. liegt **konjunkturelle Arbeitslosigkeit** vor. Die konjunkturelle Arbeitslosigkeit hat ihre Ursache in der allgemeinen Abschwächung der wirtschaftlichen Tätigkeit. Die Nachfrage nach Produkten und Dienstleistungen geht zurück. Dies führt dazu, dass auch die Produktion verringert wird und Arbeitskräfte entlassen werden. Die konjunkturelle Arbeitslosigkeit ist in der Regel von mittlerer Dauer.

Die bisher beschriebenen Formen nennt man offene Arbeitslosigkeit. Eine **verdeckte Arbeitslosigkeit** liegt vor, wenn sie nicht gemeldet wird oder sich die Arbeitslosen in einer Maßnahme der Bundesagentur für Arbeit befinden.

1. Stelle fest, wie hoch die Arbeitslosenquote derzeit in Nordrhein-Westfalen ist. Suche bei http://statistik.arbeitsagentur.de.

2. Ermittle unter der in Aufgabe 1 angegebenen Adresse, wie sich die Arbeitslosigkeit in den letzten Jahren in der Bundesrepublik entwickelt hat.

3. Erarbeite mithilfe der Beispiele die Formen der Arbeitslosigkeit und nenne weitere Beispiele, die du kennst oder die du dir vorstellen kannst.

4. Beschreibe, wodurch sich die konjunkturelle von der strukturellen Arbeitslosigkeit unterscheidet.

INFO

Die **Arbeitslosenquote** ist der Anteil der Arbeitslosen an der Gesamtzahl der Erwerbspersonen. Sie zeigt an, wie die Situation auf dem Arbeitsmarkt ist.

ZUKUNFT DER ARBEIT

Sven

B Sven hat in der 8. Klasse völlig den Anschluss verpasst. Die Scheidung seiner Eltern bereitete ihm große Probleme und er versuchte sich mit allem Möglichen abzulenken. Nur spielten die Schule und ein erfolgreicher Abschluss keine Rolle mehr bei ihm. Er brach am Ende der 9. die Hauptschule ab. Nun stand er ohne Abschluss da. Er hatte seine Schulpflicht aber auch noch nicht erfüllt, sodass er zunächst in eine Fördermaßnahme der Arbeitsagentur kam und danach in das Berufsvorbereitungsjahr.

Da er im Anschluss daran keinen Ausbildungsplatz bekam und auch eigentlich gar keinen wollte, machte er wieder einen Förderlehrgang und kam, da er auch jetzt keinen Ausbildungsplatz im dualen System fand, in eine außerbetriebliche Ausbildung. Diese Ausbildung schloss er ab, bekam allerdings danach keinen Arbeitsplatz und war längere Zeit arbeitslos.

Viele Unternehmen haben Probleme, ihre Ausbildungsplätze mit den „richtigen" Personen zu besetzen. Sie berichten aus Einstellungsverfahren, dass viele Schulabgänger nicht über die erforderlichen Qualifikationen verfügen. Deshalb bleiben immer wieder Ausbildungsplätze unbesetzt. Wie sich der Arbeitsmarkt entwickelt, kann mit Gewissheit niemand sagen. Aber eine gute Ausbildung ist und bleibt der beste Schutz vor Arbeitslosigkeit.

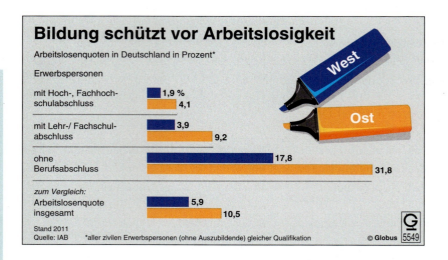

INFO

Außerbetrieblich sind die Ausbildungsverhältnisse, die mit öffentlichen Mitteln, z. B. von der Bundesagentur für Arbeit, finanziert werden. Als betrieblich gelten Ausbildungsverhältnisse, bei denen die Finanzierung (des betrieblichen Teils der dualen Ausbildung) durch die Ausbildungsbetriebe erfolgt.

🢂 Starthilfe zu Aufgabe 2: Denkt darüber nach, welche Formen der Arbeitslosigkeit bedeutsam sein dürften, wenn viele Menschen gleichzeitig betroffen sind.

1. Erkläre, wann man von verdeckter Arbeitslosigkeit spricht.

2. Es gibt Regionen mit hoher und solche mit niedriger Arbeitslosenquote. Diskutiert, welche Ursachen hierfür verantwortlich sein könnten.

3. Analysiere die Grafik auf dieser Seite und arbeite die Informationen über die Beziehung von Bildungsabschlüssen und Arbeitsmarktchancen heraus. Fasse die wesentlichen Erkenntnisse in eigenen Worten zusammen.

Folgen der Arbeitslosigkeit

Arbeitslosigkeit kann für die Betroffenen zum Teil erhebliche Folgen haben: Da ist zunächst der Verdienstausfall, der zu Einschränkungen beim Konsum (Kleidung, Ernährung) und bei der Mobilität (wenn man sich z. B. kein Auto mehr leisten kann) sowie zu hohen Schulden führen kann.

> Frau K.: „Die Arbeitslosigkeit zwingt uns zum Sparen. Eine Urlaubsreise ist im Moment nicht drin."

Aber genauso wichtig sind die psychischen und die sozialen Folgen, die der Verlust der Arbeit nach sich zieht. Keine Beschäftigung zu haben heißt, seine Fähigkeiten nicht anwenden zu können, keine neuen Fertigkeiten zu erlernen sowie keine sozialen Kontakte mit Kollegen und Kolleginnen zu haben. Manches davon kann ersetzt werden, etwa durch ehrenamtliche Tätigkeiten, mehr Kontakte im Privatbereich oder die ausgedehnte Pflege von Hobbys. Doch in unserer Gesellschaft hat die Erwerbsarbeit eine sehr hohe Bedeutung. Sie kann Selbstbewusstsein und Zufriedenheit geben sowie die Selbstachtung fördern. Umgekehrt kann sich bei Arbeitslosigkeit schnell das Gefühl einstellen, nicht mehr gebraucht zu werden.

> Herr F.: „Wenn meine Freunde von ihrer Arbeit berichten, sitze ich nur stumm dabei. Das ist deprimierend."

> Herr M.: „Vor zwei Jahren haben wir uns mithilfe eines Bankkredits ein Haus gekauft. Jetzt bin ich arbeitslos und weiß nicht, wie wir die Raten bezahlen sollen."

Die finanziellen, sozialen und psychischen Probleme sind bei den sogenannten Langzeitarbeitslosen – das sind Personen, die schon länger als ein Jahr nach einer neuen Beschäftigung suchen – noch stärker ausgeprägt als bei den kurzfristig Arbeitslosen. Je älter die Langzeitarbeitslosen sind, desto mehr fallen die Begleitprobleme im Allgemeinen ins Gewicht.

> Frau P.: „An manchen Tagen fühlt man sich wirklich einsam, wenn alle Freunde bei der Arbeit sind und man alleine zu Hause sitzt."

Ein weiteres Problem ist die körperliche Gesundheit. Laut Untersuchungen ist der durchschnittliche Gesundheitszustand von Langzeitarbeitslosen nicht nur schlecht, sondern er verschlechtert sich häufig im Verlauf der Arbeitslosigkeit.

Folgen der Arbeitslosigkeit

- **finanzielle Folgen:** niedrigeres Einkommen
- **soziale Folgen:** eingeschränkte Aktivitäten und Kontakte mit Freunden, Bekannten
- **gesundheitliche Folgen:** Verschlechterung des physischen und psychischen Gesundheitszustandes

1. Arbeitslose können in zwei Gruppen eingeteilt werden: Jene, die nach dem Jobverlust rasch wieder eine neue Stelle finden, und jene, die lange keinen neuen Arbeitsplatz mehr finden. Das sind die Langzeitarbeitslosen.
Begründet, aus welcher Form der Arbeitslosigkeit am ehesten Langzeitarbeitslosigkeit entsteht.

> Starthilfe zu Aufgabe 1: Sieh dir hierzu noch einmal die Beispiele auf den Seiten 165–167 an.

VERSTEHEN

Beim Klassentreffen

Formen der Arbeitslosigkeit

Anlässlich eines Klassentreffens begegnen sich die vier ehemaligen Klassenkameraden Fred, Tina, Boris und Claudia. Im Laufe des Abends entwickelt sich das folgende Gespräch:

Tina: So, ich glaube, ich werde dann auch bald mal nach Hause fahren. Ich habe morgen früh einen Termin bei der Arbeitsagentur.
Fred: Ist dir etwa gekündigt worden?
Tina: Nein, ich habe meinen Job als Informatikerin gekündigt und suche eine neue Herausforderung. Mal sehen, was mir so angeboten wird.
Fred: Mit deiner Qualifikation wirst du ganz schnell einen neuen Arbeitsplatz finden. Bei mir sieht es leider nicht so rosig aus. Aufgrund der sinkenden Nachfrage habe ich meine Stelle als Kfz-Mechatroniker verloren. Mein Chef hat aber gesagt, sobald die Auftragslage besser wird, würde er mich wieder einstellen.
Claudia: Bei mir ist es ja auch jedes Jahr das Gleiche. Als Kellnerin im Biergarten muss ich mir über den Winter einen neuen Job suchen.
Boris: Naja Claudia, dann wirst du aber spätestens im Frühling wieder eine neue Anstellung finden.
Claudia: Stimmt, das ist bei dem Beruf im Sommer kein Problem.
Boris: Ich bin da schon schlimmer dran. Mein Chef hat mir gekündigt. Die Lohnkosten seien zu hoch. Jetzt produziert das Unternehmen im Ausland. Vielleicht sollte ich mich weiterbilden.
Claudia: Mensch, Boris, lass den Kopf nicht hängen. Die Zeiten haben sich einfach geändert und es ist eben heutzutage nicht mehr unbedingt so, dass man mit dem Job in Rente geht, den man mal gelernt hat. Man muss halt flexibel sein.

Quelle: Schulz, Jan-Peter: Welche Formen der Arbeitslosigkeit gibt es? Wigy e.V., Oldenburg, 2007

Starthilfe zu Aufgabe 1: Versuche, die Aufgabe in einem ersten Schritt ohne Hilfe zu lösen. Falls du nicht weiterkommst, kannst du auf den Seiten 165–167 die Formen der Arbeitslosigkeit noch einmal nachlesen.

	Tina	Fred	Claudia	Boris
Ursache der Arbeitslosigkeit				
Form der Arbeitslosigkeit				

1. Lies den Dialog und übertrage die Tabelle in dein Heft. Fülle sie anschließend aus und vergleiche die Ergebnisse mit deinem Sitznachbarn.

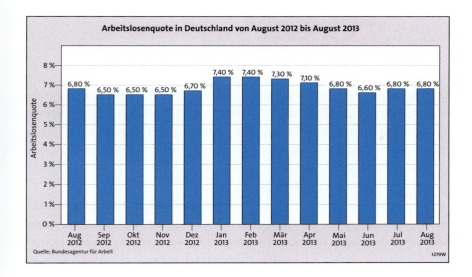

Arbeitslosenquote

Lesehilfe

Die Statistik zeigt die Arbeitslosenquote in Deutschland von August 2012 bis August 2013. Im August 2013 betrug die Arbeitslosenquote in Deutschland 6,8 Prozent. Die Arbeitslosenquote gibt an, wie groß der Anteil der Arbeitslosen an allen potenziellen Arbeitnehmern ist, die für den Arbeitsmarkt zur Verfügung stehen.

Eine sich verändernde Arbeitslosenquote ist damit rechnerisch sowohl von der Entwicklung der Anzahl der Arbeitslosen als auch der Anzahl der Erwerbstätigen abhängig. Zur Einschätzung der Entwicklung des Arbeitsmarktes in Deutschland sollten daher neben der Arbeitslosenquote die Anzahl der Arbeitslosen und die Anzahl der Erwerbstätigen als weitere wichtige Kennzahlen beachtet werden. Die maximale Anzahl aller erwerbsfähigen Personen in Deutschland ergibt sich aus den erwerbsfähigen arbeitslosen und erwerbstätigen Personen.

$$\text{Arbeitslosenquote (in \%)} = \frac{\text{Anzahl der Arbeitslosen}}{\text{Anzahl der Arbeitslosen} + \text{Anzahl der Erwerbstätigen}} \cdot 100$$

1. Beschreibe in eigenen Worten, was die Arbeitslosenquote und damit die obige Grafik genau darstellt.

2. Erkläre, weshalb zur richtigen Analyse die Zahlen der Arbeitslosen und der Erwerbstätigen benötigt werden.

3. Nimm Stellung zu folgender Aussage: „Die Arbeitslosenquote ist im letzten Jahr um 0,5 % gestiegen. Also sind heute mehr Menschen ohne Arbeit als vor einem Jahr."

PRAXIS

Strukturwandel in NRW
Ein Riss geht durch Wuppertal

Der Strukturwandel in Nordrhein-Westfalen ist noch lange nicht beendet. Zwar sind die großen, alten Industriekonzerne schon vor Jahrzehnten verschwunden. Fabrikbrachen sind längst stimmungsvolle Kulisse für Konzerte und Kunstausstellungen und ehemalige Kohle-Metropolen wie Dortmund haben sich zu Hochtechnologiestandorten gemausert.

Doch die Schäden, die der Umbruch im Land verursacht hat, sind noch nicht beseitigt. Die Städte im Ruhrgebiet und die angrenzenden alten Industriezentren wurden in zwei Hälften geteilt. Fährt man durch Städte wie Oberhausen, Essen oder Wuppertal, kann man diese Schnitte besichtigen. In den ehemaligen Arbeitervierteln im Zentrum sind die Menschen auch mittags zu Hause, die Häuser oft heruntergekommen. Ein paar Kilometer weiter werden derweil schicke Neubausiedlungen hochgezogen. [...]

Als [Wolfgang] Clausen im Mai 1977 seinen ersten Tag in der Gießerei Sieberts und Hölken hatte, lief die Wuppertaler Wirtschaft auf Hochtouren. Allein Textilfirmen und Metallverarbeitungsbetriebe gaben 10.000 Menschen Arbeit. Damals war auch die Innenstadt ein gutes Viertel. Noch immer kommt man bei einer Fahrt mit der berühmten Schwebebahn an schmucken Jugendstilhäusern vorbei. Nur hat inzwischen nebenan oft ein 1-Euro-Laden aufgemacht.

Denn mit der Stadt ging es schon bald abwärts. Erst wanderten die Textilfirmen nach Asien ab, dann musste auch die metallverarbeitende Industrie nach und nach die Tore schließen, weil in anderen Ländern billiger produziert wurde. Der Arbeitgeber von Wolfgang Clausen konnte in den Wirren des Strukturwandels noch vergleichsweise lange überleben. Während viele Gießereien schließen mussten, hielt Sieberts und Hölken noch bis 2009 durch. Doch dann stand auch Clausen nach 32 Jahren Arbeit auf der Straße.

Unzählige Bewerbungen hat er seitdem geschrieben. Einige kamen gleich wieder zurück wegen seines Alters. Clausen ist inzwischen 55. Andere potenzielle Arbeitgeber fragten ihn, was er denn für eine Ausbildung habe. Kfz-Mechaniker, sagte Clausen dann. „Es war ja damals egal, was man war", sagt er. „In der Firma haben fast nur angelernte Hilfskräfte gearbeitet und alle haben trotzdem gutes Geld verdient."

Gutes Geld ohne Ausbildung – das war früher normal. „Fabrikarbeiter mussten noch nicht mal Deutsch können", sagt Andreas Kletzander vom Jobcenter Wuppertal. Heute sind Menschen ohne Berufsabschluss oft aussichtslose Fälle. „Die Zahl der Betriebe, die auch ungelernte Arbeiter einstellen, nimmt ab", sagt Ulrich Walwei, Vizedirektor am Institut für Arbeitsmarkt- und Berufsforschung. Selbst seine drei Jahrzehnte Berufserfahrung bringen Clausen nichts mehr, weil er die Computersteuerungen in den neuen Fabriken nicht mehr versteht. „Die stehen da jetzt alle im weißen Kittel", sagt er befremdet. Der Strukturwandel ist zu schnell für Menschen wie Clausen. Sie kommen vom Band und sollen auf Marketingexperte oder Projektmanager umschulen.

Quelle: http://www.zeit.de/wirtschaft/2012-05/wuppertal-nrw-strukturwandel
Malte Buhse, Zugriff: 31.01.2014

1. Erkläre den Begriff Strukturwandel.

2. Beschreibe die im Artikel dargestellten Veränderungen in der Wirtschaftsstruktur und ihre Auswirkungen auf das Wuppertaler Stadtbild.

3. Erläutere die Auswirkungen, die die im Artikel beschriebenen Entwicklungen auf den Arbeitsmarkt haben. Stelle dazu die Situation 1977 der heutigen Lage gegenüber.

B Mittwochnachmittag: Der Vater kommt ziemlich sauer nach Hause. „Man, bin ich genervt. Vor zwei Jahren haben wir erst ein neues Computersystem gekriegt und nun wird wieder alles geändert. Demnächst muss ich auf eine einwöchige Fortbildung. Hört das denn nie auf?" Die Mutter versucht, ihren Mann zu beruhigen: „Ist doch nicht so schlimm. So ist das heutzutage. Weißt du noch, ich musste mich letztes Jahr auch fortbilden, um weiter in der Krankengymnastik-Praxis arbeiten zu können. Aber dadurch habe ich meinen Arbeitsplatz gesichert." „Du hast ja recht, aber anstrengend ist das manchmal schon", brummt der Vater.

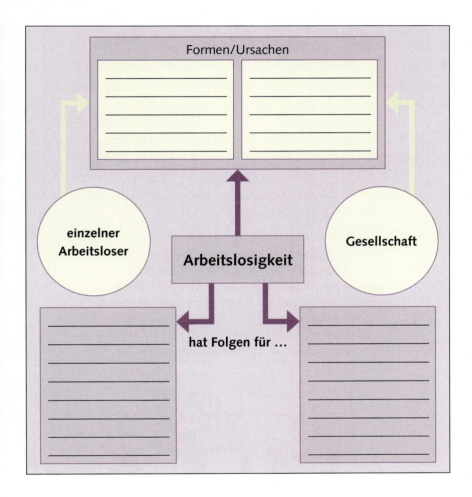

4. Fasse die im Beispiel angesprochenen Veränderungen der Arbeitswelt und die Strategien, mit denen Arbeitnehmer und Arbeitgeber darauf reagieren können, in eigenen Worten zusammen.

5. Übertrage die Grafik in dein Heft und fülle sie aus. Versuche es in einem ersten Schritt selbstständig und greife nur auf das Kapitel zurück, wenn du nicht weiter kommst. Vergleicht und diskutiert die Ergebnisse anschließend in der Klasse.

LERNBILANZ

In diesem Kapitel haben wir uns mit unterschiedlichen Aspekten der Arbeitswelt auseinandergesetzt. Im Einzelnen ging es um
- Angebot und Nachfrage auf dem Arbeitsmarkt und die Auswirkungen des demografischen Wandels,
- den technologischen Wandel und seine Auswirkungen,
- die Notwendigkeit von Weiterbildung,
- die Einführung eines flächendeckenden Mindestlohns und die Idee eines bedingungslosen Grundeinkommens sowie
- Ursachen, Formen und Folgen von Arbeitslosigkeit.

Mithilfe der folgenden Aufgaben könnt ihr überprüfen, ob ihr das Wissen anwenden könnt.

1. Erkläre die Situation, dass einerseits viele Unternehmen dringend Nachwuchskräfte suchen und andererseits Tausende junger Menschen keinen Ausbildungsplatz finden.

2. Beschreibe die Auswirkungen des demografischen Wandels auf den Arbeitsmarkt.

3. Analysiert die Karikatur und diskutiert anschließend in der Klasse, ob ihr der Aussage des Zeichners zustimmt.

4. Nimm Stellung zu der folgenden Aussage: „Die Verbreitung von Computern und Internet hat in vielen wirtschaftlichen Bereichen zu einem Strukturwandel geführt."

5. Ordne die folgenden Aussagen den Jahren 1964 und 2014 zu.
   a) Die meisten Menschen arbeiten ihr Leben lang in ihrem einmal erlernten Beruf.
   b) Viele Angestellte und Arbeiter müssen sich regelmäßig fortbilden.
   c) Ein Großteil der Arbeitnehmer wechselt im Berufsleben einmal oder mehrmals den Arbeitgeber.
   d) Computertechnologien schaffen neue Arbeitsplätze und machen andere überflüssig.

6. Erkläre, warum Weiterbildung heute so wichtig ist.

7. Stelle die zentralen Argumente der Befürworter und Gegner von flächendeckenden Mindestlöhnen einander gegenüber.

8. Lege dar, was unter dem bedingungslosen Grundeinkommen verstanden wird. Mache dabei deutlich, wie sich ein solches Grundeinkommen von Mindestlöhnen auf der einen und Sozialleistungen wie Hartz-IV-Zahlungen auf der anderen Seite unterscheidet.

9. Diskutiert, welche Folgen Arbeitslosigkeit für die betroffenen Personen haben kann.

10. Benenne Beispiele für friktionelle, saisonale und strukturelle Arbeitslosigkeit.

11. Erläutert mithilfe der Grafik „Weniger Kosten für die Arbeitslosigkeit", warum Arbeitslosigkeit nicht nur für die Betroffenen ein finanzielles Problem darstellt.

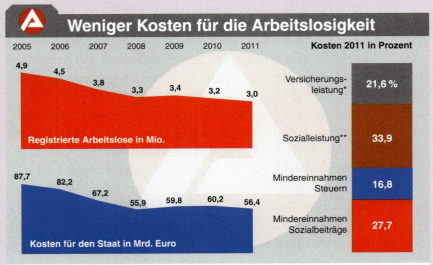

METHODE

Die Internetrecherche

Das Internet bietet viele Möglichkeiten, schnell Informationen zu allen denkbaren Themen aus allen Teilen der Welt zu bekommen. Allerdings führt die unglaubliche Menge an Informationen auch dazu, dass das Internet als Dschungel erscheint, in dem man sich schnell verirren kann. Was sollte man beachten?

Vorbereitung

1. Vorbereitung
Bevor man startet, muss man sich darüber im Klaren sein, was man überhaupt genau sucht. Folgende Fragen helfen dabei:
- Zu welchem Schwerpunktthema sollen Informationen beschafft werden?
- In welche einzelnen Aspekte kann das Thema unterteilt werden?
- Wofür werden die Rechercheergebnisse benötigt?
- Welche Informationsquellen erscheinen für das angestrebte Ziel sinnvoll?

Gerade die letzten beiden Fragen sind wichtig, denn abhängig davon, was man am Ende mit der Information machen will (z. B. Nutzung in einem Referat, zur Vorbereitung einer Klausur, zur Erstellung eines Schülerzeitungsartikels), ist mal ein fachlicher Text, mal ein aktueller Zeitungsartikel, mal eine grafisch dargestellte Statistik usw. sinnvoll.

Durchführung

2. Durchführung
Sofern man die genaue Internetadresse des gesuchten Informationsanbieters nicht kennt, helfen Suchmaschinen, Übersicht im Internet zu erhalten. Mit ihnen kann man die vielen Millionen Seiten des Internets nach bestimmten Begriffen durchsuchen lassen und bekommt die besten Treffer übersichtlich angezeigt. Allerdings gibt es viele solcher Suchmaschinen, etwa www.google.de, www.yahoo.de, www.bing.de. Keine von ihnen ist in der Lage, alle Seiten im Netz nach den gewünschten Inhalten zu durchsuchen.

3. Auswertung
Ganz wichtig ist es, dass man die im Internet gefundenen Informationen kritisch bewertet. Folgende Fragen sollte man klären, bevor man die gefundenen Informationen verwendet:

Auswertung

- Von wem kommt die Information und wie ist diese Quelle zu bewerten?
- Um welche Form der Information handelt es sich (z. B. Nachricht, Stellungnahme einer Institution, persönliche Bewertung)?
- Welche Interessen vertritt der Anbieter der Information allgemein?

> **B Recherchiert: Wer ist zuständig?**
> 1. Elke hat beim Spaziergang im Park ihre Handtasche verloren.
> 2. Die Klasse 8b will in der Innenstadt Spenden für die Partnerschule in Indien sammeln.
> 3. Für ihr Praktikum im Krankenhaus benötigt Franziska ein Gesundheitszeugnis.

Wie werte ich Texte aus?

In diesem Buch werden euch viele Texte und Abbildungen aus Zeitschriften, Büchern usw. vorgestellt, die Informationen zum jeweiligen Thema enthalten. Wie müsst ihr vorgehen, um die nötigen Informationen herauszulesen? Als Grundregel gilt: Lest den Text und die Aufgabe gründlich und schrittweise durch. Voraussetzung ist, dass ihr wisst, welche Fragen an den Text oder die Abbildung zu stellen sind. Das heißt, ihr müsst die Aufgaben oder Fragen genauso gründlich lesen wie den Text. Im Folgenden wird mit den Texten auf Seite 55 gearbeitet.

1. Was wird von euch gefordert?
Werdet euch über die Aufgaben-/Fragestellung klar.
Löst dazu die Aufgaben auf Seite 55.

2. Klärung unklarer Begriffe
In unserem Beispieltext auf Seite 55 taucht der Begriff „Mindesthaltbarkeitsdatum" auf. Erklärt, was damit gemeint ist. Wenn ihr einen Begriff nicht kennt, könnt ihr in einem Wörterbuch oder Lexikon nachschlagen. Einige wichtige Fachbegriffe werden auch im Glossar dieses Buches erläutert.

3. Text erschließen
Lest den Text und stellt Fragen an den Text.
Leitfragen, die nicht immer alle beantwortet werden können, sind:

> **B** Wer berichtet?
> Die Bundesanstalt für Landwirtschaft und Ernährung
> Worüber wird berichtet?
> Über das Problem der Lebensmittelverschwendung.
> Von wann ist der Text?
> Das ist in diesem Fall nicht so einfach zu ermitteln.
> Wo ist der Text erschienen?
> Auf der Internetseite www.zugutfuerdietonne.de, die von der Bundesanstalt für Landwirtschaft und Ernährung betrieben wird.
> Was ist das Problem?
> Viele Lebensmittel, die noch nicht verdorben sind, werden weggeworfen.
> Welche Lösung gibt es?
> Verbraucher sollten nicht nur auf das Mindesthaltbarkeitsdatum achten und Lebensmittel nicht schon bei kleinen Schönheitsfehlern wegwerfen.

4. Text in eigenen Worten formulieren
Fragt euch: Wie würde ich den Text einem anderen erzählen?

5. Lösung kontrollieren
Kontrolliert in der Klasse, ob der Text nachvollziehbar ausgewertet wurde.

Aufgabenstellung verstehen

Begriffe klären

Text erschließen

Lösung kontrollieren

Ein Referat halten

Bei einem schulischen Referat handelt es sich um einen mündlichen Vortrag (oft zwischen 15 und 20 Minuten lang), welcher Mitschülerinnen und Mitschülern Informationen zu einem bestimmten Thema liefert.

Vorbereitung

1. Planung/Vorbereitung
– Ein Referat soll sich auf einen klar umrissenen Themenbereich bzw. inhaltlichen Aspekt konzentrieren. Deshalb muss das Thema zunächst genau festgelegt und von anderen Themengebieten abgegrenzt werden.
– Entsprechend ist das zur Verfügung stehende Material zu sichten, einzugrenzen und auszuwerten. Wichtig ist nicht, möglichst viele Informationen zu sammeln, sondern vor allem die wichtigsten Inhalte zu erfassen.
– Auf der Grundlage der Materialauswertung ist anschließend eine Gliederung für das Referat zu erstellen. Das Referat muss einem „roten Faden" folgen. Die Teilthemen sollen in logischer Weise aufeinander aufbauen.
– Anschließend sind unterstützende Medien wie Folien, Tafelbild oder eine Präsentation vorzubereiten. Diese sollen das spätere Referat unterstützen und den Zuhörern helfen, dem Vortrag zu folgen. Entsprechend dürfen z. B. Folien nicht zu viel Text enthalten und es muss z. B. stets darauf geachtet werden, dass die wesentlichen Aussagen bildhaft dargestellt werden. Abhängig vom Thema und Umfang des Referats kann auch ein kleines Papier, das die wesentlichen Punkte zusammenfasst und an alle verteilt wird, hilfreich sein. Dies nennt man auch „Handout".
– Abschließend sollte das Referat geübt werden. Beim Referat spricht man möglichst frei und liest nicht vom Blatt ab. Deshalb empfiehlt es sich, kleine Stichwortkarten mit wichtigen Gliederungspunkten vorzubereiten.

Durchführung

2. Durchführung
– Der Einstieg in das Referat sollte Interesse wecken. Stelle also dar, weshalb man deinen Vortrag auf keinen Fall verpassen sollte (übertreibe aber nicht!) und präsentiere anschließend eine kurze Übersicht deiner Gliederung. Kläre unbedingt zu Beginn des Vortrags, ob du Zwischenfragen zulässt oder am Ende eine Fragerunde einplanst.
– Trage das Referat frei mithilfe deiner Stichwortkarten vor und lies niemals längere Textpassagen einfach ab (außer du zitierst kurze Originaltexte).
– Achte darauf, dass du laut und deutlich genug vorträgst. Sieh die Zuhörerinnen und Zuhörer an und drehe ihnen, während du sprichst, nie den Rücken zu (um z. B. eine Folie an der Wand abzulesen).
– Achte auch auf deine Körperhaltung. Du solltest offen auftreten. Am besten stehst du während eines Referates vor der Klasse, ohne dich irgendwo abzustützen. Verstecke auch nicht die Hände in den Hosentaschen.
– Fasse am Ende des Referats die wesentlichen Botschaften und Aussagen noch einmal kompakt zusammen. Im Anschluss daran können offene Fragen geklärt oder Meinungen diskutiert werden.

Die Umfrage

Mithilfe einer Umfrage kannst du Informationen zu einem bestimmten Thema sammeln, sie dann auswerten und daraus neue Erkenntnisse ableiten. Auf den Seiten 31 und 32 beschäftigen wir uns z. B. mit verschiedenen Arten von Beschäftigungsverhältnissen. Schauen wir uns an diesem Beispiel einmal an, wie eine Umfrage durchgeführt werden kann.
Eine Umfrage wird meist anonym durchgeführt und muss sorgfältig geplant werden. Sie lässt sich in drei Phasen einteilen:

1. Vorbereitung

In dieser ersten Phase legt ihr fest, welchen Zweck die Umfrage haben soll und was ihr herausfinden möchtet. Dazu formuliert ihr eine Leitfrage, die das Thema der Umfrage darstellt: „Wie verbreitet sind die unterschiedlichen Beschäftigungsverhältnisse?"
Im Beispiel sollen dazu die folgenden Punkte herausgefunden werden:
- befristete oder unbefristete Beschäftigung, Zeit-/Leiharbeit, Selbstständigkeit, „Minijob" oder keine Erwerbstätigkeit,
- Vollzeit oder Teilzeit,
- jeweils Aufgliederung nach Alter und Geschlecht.

In der Vorbereitungsphase bestimmt ihr ebenfalls, wer befragt werden soll, also die Zielgruppe der Umfrage. In diesem Fall könnte man unterschiedliche Altersgruppen von Frauen und Männern befragen (z. B. unter 30 Jahren, 30 bis 50 Jahre, 50 bis 65 Jahre und über 65 Jahre).
Als Nächstes formuliert ihr Fragen und auch die Antwortmöglichkeiten, die sich danach richten, was ihr herausfinden wollt.
Zuletzt müsst ihr noch festlegen, ob ihr die Umfrage schriftlich, in Form eines Fragebogens, oder mündlich, in Form von Interviews, durchführen wollt.

2. Durchführung

Für die Durchführung solltet ihr euch überlegen, wo ihr die Umfrage am besten durchführt (wo befindet sich die Zielgruppe?). Und ihr solltet vorab eventuell auch die Verständlichkeit eurer Fragen testen. Wichtig ist, dass ihr die Personen, die ihr befragt, vorab über den Zweck der Umfrage informiert.

3. Auswertung und Präsentation

Die Auswertung erfolgt meist durch einfaches Auszählen der Antworten. Dazu legt ihr euch vorab am besten eine Tabelle an, in der ihr die Ergebnisse in Form einer Strichliste eintragen könnt. Diese Ergebnisse solltet ihr anschließend in Form einer Statistik oder eines Diagramms präsentieren (siehe Infokasten). Als letzten Schritt müsst ihr nun die Ergebnisse eurer Umfrage im Hinblick auf eure Fragestellung näher betrachten und überlegen, was die Ergebnisse für die eingangs gestellte Leitfrage bedeuten und wie man mit diesen Ergebnissen weiterarbeiten kann. In unserem Beispiel könntet ihr eure Ergebnisse mit den Angaben im Buch auf den Seiten 31 und 32 vergleichen.

Vorbereitung

Durchführung

Auswertung

INFO

Die Fragebogensoftware GrafStat bietet Hilfe von der Fragebogenerstellung bis zur Auswertung einer Umfrage und kann kostenlos unter www.grafstat.de heruntergeladen werden.

# METHODE

Deutung einer Karikatur

Eine Karikatur hat das Ziel, den Betrachter zum Nachdenken über ein bestimmtes Thema anzuregen, oder sie will auf witzige Weise Kritik an einem Sachverhalt üben. Mit einer Karikatur wird häufig auf ein Problem aufmerksam gemacht und die Wirklichkeit dazu übertrieben dargestellt. Ohne Hintergrundwissen kann sie häufig nicht verstanden und gedeutet werden. Um die Aussage einer Karikatur zu erfassen, müsst ihr sie Schritt für Schritt „entschlüsseln". Als Beispiel haben wir die Karikatur von Seite 17 noch einmal abgedruckt.

„Habe gehört, ihr habt euren Prozess gewonnen."

Beschreibung

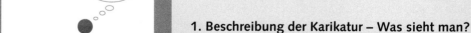

1. Beschreibung der Karikatur – Was sieht man?
Zunächst beschreibt ihr genau, was ihr seht. Dabei können alle Einzelheiten für die spätere Deutung wichtig sein.
– Gibt es Informationen über den Zeichner, den Zeitpunkt und den Erscheinungsort der Karikatur?

- Werden bekannte Personen, Figuren oder Gegenstände dargestellt, und wenn ja, wie (Körperhaltung, Gesichtsausdruck, besondere Merkmale)?
- Wie sind die Bildinhalte angeordnet (Vorder- und Hintergrund, Größenverhältnis)?
- Was „sagen" die Personen oder Figuren?

B Im Vordergrund des Bildes sieht man einen Teil eines Hochhauses mit drei Balkonen. Vom oberen Balkon wächst eine Kletterpflanze zum mittleren Balkon. In die Pflanze ist eine große Öffnung geschnitten, sodass man sieht, dass sich dahinter eine Wohnung befindet. Auf diesem „frei geschnittenen" Balkon stehen zwei Männer und eine Frau und schauen sich zufrieden die Umgebung an. Ein Mann sagt zu dem anderen: „Habe gehört, ihr habt euren Prozess gewonnen."

2. Deutung der Karikatur – Was will uns der Zeichner sagen?

Auf der Grundlage der Beschreibung müsst ihr nun die Bedeutung der benutzten Elemente und Symbole der Karikatur erklären.
- Um welches Thema geht es?
- In welcher Situation werden die Personen, Figuren oder Gegenstände dargestellt?
- Welchen Zusammenhang gibt es zwischen Bild und Text?
- Wer oder was soll durch die Karikatur kritisiert werden?
- Was ist die Botschaft des Zeichners?

Deutung

B In der Karikatur hat ein Nachbar die Bepflanzung seines Balkons so gestaltet, dass der Balkon darunter komplett zuwächst. Der Wohnungsinhaber hat erfolgreich dagegen geklagt und konnte nun die Hecke so beschneiden, dass er vom Balkon aus wieder etwas sieht. Die Erwähnung des Prozesses in der Bildunterschrift verweist auf den Staat als Regelwächter. Die Botschaft des Zeichners ist, dass die Bepflanzung eines Balkons so gestaltet sein muss, dass sie andere nicht beeinträchtigt. Dies lässt sich auf alle Bereiche des Lebens übertragen.

3. Einordnung und Bewertung der Karikatur

Erst wenn ihr die Aussage einer Karikatur in einen übergeordneten Zusammenhang einordnet, könnt ihr euch mit der Meinung des Zeichners auseinandersetzen und eure eigene Meinung dazu darstellen.
- Welche Absicht verfolgt der Zeichner?
- Welche Meinung vertritt er zu dem Thema?
- Wie beurteilst du selbst die Position des Zeichners?

Einordnung

B Der Zeichner möchte deutlich machen, dass es Gesetze und Regeln gibt, die für alle gelten und eingehalten werden müssen. Er vertritt die Meinung, dass es gut ist, dass der Staat dafür eintritt, dass Regeln eingehalten werden, sodass niemand beeinträchtigt wird.

Ein Interview führen

Ein Interview kann dazu dienen, Informationen zu einem bestimmten Thema oder auch über eine Person zu bekommen. Häufig interviewt man Experten, die spezielles Sachwissen haben und so tiefer gehende Informationen zu einem Thema liefern können.

Ein Interview muss sorgfältig vorbereitet werden, damit die Durchführung reibungslos ablaufen kann und du dein Ziel auch erreichst.

Vorbereitung

1. Vorbereitung

Ziel überlegen
Zunächst musst du dir überlegen, was du mit deinem Interview erreichen möchtest, welches Ziel du damit verfolgst.

Information
Zur Vorbereitung gehört auch, dass du dich selber erst einmal über das Thema informierst. Dies ist wichtig, damit du sinnvolle Fragen formulieren kannst. Wenn du dich in das Thema eingearbeitet hast, kannst du dir überlegen, wer für dich als Interviewpartner infrage kommen könnte, z. B. Eltern, Mitschüler, Experten für bestimmte Themen, Vertreter bestimmter Berufe usw.

Gesprächstermin vereinbaren
Wenn du einen passenden Interviewpartner gefunden hast, solltest du dich zunächst telefonisch oder persönlich vorstellen und dein Anliegen erklären. Wenn die Person bereit ist, dir einen Interviewtermin zu geben, solltest du bei dieser Gelegenheit auch gleich abklären, ob du das Interview aufnehmen darfst.

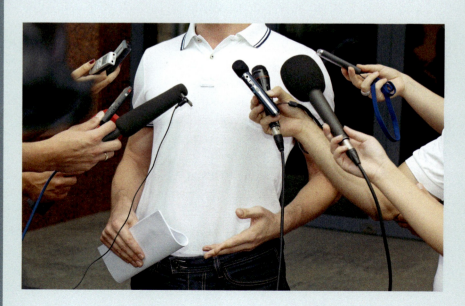

Fragen vorbereiten
Für die Durchführung des Interviews musst du einen Fragenkatalog erarbeiten. Inhaltlich sollten die Fragen so gestaltet sein, dass du die Informationen bekommst, die du brauchst und dein Gesprächspartner die Fragen auch beantworten kann. Überlege dir auch eine sinnvolle Reihenfolge der Fragen, sodass du nicht im Thema hin und her springst. Du kannst dir auch überlegen, an welchen Stellen du geschlossene Fragen, die man mit „Ja" oder „Nein" beantworten kann und wo du offene Fragen stellen möchtest, die eine ausführlichere Antwort verlangen.

2. Durchführung

Sei pünktlich zum vereinbarten Termin, besser fünf bis zehn Minuten vorher. Begrüße zunächst deinen Interviewpartner und bedanke dich bei ihm dafür, dass er dir das Interview gewährt, bevor du deine Fragen stellst. Wenn du das Gespräch nicht aufzeichnen darfst, musst du währenddessen die Antworten in Stichworten mitschreiben. Am Schluss solltest du dich noch einmal für das Interview bedanken.

Durchführung

3. Auswertung

Beginne möglichst gleich mit der Auswertung des Interviews, damit die Eindrücke noch frisch sind. Du fasst die Ergebnisse nun in schriftlicher Form zusammen. Achte dabei darauf, das Wichtige hervorzuheben und die Wiederholungen oder das Überflüssige zu streichen. Auch solltest du hier noch einmal überprüfen, ob die Inhalte des Interviews in der Reihenfolge bleiben können oder ob eine andere Reihenfolge sinnvoller wäre.

Auswertung

Ganz zum Schluss solltest du das Interview in seiner schriftlichen Form noch deinem Gesprächspartner zeigen und die Möglichkeit geben, Korrekturen vorzunehmen. Erst dann kann das Interview präsentiert werden.

B Auf den Seiten 67 bis 70 wird das Thema „Absatz in einem Unternehmen" dargestellt. Zu diesem Thema könntet ihr z. B. ein Interview in einer Marketingabteilung führen, um zu sehen, wie in diesem Bereich in der Realität gearbeitet wird.

Mögliche Fragen wären z. B.:
- Welche Berufsbilder gibt es in einer Marketingabteilung? Wer hat welche Aufgaben?
- Was geschieht von der ersten Produktüberlegung bis zum fertigen Ergebnis? Welche Arbeitsschritte werden in welcher Reihenfolge durchgeführt?
- Werden alle Marketingpolitiken in dem Unternehmen selbst ausgestaltet oder arbeitet das Unternehmen mit anderen Dienstleistern wie Agenturen zusammen?
- Welche Probleme tauchen häufig auf?

Die Darstellung von Zahlen in Schaubildern, Diagrammen und Grafiken

In diesem Schulbuch werden viele Daten und Entwicklungen durch Zahlen vermittelt. Zahlen sind meist unanschaulich und unübersichtlich. Erst wenn sie in Bilder wie Diagramme umgesetzt werden, sind Entwicklungen sofort erkennbar. Schaubilder, Diagramme und Grafiken muss man lesen können.

Beispiel 1:
Der durchschnittliche Jahresurlaub der Arbeitnehmer hat sich in den letzten fast 100 Jahren wie folgt verändert:

Jahr	1903	1930	1945	1981	1988	2010
Arbeitstage	3	9	12	26	29	30

1903 gab es nur in der Metallbranche und in Brauereien Urlaub. 1930 dauerte der Urlaub je nach Branche und Betriebszugehörigkeit zwischen 3 und 15 Tagen. 1945 wurde der gesetzliche Mindesturlaub von 12 Tagen eingeführt. Die weitere Verlängerung des Jahresurlaubs wurde durch Tarifverhandlungen der Gewerkschaften mit den Arbeitgebern erreicht.
Diese Zahlen werden nun in ein Säulendiagramm umgesetzt. Auf der x-Achse sind die Jahreszahlen, auf der y-Achse die Urlaubstage eingetragen.

Durchschnittlicher Jahresurlaub

Welche Informationen können wir dem Säulendiagramm entnehmen?
1. Was zeigt das Diagramm?
    In 6 bestimmten Jahren betrug der Urlaub x Arbeitstage.
2. Was kann man für die nicht genannten Jahre vermuten?
    Zwischen zwei Jahresangaben sind die Urlaubstage gleich geblieben.
3. Was zeigt das Diagramm nicht?
    Es können auch Daten fehlen, zum Beispiel wie viele Urlaubstage es in den einzelnen Branchen gab, denn es handelt sich um Durchschnittszahlen.
4. Welche wichtigen Informationen für 1903 und 1945 fehlen?
    1903 gab es nur in zwei Branchen Urlaub. 1945 wurde der Mindesturlaub gesetzlich eingeführt.

Beispiel 2:
Die durchschnittliche Arbeitslosenquote in Deutschland hat sich von 1956 bis 2011 wie folgt verändert (bis 1990 Werte für Bundesrepublik Deutschland, danach für Gesamtdeutschland; prozentualer Anteil der registrierten Arbeitslosen an der Gesamtzahl der Erwerbspersonen):

Jahr	1956	1962	1968	1974	1980	1986	1991	2005	2011
Quote	4,4	0,7	1,5	2,6	3,8	9,0	6,7	11,1	7,1

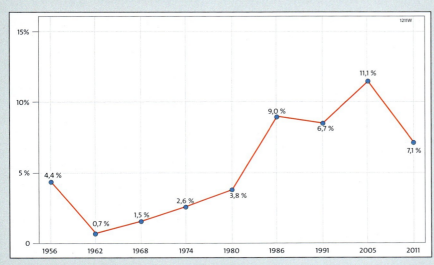

Arbeitslosigkeit in Deutschland 1956 bis 2011

1. Was zeigt das Liniendiagramm?

Das Diagramm zeigt die Entwicklung der durchschnittlichen Arbeitslosenquote in Deutschland zwischen 1956 und 2011. Anders ausgedrückt: Es wird grafisch veranschaulicht, wie viel Prozent der erwerbsfähigen Bevölkerung zum jeweiligen Zeitpunkt arbeitslos waren. Die Jahre, für die keine Zahlen angegeben sind, werden durch die Linien überbrückt. Das Diagramm verschafft damit einen Eindruck von der generellen Entwicklungsrichtung der Arbeitslosigkeit in Deutschland im genannten Zeitraum. Deutlich wird, dass offensichtlich seit Anfang der Sechzigerjahre, mit nur geringen Abweichungen, ein beständiger Anstieg der Arbeitslosenzahlen in Deutschland zu verzeichnen war.

2. Was wird nicht gezeigt?

Durch die Wahl der abgebildeten Zeiträume ist nur eine grobe Darstellung der Entwicklung der Arbeitslosenquote möglich. Schwankungen zwischen den genannten Zeitpunkten werden nicht abgebildet und eventuelle deutliche Abweichungen vom Trend in einzelnen Jahren können verloren gehen. Zu einer genauen Analyse der Entwicklungen wären deshalb kleinere Zeiträume oder die Daten aller Jahre zu wählen; zur Darstellung grober Entwicklungslinien dürfte die Grafik ausreichen.

GLOSSAR

Ablauforganisation:
Sie versucht, den Ablauf der betrieblichen Tätigkeiten optimal zu regeln. Arbeitsabläufe sollen so durchgeführt werden, dass Betriebsaufgaben reibungslos und mit geringstmöglichem Aufwand erfüllt werden können. Dazu wird z. B. die Reihenfolge der Arbeitsschritte festgelegt.

Absatz:
Menge der in einem bestimmten Zeitraum verkauften → Güter und → Dienstleistungen

Arbeitsschutz/ Arbeitssicherheit:
Am Arbeitsplatz gibt es zahlreiche Gefährdungsquellen für den arbeitenden Menschen. Diese umfassen physische, seelische, geistige und sittliche Gefährdungen. Die Arbeitgeber sind gesetzlich verpflichtet, die Arbeitsschutzgesetze einzuhalten. Wesentlicher Teil des Arbeitsschutzes ist der technische Arbeitsschutz, durch den der Umgang mit Geräten, Anlagen etc. so geregelt wird, dass keine Arbeitnehmergefährdung entsteht.

Ausbildungsberuf:
Wer eine Ausbildung machen will, kann dies nur in einem staatlich anerkannten Ausbildungsberuf. Staatlich anerkannt ist ein Ausbildungsberuf, wenn für ihn eine Ausbildungsverordnung vorliegt. Die Ausbildung erfolgt überwiegend in → Betrieben, der Verwaltung und in Berufsfachschulen.

Ausbildungsvertrag:
Auszubildende/r und Ausbildungsbetrieb schließen zu Beginn der Ausbildung einen Ausbildungsvertrag ab. Darin sind die Rechte und Pflichten beider Vertragsparteien genau festgehalten.

Aufbauorganisation:
Sie legt die Betriebsstruktur durch die Aufgliederung der Tätigkeitsbereiche und Festlegung von Stellen und Abteilungen fest.

Beschaffung:
Damit ein Unternehmen Güter produzieren kann, müssen die → Produktionsfaktoren beschafft werden.

Betrieb:
Technische und organisatorische Einheit, die Sachgüter und Dienstleistungen für andere Betriebe oder die privaten Haushalte herstellt. Im Gegensatz zum → Unternehmen muss der Betrieb rechtlich nicht selbstständig und auch nicht im privaten Besitz („öffentlicher Betrieb") sein.

Betriebsrat:
Der Betriebsrat ist das gesetzliche Organ zur Vertretung der Arbeitnehmerinteressen in Betrieben des privaten Rechts. Betriebsräte können in Betrieben mit mindestens fünf Arbeitnehmern gewählt werden, von denen drei wählbar, d. h. über 18 Jahre alt sein müssen. Hauptaufgabe ist die Wahrnehmung der im → Betriebsverfassungsgesetz festgelegten Rechte gegenüber der Unternehmensleitung.

Betriebsverfassungsgesetz:
Es regelt die betriebliche Mitwirkung und Mitbestimmung der Arbeitnehmer durch die → Betriebsräte. Die Beteiligungsrechte des Betriebsrats an den unternehmerischen Entscheidungen sind unterschiedlich stark ausgeprägt. Die Mitbestimmungsrechte beziehen sich auf soziale, personelle und wirtschaftliche Angelegenheiten.

Dienstleistung → Güter

duales System:
Die Berufsausbildung wird meistens im dualen System absolviert. Das bedeutet, dass die Auszubildenden im Betrieb und in der Berufsschule lernen.

Einkommen:
Wer an der Produktion von Gütern beteiligt ist, erhält als Gegenleistung ein Arbeitseinkommen. Weitere Formen des Einkommens sind Gewinn (für Kapital, z. B. Aktien), Besitzeinkommen (z. B. Boden und Häuser) und Transfereinkommen (z. B. Kindergeld, Wohngeld).

Erwerbstätigkeit:
Die Erwerbstätigkeit ist für die meisten Menschen in Industriegesellschaften die Sicherung des Lebensunterhalts. Als erwerbstätig gelten alle Personen, die eine haupt- oder nebenberufliche Tätigkeit ausüben, für die sie ein Entgelt erhalten.

Existenzgründung:
Die Realisierung der beruflichen Selbstständigkeit bezeichnet man als Existenzgründung.

Gehalt:
Geld, das vom Arbeitgeber als Gegenleistung für die von einem Angestellten erbrachte Arbeitsleistung gezahlt wird.

Geschäftsidee:
Bei der Gründung eines Unternehmens braucht man eine Geschäftsidee. Damit beschreibt man das Ziel des Unternehmens und wie man es erreichen möchte.

Gewinn:
Sind die Aufwendungen geringer als die Einnahmen durch den Verkauf von Waren oder Dienstleistungen, hat man einen Gewinn gemacht. Die Höhe des Gewinns zeigt den wirtschaftlichen Erfolg des Unternehmens.

Güter:
Alle Mittel, die der Bedürfnisbefriedigung dienen. Wirtschaftliche Güter sind knapp, haben einen Preis und erfordern einen Aufwand bei der Herstellung. Güter werden eingeteilt in Sachgüter (Getreide, Fahrräder usw.), Dienstleistungen (Transport oder Verkauf von Sachgütern) und Rechte (z. B. Patente und Lizenzen). Sachgüter lassen sich einteilen in Gebrauchs- und Verbrauchsgüter. Verbrauchsgüter sind nach dem Konsum nicht mehr vorhanden, z. B. Lebensmittel. Gebrauchsgüter nutzt man über einen längeren Zeitraum (Haushalts-, Musikgeräte usw.).

Image:
Eine bestimmte Vorstellung, ein Bild, das man von etwas oder jemandem hat. Unternehmen sind darauf bedacht, ein gutes Image bei ihren Kunden zu haben.

Kompetenzprofil:
Mit dem Anlegen eines Kompetenzprofils erhält man einen Überblick über die eigenen Fähigkeiten, Interessen und Schlüsselqualifikationen. Es erleichtert die Berufswahl.

Konkurrenz:
Mehrere Unternehmen bieten gleiche Güter bzw. Dienstleistungen an, so dass der Kunde die Wahl hat. Die Anbieter versuchen z. B. durch Preisnachlässe den Kunden zum Kauf ihres Produktes zu bewegen: Sie liegen also in intensivem Wettbewerb um jeden einzelnen Kunden.

Kosten:
In jedem Betrieb fallen bei der Produktion von Sachgütern oder Dienstleistungen Kosten an, z. B. Löhne und Gehälter.

Lohn → Gehalt

Marketing:
Konzept von Unternehmen, das betriebliche Handeln auf den Markt auszurichten. Der Grundgedanke ist, dass die Produkte eines Unternehmens auf dem Markt verkauft werden müssen und dass es deshalb z. B. wichtig ist, nicht nur die Produkte zu verkaufen, sondern auch als Unternehmen von den Kunden positiv bewertet zu werden. Kauft man ein Produkt dieser Firma, dann kauft man auch das positive Ansehen der Firma.

Markt:
Ort, an dem sich die Anbieter und Nachfrager treffen, um Güter und Dienstleistungen zu tauschen. Der „Ort" kann dabei ein Geschäft, aber genauso auch ein Internetportal sein.

Mindestlohn:
Kleinstes rechtlich zulässiges vom Staat festgelegtes Arbeitsentgelt. Dieses kann sich auf einen Stunden- oder Monatslohn beziehen. Des Weiteren sind regionale und branchenspezifische Variationen vorhanden.

GLOSSAR

Nachhaltigkeit:
Nutzung eines regenerierbaren Systems in einer Weise, dass es in seinen wesentlichen Eigenschaften erhalten bleibt und sein Bestand auf natürliche Weise regeneriert werden kann.

Ökologie:
Lehre von den Wechselbeziehungen zwischen den Organismen untereinander und mit ihrer unbelebten und belebten Umgebung.

Produkt:
In der Wirtschaft meint man damit die hergestellten Waren, die gekauft werden können.

Produktionsfaktoren:
Die betrieblichen Produktionsfaktoren sind Arbeit, Boden, Betriebsmittel und Werkstoffe. Betriebsmittel sind Maschinen und Werkzeuge, die bei der Produktion genutzt werden. Werkstoffe gehen in die Produkte ein, z. B. Mehl als Bestandteil von Brot, oder werden als Hilfsmittel gebraucht, wie z. B. Energie oder Schmierstoffe.

Ressourcen:
Mittel, die für die Herstellung von Gütern gebraucht werden; Arbeit, Kapital, Boden, Wissen.

Rohstoffe:
Werkstoffe, die bei der Produktion von → Gütern eingesetzt werden. Sie sind Hauptbestandteile dieses Produkts.

Schlüsselkompetenzen:
Grundlegende Kenntnisse und Fähigkeiten, die im Berufsleben benötigt werden. Dazu zählen Fähigkeiten sowohl im fachlichen, als auch im persönlichen und sozialen Bereich.

Selbstständigkeit:
Bei einer Selbstständigkeit trägt der Selbstständige bei der Ausübung seiner Berufstätigkeit das volle finanzielle Risiko.

Soft Skills:
Die sog. weichen Faktoren bezeichnen persönliche Fähigkeiten und Charaktereigenschaften, z. B. Zuverlässigkeit, sowie soziale Kompetenzen, z. B. Kritikfähigkeit, oder Umgangsformen. Sie können bei einer Bewerbung eine wichtige Rolle spielen.

Standortfaktoren:
Diese beeinflussen die Entscheidung eines Unternehmens, sich an einem bestimmten Ort niederzulassen. Dazu zählen z. B. Steuern, Abgaben, Subventionen, Absatzmarkt, Infrastruktur, Arbeitskräftepotenzial, Ressourcenverfügbarkeit.

Stufenausbildung:
Bei der Stufenausbildung werden innerhalb der Ausbildung verschiedene (meist drei) Stufen absolviert. Die Ausbildung wird erst mit Erreichen der letzten Stufe abgeschlossen.

Transfereinkommen:
Dieses Einkommen wird vom Staat auf die Bürger übertragen, z. B. Renten, Kindergeld, Sozialleistungen.

Unternehmen:
Wirtschaftlich selbstständige Produktionseinheit (→ Betrieb), durch finanzielle Eigenständigkeit und unternehmerische Entscheidungsfreiheit gekennzeichnet.

Volkswirtschaft:
Bezeichnung für alle Prozesse, die sich in einem Land zwischen und in den Unternehmen, den privaten Haushalten und den staatlichen Einrichtungen sowie zwischen diesem und dem Ausland vollziehen

Weiterbildung:
Berufliche Weiterbildung ist notwendig, um die erworbenen Kenntnisse zu aktualisieren und auszuweiten.

Work-Life-Balance:
Vereinbarkeit von Beruf und Privatleben

STICHWORTVERZEICHNIS

A
Ablauforganisation 73
Absatz 61 f., 67, 94, 96, 183
Absatzwegepolitik 67, 69, 97
Aktie 103
Alterssicherung, Altersvorsorge 100 ff., 136
Amortisation 53
Arbeit 27 ff., 61 ff., 76, 86, 151 ff.
Arbeitslosenquote 167 f., 171, 185
Arbeitslosigkeit 30, 38, 151, 165 ff., 173, 175, 185
Arbeitsmarkt, Arbeitsmarktpolitik 151 ff., 172, 174
Arbeitsschutz 86 f.
Arbeitsvertrag 76
Aufbauorganisation 72 f., 75, 92 f.
Aufsichtsrat 77
Ausbildung, Ausbildungsberufe 99, 112, 119 f., 122 ff., 153, 168, 172

B
BÄKO 44 f.
Befristete Beschäftigung 31, 179
Bedingungsloses Grundeinkommen 163 f., 175
BERUFENET 127
Berufsfeld 119, 136
Berufsinformationszentrum (BIZ) 125 f.
Berufsorientierung 99, 104 ff.
Berufsschule, Berufsfachschule, Berufsoberschule 121 f., 125
Berufswahlpass 104 f., 136
Beschaffung 61 ff., 94, 96
Beschäftigte 9, 31 f., 41, 46, 56, 61 f., 75, 78
Beschäftigungsverhältnisse 31 f., 38, 179
Betriebsmittel 62 f.
Betriebspraktikum 107, 125, 139 ff.
Betriebsrat, Betriebsverfassungsgesetz 61, 78 ff., 95
Bewerbung 99, 128 ff., 137
Börse 103
Bürokratie 13

D
Demografie, demografischer Wandel 101, 151 ff., 174
Dienstleistung 12, 41 ff., 58, 61
Dilemma 52
Dividende 103
Duale Berufsausbildung, duales System 113, 137

E
Einigungsstelle 81, 95
Einkommen 27 f., 30, 41, 46, 61, 114, 151
Einkommensteuer 20
Einstellungstest 132
Einzelhandel 41, 50, 57, 61
Elterngeld 115
Elternzeit 115
Erkundung 126
Erwerbsarbeit 27 ff., 36, 38, 114, 179
Erwerbstätige s. Beschäftigte
Existenzgründung 33 ff., 88 ff., 97

F
Fachkräftemangel 152
Fachschule, Fachoberschule 121 ff.
Fallstudie 74 f.
Familie 114 ff.
Flexibilität 116, 118, 136
Fließfertigung 65
Flussdiagramm 73
Friktionelle Arbeitslosigkeit 166, 175
FSC-zertifiziert 54

G
Gehalt s. Einkommen
Geldanlage 103
Genossenschaft 44
Geringfügig entlohnte Beschäftigung 32, 38, 179
Geschäftsidee 88
Gesetze 9, 12, 14, 23
Grundaufgaben 62, 94, 96
Grundeinkommen s. Bedingungsloses Grundeinkommen
Güterbearbeitung 50

H
Hartz IV 162
Hausarbeit 27 ff., 36, 114

I
Informations- und Kommunikationstechnologien 156 ff.
Innovativ 34
Interview 182 f.

J
Jugendarbeitsschutz, Jugendarbeitsschutzgesetz 61, 76, 86 f.
Jugend- und Auszubildendenvertretung 83, 97

K
Kalkulation 71
Kommunikation, Kommunikationspolitik 67 ff., 97
Kompetenzen, Kompetenzprofil 108 ff.
Konflikt, Konfliktanalyse 47 f., 84 f., 95
Konjunkturelle Arbeitslosigkeit 167
Konsum, Konsument 9, 43, 50, 56
Konventionell 46
Kosten 51 ff., 61, 64, 71
Kündigungsschutz 86 f.

STICHWORTVERZEICHNIS

L
Lagerkosten 64, 96
Lebenslanges Lernen
s. Weiterbildung
Lebenslauf 130
Leiharbeit 32, 38, 179

M
Marketing 68, 94 f., 183
Markt 15, 67
Marktbeeinflussung 67
Markteinschätzung 67
Mehrwert 54
Migration, Migranten 35, 152
Mindestlohn 161 f., 175
Mitbestimmung 61, 77, 79 ff., 97
Mobilität 116
Montanunternehmen 77
Nachhaltigkeit 54, 61
Normalarbeitsverhältnis 31

O
Öffentliches Gut 52
Öffentlichkeitsarbeit 70, 96
Öko-Audit 53
Ökologie s. Umwelt, Umweltschutz
Onlinebewerbung 131
Organigramm 72
Organisation 61, 72, 74 f., 92 f., 97

P
Praktikum s. Betriebspraktikum

Praktikumsbericht 139, 144 ff.
Praktikumsmappe 139, 143
Preispolitik 67, 69, 71, 96 f.
Produktion (Grundfunktion) 51, 56, 58, 61 f., 64 ff., 93 f., 96
Produktion (Wirtschaftssektor) 12, 41 ff.
Produktpolitik 67, 69, 97
Prokurist 81
Rechtsordnung 9, 18
Referat 178
Rohstoff 45, 56
Rollenspiel 47 f., 134, 137

S
Sabbatical 117
Saisonale Arbeitslosigkeit 166, 175
Schlüsselkompetenzen 109 f.
Schülerfirma 88 ff.
Selbstständigkeit 32 ff., 179
Sponsoring 68
Standort 89
Steuern 9, 12, 20 f., 23 f.
Staat 9, 11 ff., 24, 181
Strukturelle Arbeitslosigkeit 165, 175
Strukturpolitik 19
Strukturwandel 56, 152, 172, 174
Stufenausbildung 124

T
Tätigkeitsfeld 119
Tarif, Tarifvertrag 46, 76, 161

Teilzeitarbeit 31 f., 38, 117 f.
Telearbeit 118

U
Umfrage 179
Umsatzsteuer 20
Umwelt, Umweltschutz 18, 41, 52 ff., 59, 61
Unternehmen, Unternehmer 21, 24, 33 ff., 39, 41 ff., 61 ff.
Urerzeugung 50, 56

V
Verbraucher s. Konsum, Konsument
Verdeckte Arbeitslosigkeit 167 f.
Verteilung 50
Volkswirtschaft 45
Vorsorge 99 ff., 136
Vorstellungsgespräch 133 f.

W
Weiterbildung 151, 159 f., 172, 174
Weiterverarbeitung 50
Werbung 68, 70, 91
Werkstoffe 62 f.
Wirtschaftsordnung 10 f.
Work-Life-Balance 116 ff.

Z
Zeitarbeit 32, 38, 179

BILDQUELLENVERZEICHNIS

A1PIX - Your Photo Today, Taufkirchen: 164 li. m.; adpic Bildagentur, Bonn: 118 o. li. (Erwin Wodicka), 153 o. li. (K. Neudert); alamy images, Abingdon/Oxfordshire: 102 li. o. (David R. Frazier Photolibrary); allesalltag, Hamburg: 125 re. o.; Anders ARTig Werbung + Verlag GmbH, Braunschweig: 91 o. re.; argus Fotoagentur GbR, Hamburg: 98 li. m. (H. Schwarzbach), 138 li. u. (Schroeder), 155 re. (Hartmut Schwarzbach);

Baaske Cartoons, Müllheim: 17 m. + 17 o. (K.-H. Brecheis), 86 li. u. (H.-J. Bundfuss), 133 u. (Klaus Puth), 149 u. li. (H.-J. Bundfuss), 149 u. re. (H.-J. Bundfuss); Bergmoser + Höller Verlag AG, Aachen: 35 u. (Zahlenbilder), 39 m. (Zahlenbilder), 83 o. li., 86 u. re., 118 o. re., 135 o. li.; BilderBox Bildagentur GmbH, Breitbrunn/Hörsching: 15 o. (Wodicka); bpk - Bildagentur für Kunst, Kultur und Geschichte, Berlin: 120 u. re.; Bundesagentur für Arbeit, Nürnberg: 125 re. m., 128 u.;

Caro Fotoagentur GmbH, Berlin: 3 u. (Oberhaeuser), 40 li. o. (Oberhaeuser), 92 u. re. (R. Oberhaeuser), 163 o. re. (Hechtenberg);

Deuter, Wolfgang, Germering: 69 o. re.; die bildstelle, Hamburg: 28 li. m. (REX FEATURE); Dägling, Andreas, Wardenburg: 36 o. li., 66.3, 66.8, 72 o. li., 78 o. re., 88 o. re., 88 u. li., 121 re. o., 132 o., 133 o. re., 135 re. m. (Dägling, Andreas), 141 m. li.;

epd-bild, Frankfurt am Main: 152 o. li. (W. Krüper);

Fabian, Michael, Hannover: 93 .1, 130 m. re.; fotolia.com, New York: 11 re. u. (MAK), 12 u. m. (Lennartz), 12 u. re. (Franjo), 19 re. o. (S. Leyk), 21 m. li. (PhotographyByMK), 21 m. re. (klickerminth), 21 o. li. (RRF), 21 o. re. (PhotographyByMK), 22 o. (Rumkugel), 26 m. + 26 li. u. (J. Wendler), 28 u. (lucian coman/poco_bw), 40 li. m (line-of-sight), 42 m. li. (Deklofenak), 42 o. li. (Kzenon), 42 o. re. (M. Berg), 43 m. re. (Rido), 43 o. li. (RioPatuca Images), 43 o. m. (G. Sanders), 44 m. li. (hjschneide), 44 o. li. (zigzagmtart), 44 o. m. (contrastwerkstatt), 44 o. re. (drsg98), 46 u. (Vladitto), 48.1 (contrastwerkstatt), 48.2 (R. Kneschke), 48 .3 (G. Sanders), 48 .4 (pressmaster), 58 u. (industrieblick), 59 o. (Joachim Lechner), 59 u. li. (G. Sanders), 59 u. m. (jarma), 67 m. re. (A. Raths), 68 m. (Picture-Factoy), 69 o. li. (Kzenon), 69 o. m. (D. Tabler), 94.1 (PhotographyByMK), 94.2 (in-foto-backgrounds), 94.3 (P. Atkins), 94.4 (M. Schuppich), 94.5 (G. Seybert), 98 li. u. (bilderbox), 98 re. (© R. Gosch), 103 re. m., 104 o. re. (© Light Impression), 138 li. m. (© Gina Sanders), 138 re. (ehrenberg-bilder), 148 o. (wildworx), 150 li. o. (beermedia), 166 u. li. (Picture-Factory), 168 o. li. (pressmaster), 182 u. (picsfive);

Gesellschaft für ökologische Forschung e. V., München: 40 li. u. (Oswald Baumeister); Getty Images, München: Titel li. u. (Buena Vista Images);

Haus der Geschichte, Bonn: 79 m. re.; Helga Lade Fotoagenturen GmbH, Frankfurt/M.: 26 re., 51 re. o. (M. Rosenfeld); Hoffmann, Klaus , Hannover: 3 m., 26 li. o.;

Image & Design - Agentur für Kommunikation, Braunschweig: 28 li. o.; imagetrust, Koblenz: 82 o. li. (Manfred Vollmer / Imagetrust); InGestalt, Leipzig: 140 li. u. , 147 u.; INTERFOTO, München: 11 re. o. (Wilfried Wirth); iStockphoto.com, Calgary: 8 re. (Borisb17), 52 li. o. (hadynyah), 59 u. re. (pixel1962);

Jochen Tack Fotografie, Essen: 71 m. re.; jump Fotoagentur, Hamburg: 93 .2 (A. Falck);

Kampwerth, Maria, Harsewinkel: 141 u. re.; Keystone Pressedienst, Hamburg: 30 o. m. (Volkmar Schulz), 64 o. m. (C. Jablinski); Kompetenzzentrum Technik-Diversity-Chancengleichheit e.V./Girls' Day - Mädchen-Zukunftstag, Bielefeld: 112 u. li.; Köcher, Ulrike, Hannover: 26 li. m.;

laif, Köln: Titel li. o. (Ogando); Lambertz, Aachen: 63 re. m.;

BILDQUELLENVERZEICHNIS

mauritius images GmbH, Mittenwald: 37 o.re. (Manfred Habel), 55 o.re. (Rosenfeld); MEV Verlag GmbH, Augsburg: 157 u. (Bernd Müller); Minkus IMAGES Fotodesignagentur, Isernhagen: 33 m.re.;

Opel Eisenach GmbH, Eisenach: 5 u., 150 li.u.;

Panther Media GmbH (panthermedia.net), München: 8 li.o. (Raphael Muschol); Pelck, C., Hamburg: 120 o.li.; photothek.net GbR, Radevormwald: 124 m.li. (Thomas Imo), 163 m.re. (L. Johannssen); Picture-Alliance GmbH, Frankfurt/M.: 4 u. (Sander/M. Kötter), 8 li.m. (P Deliss / GODONG), 10 li.mi. (Icon SMI/M. Pearce), 10 li.o. (SVEN SIMON/O. Haist), 10 li.u. (dpa/D. Ebener), 12 u.li. (dpa/C. Rehder), 18 m.li. (Sciene Photo Library/V. de Scharzenberg), 32 o. (dpa-Infografik), 38 u. (Globus Grafik), 40 re. (ZB/Patrick Pleul), 42 m.re., 43 o.re. (dpa/F. von Erichsen), 45 o. (dpa/O. Stratmann), 50 o.li. (dpa/P. Seeger), 51 re.m. (dpa/A. Scheidemann), 51 re.u. (ZB/J. Woitas), 52 li.m. (euroluftbild.de/Blossey), 54 o. (dpa), 60 li.m. (Christopher Neundorf, augenklick/firo Sportphoto), 60 li.u. (MAXPPP/Sigrid Olsson), 60 re. (Xinhua/Photoshot), 63 re.u. (ZB/O. Killig), 65 o.re. (dpa/N. Bachmann), 70 m.li. (dpa/P. Zinken), 70 m.re. (R. Kosecki), 70 o.li. (dpa/H. Hollemann), 70 o.re. (dpa/T. Hase), 71 o.re. (dpa/R. Vennenbernd), 76 o.li. (dpa/Bodo Marks), 79 o.li. (W. Weihs), 81 o.re. (dpa/Andreas Gebhard), 90 m.re. (dpa-infografik), 93.3 (dpa/Patrick Seeger), 93 .5 (dpa/Horst Ossinger), 94 .6 (fStop/C. Smith), 94 u.li. (Süddeutsche Zeitung Photo/C. Hess), 98 li.o. (Sander/M. Kötter), 100 li.o. , 101 m. (Globus), 107 re.m.+u. (dpa-infografik), 112 m. (dpa-infografik), 113 o. (ZB/P. Pleul), 114 u. (Globus Grafik), 115 o. (dpa-infografik), 116 u.li. (dpa/Chad Ehlers), 140 li.m. (ZB/J.-P. Kasper), 143 o.re. (ZB/Jan-Peter Kasper), 144 m.li. (Petra Steuer), 144 o.li. (Denkou Images), 150 re. (ZB/P. Pleul), 153 m.re. (dpa/Ingo Wagner), 154 li.u. (dpa/H. Wiedl), 157 m. (Bernd Thissen), 158 li. (KPA/Hochheimer), 159 o. (Süddeutsche Zeitung Photo/S. Rumpf), 161 o. (dpa/A. Warmuth), 165 o. (Rudolf), 166 o.li. (Paul Zinken), 166 o.re. (Wolfgang Kluge), 168 m.re. (Globus 5549), 175 u. (dpa-infografik); plainpicture, Hamburg: 164 li.o. (fStop);

Schmidt, Roger, Brunsbüttel: 30 m.li.; Stadtwerke Bielefeld GmbH, Bielefeld: 11 re.m. (Veit Mette); Stadtwerke Lemgo GmbH, Lemgau: 142 m.li.; Studio Schmidt-Lohmann, Gießen: 63 re.o.; Stuttmann, Klaus, Berlin: 174 u.;

Techniker Krankenkasse, Hamburg: 131 re.;

ullstein bild, Berlin: 30 o.re. (CARO/Oberhäuser), 39 o.re. (Sylent-Press);

vario images, Bonn: Titel re., 30 o.li., 64 o.re., 150 li.m.; Visum Foto GmbH, Hamburg: 3 o., 8 li.u. (Aussieker), 64 o.li. (G. Alabiso); Volkswagen Media Services, Wolfsburg: 5 o., 138 li.o.; Vollmer, Manfred, Essen: 4 o., 60 li.o.;

Wefringhaus, Klaus , Braunschweig: 29 m.li., 29 m.m., 29 m.re., 29 o.re.; Werner Otto - Reisefotografie Bildarchiv, Oberhausen: 170 o. (Werner Otto); Wiedenroth, Götz/www.wiedenroth-karikaturen.de, Flensburg: 97 u.li., 97 u.re.;

Zoonar.com, Hamburg: 19 re.u. (Mandoga Media).

alle übrigen Schaubilder und Grafiken: Westermann Technisch Graphische Abteilung, Braunschweig